自動的に夢がかなっていく

ブレイン・プログラミング

アラン・ピーズ ＆ バーバラ・ピーズ　市中芳江［訳］

サンマーク出版

本書をレイ・ピーズに捧げる。

その知識の幅広さ、経験の豊かさ、影響力の大きさは、

彼を知る人なら誰もが脱帽せずにいられない。

彼の教えがなければ本書は一ページたりとも書けなかった。

はじめに

人生は、きれいに手入れの行きとどいた体で安全に墓までたどりつくための旅であってはならない。
もうもうと立ちこめる煙のなか、船の甲板を転がって舷側《げんそく》に叩きつけられ、全身が傷だらけになってすっかり疲れ果て、「まったくなんてひどい乗り心地だ！」と、大声で泣きわめいてこそ人生だ。

ハンター・S・トンプソン

◉心から望むものを手に入れる強力な方法

本書を手に取ったあなたは、これまで考えたこともなかった道、知りもしなかった道への第一歩を踏み出すことになる。

半分ほど読み進めたころには、あなたは自分がなぜ、人生という旅のなかで今の場所に立つことになったのか、今の自分が手にしているものを、なぜ手にすることになったのかを、理解できるようになっているだろう。

そして、これからの人生でどこへでも行きたいところへ行けるようになるには、どうしたらいいのかを知ることができるだろう。

本書では、あなたが人生で心から望むことは何なのかをはっきりさせて、それを手に入れるための方法をお伝えする。

この本を読めば、自分がもっとも望んでいることは何なのか、どうすれば自分の本当の人生を取り戻し、障害を乗りこえ、周囲の人たち（とくに友人や家族）の言いなりにならずにすむのかがわかるようになる。

あなたを引きずり下ろそうとする誰かが押しつけてくる道ではなく、自分で選んだ道を歩むことができるようになる。人生の責任を自分で取り、理想の自分になるための方法を知ることができる。困難な状況におちいり、途方にくれ、最初のうちは何の希望もなくなったかのように思えても、そんな状況から抜け出す方法を見つけられるようになる。

自分が今いる場所を出て、もっと行きたい別の場所へ行く方法も見えてくるだろう。

私たちはこの本に、男性・女性を問わず過去に偉大な成功を遂げた人たちが従ってきた行動原則を書いた。それを読めば、その人たちが成功までの道のりで、どのように失敗を克服して乗りこえたのかがわかるはずだ。

こうした原則の多くは、バーバラと私がこれまでの五〇年で本人たちから直接聞いたものである。その話が大きな原動力となって、私たち自身も成功をつかむことができた。

世の中には、とてつもない成功を遂げる人たちがいる一方で、そうではない人たちがいる。それがなぜなのかは、最新の脳研究の成果によって説明できるので、そのこともお話ししよう。

脳には、あなたが自分で思いどおりにプログラミングできるシステムがあり、これをうまく操作すれば、どこへでも行きたいところへ行けるようになる。

最初の発見者は、ジュゼッペ・モルッチとH・W・マグンという二人の科学者だ。この二人によると、脳のなかには人生をどの程度まで成功させられるか、失敗に終わらせてしまうかの決め手となるシステムがあり、それは私たち一人一人に備わっているという。

このシステムについては第1章でお話しする。これを利用すれば、どれほどの恩恵を受けられるか。それがこの本に書いたことのすべてである。

◉あなたもきっと人生を変えることができる

人生を成功に導くための方法としては、これまでにも「目標設定」「視覚化」「アファメーション（自己暗示）」「祈り」「アルファ支配」「引き寄せの法則」など、さまざまなものが知られており、その効果については、どなたも読んだり聞いたりしたことがあると思う。

本書では、「なぜこうした方法に効果があるのか」という、みなさんの疑問にもお答えしていく。かなり多くの情報を詰めこんだので、ときどき途中で本を置いて、読んだ内容をよく考えたり、実践したりすることをお勧めしたい。

私たち夫婦も、これまでの人生ではいいことも悪いことも経験してきたが、その積み重ねを経て、たいていの状況は乗りこえられる単純かつ効果絶大なスキルを獲得した。本書ではそれもお伝えしていく。

八方塞がりだとしか思えない状況にぶつかることもあるだろう。そんななかで本当にどんな望みでもかなえることができるのかというのは大きな問題だ。そういうときも、本書を読んでいただければ、どうしたらいいのかがわかるに違いない。

ここに書いたのは、私たちがこれまでに開いたセミナーで聴衆のみなさんに語りかけ、その人たちの人生を変えた内容である。だから、あなたも自分の人生を変えることができる。

本書を読めばあなたもきっと自分の答えを見つけられる。そう、人生がゲームだとすれば、ここに書いたのはそのルールである。

◉「六回」接すると、脳は新しい考え方を受け入れる

本書では、たくさんの大事なポイントが何度もいろいろな形で繰り返されているが、これはわ

ざとそうした。

一つの考え方をもっとも効果的に学習できるのは、ある程度の間隔を置きながらその考え方に六回接したときだということが研究によって明らかにされている。

初めて読んだり聞いたりした考え方が、それまでの自分の考え方と食い違っていると、脳は新しい考え方を拒否して受け入れない。自己啓発セミナーに行っても、なかなか効果を実感できないのはそのためだ。だが、**同じ考え方に六回接すると、脳は新しい考え方を受け入れるようになり、やがて心の奥までその考え方が浸透していく。**

この本では、各章で行動を一つずつ提案した。実践しやすいように、本のなかに直接書きこむよう勧めているときもある。

それぞれの行動について内容を読み返したくなったときは、該当する章だけを読んでいただくこともできる。


なお、本書は私たち夫婦の共著ではあるが、読みやすくするために、大半の部分は私、アラン・ピーズが書いた。著者が連名であることを不思議に思っておられるかもしれない読者のために、最後に申し添えておくしだいである。

あなたの人生がすばらしいものになることを祈っている。

アラン&バーバラ・ピーズ

自動的に夢がかなっていく
ブレイン・プログラミング
目次

第2章 自分の望みをはっきりさせる

第3章 明確な目標を定める

第4章 期限を決めて計画を立てる

第7章 目標を視覚化する

第8章 アファメーションの威力

第9章 新しい習慣を身につける

第10章 数のゲームを楽しむ

第11章 ストレスに打ち勝つ

第1章

RASの秘密を知る

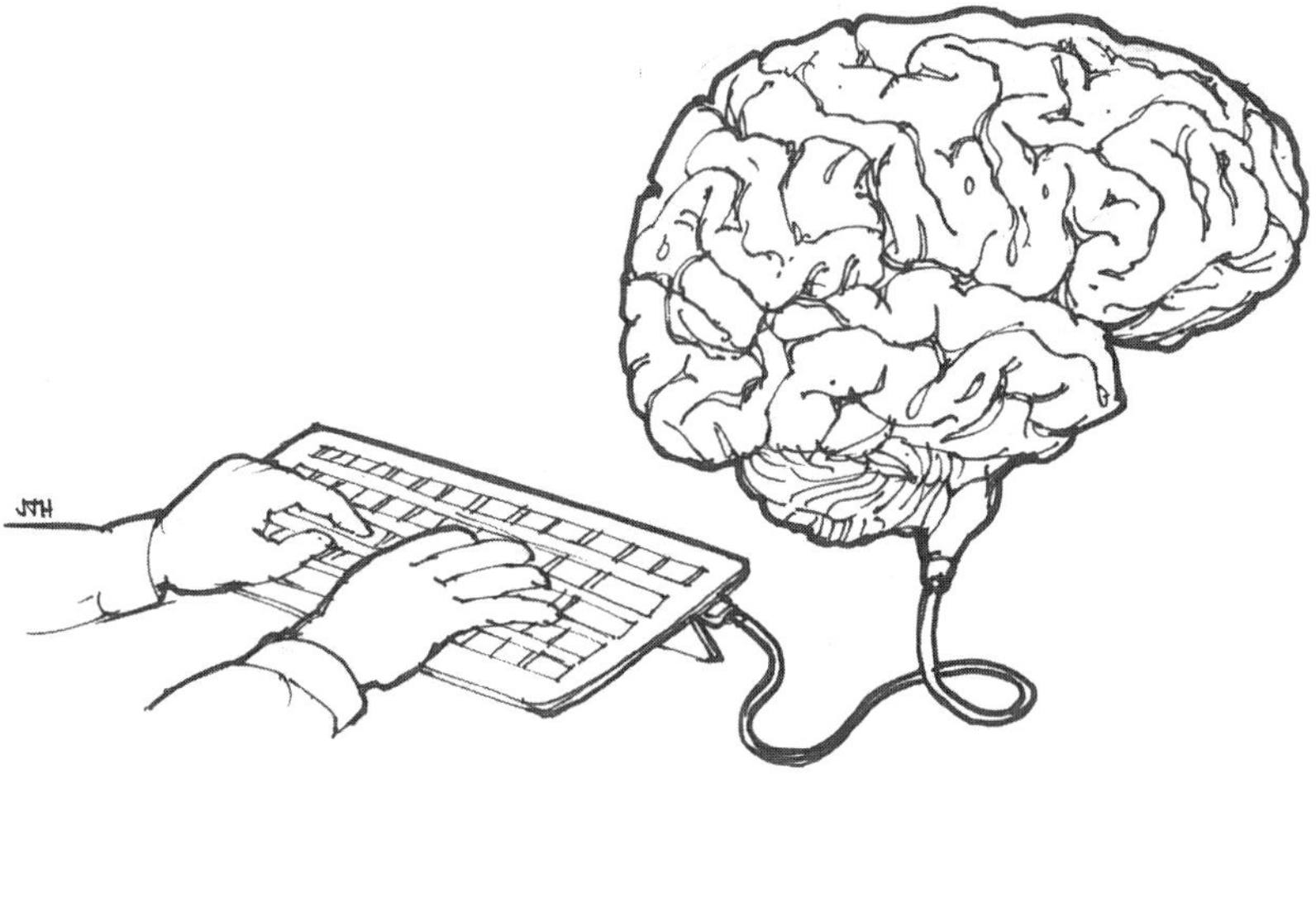

頭のなかで考えたことを、心から信じられるなら、人はそれがどんなことでも達成できる。

ナポレオン・ヒル（一九三七年）

ナポレオン・ヒルが『思考は現実化する』（きこ書房刊）という本にこの名言を残したのは一九三七年のことだった。

そのころの医学は今ほど発達しておらず、脳ＣＴやＭＲＩなど、現代では当たり前のように使われている機器もなかったから、脳科学によってヒルの言葉を証明することはできなかった。のちにカリスマ的存在となったヒルだが、当時は、どれほどこの言葉を「本当だ」と力説しても、「うさんくさい」と言われたり、「嘘だ」と非難されたりした。

だが、科学はそんな疑いをきれいに晴らしてくれた。心に決めた目標を紙に書いたり口に出したりすると本当に実現したり、祈りや引き寄せの法則によって願いがかなったりする現象は、科学的にも注目を浴びている。脳のどこが、どのように働いて成功をもたらすのかは、今や科学の力で証明できる。

これから、誰もが持っている脳のすばらしいしくみを勉強しよう。

それは、**網様体賦活系《もうようたいふかつけい》**という。通称、RAS（Reticular Activating System）である。

◉脳のすごいしくみ「RAS」とは一体何か？

「RAS」というのは、ほ乳類の脳幹にある「網様体」という神経の集まりで、体の生命活動を維持する働きだ。

RASの働きがなければ、人は生物として生きていけない。私たちがつねに眠ったり目覚めたり、呼吸したりできるのも、心臓が一定のリズムで動くのも、実はRASのおかげだ。

それだけではない。行動しようという意欲や性欲が起こるのも、おなかが空いて「食事にしよう」と思うのも、体内の老廃物が排泄されるのも、RASの働きがあるからだ。

意識レベルのコントロールにもかかわっている。何か特別な物事に関心があるとき、それに関係する情報が、ぱっと目に飛びこんできたりするだろう。それもRASのなせるわざである。RASが傷つくと昏睡状態におちいるので、ナルコレプシー（過眠症）のような病気は、RASがうまく働かなくなることが原因だと言われている。

このようなRASの働きを担う「網様体」は、脳幹に集まった神経細胞（ニューロン）が、細胞から出ている神経線維《せんい》によって、ゆるやかに結ばれた構造をしている。網目状の構造なので、この名前がつけられた。

神経線維は網様体の外にも出ていて、その先が脳のいろいろな部分につながっている。

RAS（網様体賦活系）のしくみ

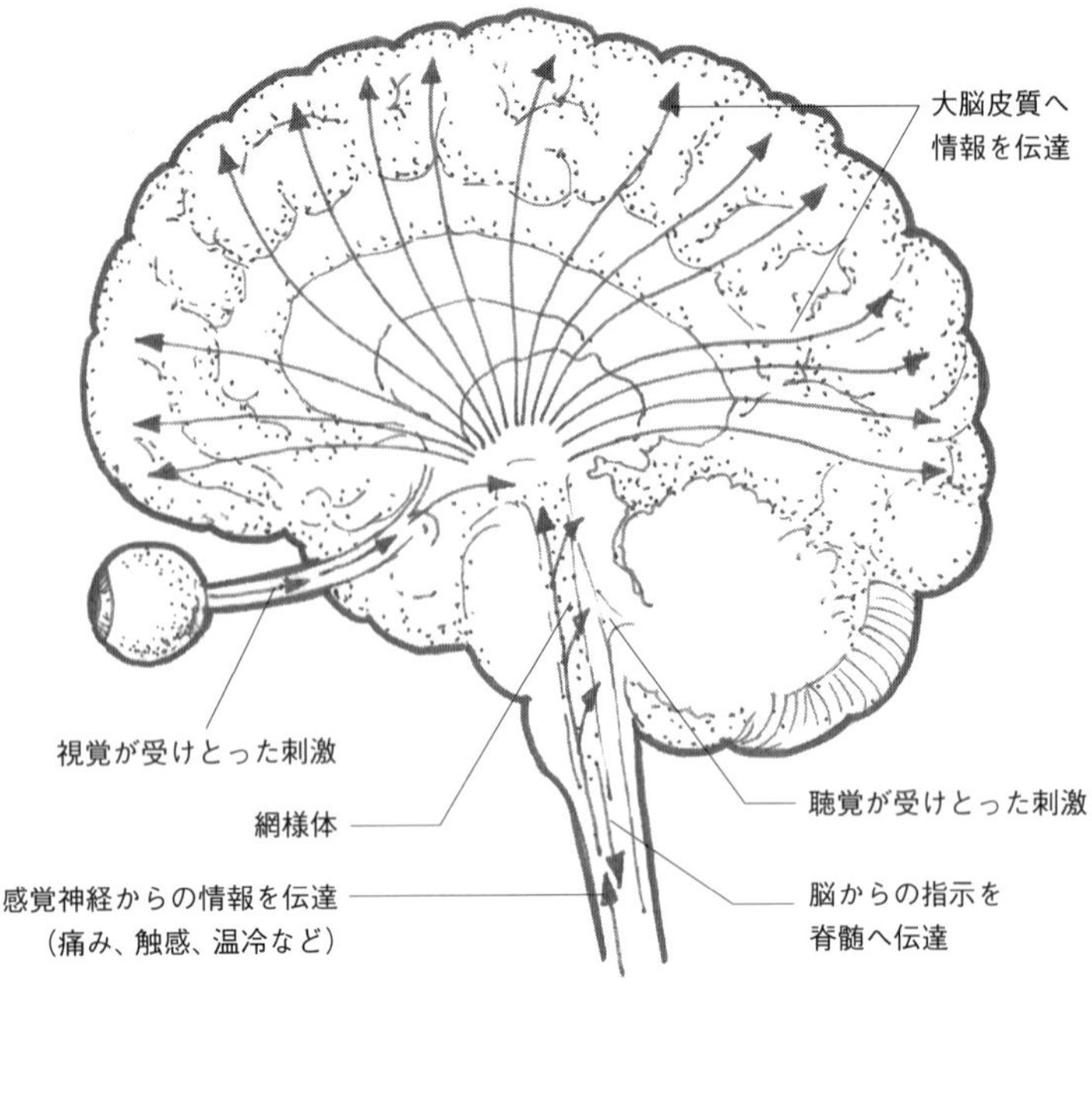

網様体と脳を結ぶ経路は二つある。一つは、網様体が脊髄から受けとった情報を脳の視床、視床下部を通じて大脳皮質へ伝えるための経路、もう一つは、網様体が脳から受けとった指示を小脳（脳内で体の運動を統合する部分）や各種の神経に伝えるための経路である。

◉科学者たちがRASの存在を明らかにした！

二〇世紀の中ごろになると、何人もの生理学者が、脳の奥深くには意識をコントロールして人を眠りから目覚めさせたり、警戒感や意欲を起こさせたりするしくみがあるという説を唱えるようになった。

ＲＡＳの存在に一九四九年に初めて気づいたのは、ピサ大学のＨ・Ｗ・マグンとジュゼッペ・モルッチという科学者だった。

このとき二人は、脳内で眠りと目覚めを調節する神経を調べていたが、その研究中にＲＡＳを発見したため、論文にまとめて科学雑誌で発表した。

これをきっかけとして、その後も科学者たちが研究を進めた結果、ＲＡＳは脳に入るほとんどすべての情報を中継していることが明らかになった（においは例外である。においは、脳内で感情をつかさどる大脳辺縁系という部分に直接伝わる）。ＲＡＳは、入ってくる情報をふるいわけて、何に注意を向けさせるか、どれぐらい関心を呼びおこすか、どの情報をシャットアウトして脳に届かないようにするかを判断する。

ＲＡＳは下側が脊髄につながっていて、脊髄から情報を受けとっている。

脊髄がＲＡＳに伝えるのは、全身の感覚器（目、耳、舌、皮膚など）が外部から受けとり、感覚神経を通して脊髄に送ってきた情報だ。感覚器は、外部からの刺激を感じとると、それを信号に変える。信号は、体じゅうに張りめぐらされた感覚神経（末梢神経の一部）を通って脊髄に伝えられ、脊髄からＲＡＳに伝えられる。

そこから脳に伝わり、脳はそれぞれの感覚器からの信号を処理する。

ＲＡＳは、脳の活動を支配するコントロールセンター

人の感覚器が外部から受けとった刺激の情報が、ＲＡＳから脳に伝えられると、脳では、受けとった情報をもとに、いろいろなことを「考え」「感じる」働きが活性化する。これは、ＲＡＳが脳内の活動を大きく左右することを意味する。

脳は感覚器からの情報を処理して運動の指示を送るだけではない。大脳皮質のなかの前頭葉という部分は、外部からの情報を理解し、処理し、記憶して、心のなかの感情を生み出したり、どんな行動を取ろうかと考えたり、行動意欲を起こさせたりする。

人が見るもの、聞くもの、さわるもの、感じるものは、すべて体の感覚神経を通ってＲＡＳに送られる。脳内でどのような思考や感情が生み出されるか、行動意欲が起こるかどうかは、ＲＡ

Sしだいだと言える。

一言で言えば、RASには脳の活動のスイッチを入れ、意欲をかきたてる役割がある。

◉脳に送られる情報の99・9999パーセントは消える

脳は毎秒、四億ビット（一ビットはコンピューターが扱うデータの最小単位）もの情報を処理しているが、そのうち意識的に処理される情報は、わずか二〇〇〇ビットである。残りの情報は意識にものぼらない。

つまり、脳に毎日送られる情報のうち、99・9999パーセントはあなたの知らないうちに処理され、消えている。なぜなら、そうでもしなければ、日々を平穏無事に過ごすことなどできないからだ。

何億ビットという大量の情報が一気に意識になだれこんできたら、その一つ一つに注意を向けて、判断を下すことなどできるわけがない。脳は対応しきれずに立ち往生してしまうだろう。だから、**人は進化の過程でRASというしくみを獲得した。すべての情報をふるいわけ、そのなかからいつでも自分にとって大事なものだけを拾い上げるツールを。**

RASは仕分け場だ。入ってくる情報を選りわけ、注意を引くべき順に優先順位をつける。

RASは脳内の意識と無意識のあいだのフィルターでもある。意識が情報を受けとり、それに対する指示をRASに送ると、RASはその指示を潜在意識に伝える。こうやって、意識が受けとったものが潜在意識に染みこんでいく。

脳は、RASが送ってきた情報に応じてどんな行動を取るべきかを考え、体へ指示を送る。RASは外部からの情報を仕分けして、あなたの考え方にぴったり合う情報や、あなたが普段から親しんでいる物事の情報をピックアップする。内面の思考や感情に合わせて外部からの情報を拾い上げる。そして、拾った情報にあなたの意識を引きつける。

◉「チンパンジーのRAS」と「人間のRAS」の違い

RASはサルにもある。チンパンジーは、DNAの99パーセントが人間と同じである。

だから人間と同じように、チンパンジーのRASも、感覚神経を通ってきたすべての情報を受けとる。生まれつきの「プログラム」にしたがって情報をふるいわけ、優先順位をつけるのも、人間のRASと同じだ。

そして、やはり人間と同じく、RASが体の基本的な生命活動をコントロールしているおかげで、心臓が規則正しく動き、健康に眠り、目覚め、食べ物を消化することができるし、血液もつねに正常に流れる。

だが、人間と違うところもある。人間は「自己」という意識が強い。

私たちは、「誰が」「何を」「なぜ」「どこで」「いつ」を知らなければ満足できない。一方、チンパンジーにはそのような欲求がない。そのため、**チンパンジーのRASが基本的なプログラム**

を動かす原始的なコンピューターだとすれば、人間のＲＡＳは最新式の複雑なシステムを動かすコンピューターだと言える。

ＲＡＳがときどき、正常に働かなくなる人がいる。脳内で思考や学習をつかさどる大脳皮質をうまく活性化できなくなる。そのような人は、学習能力、記憶能力、自己コントロール能力に問題を抱えることになる。

ＲＡＳが受けとる刺激が多くなりすぎると、私たちの行動には、変に警戒心が強く、神経過敏で、つねにしゃべり、そわそわと落ち着きを失い、動きまわりすぎるといった特徴があらわれる。

注意欠陥障害（ＡＤＤ）や注意欠陥・多動性障害（ＡＤＨＤ）という病気を診断される人の場合、それはＲＡＳから脳に送られる「ノルエピネフリン」という化学物質が少ないせいで、大脳皮質を十分に活動させられないことが原因だ。

ちなみにノルエピネフリンとは、心臓がどきどきしたり、呼吸が速くなったりするときに体内で分泌される化学物質のことで、神経を興奮させたり、意欲を高めたりする作用がある。

そのため、もともと持っているノルエピネフリンを効果的に使えるようにするための薬を飲む。すると、集中力や理解力が高まるので、記憶能力や学習能力も高くなる。

ＲＡＳは社交性にも関係している。

内気な人は、人に話しかけるのが苦手であることが多い。なぜかというと、内気な人は、外向的な人と比べてＲＡＳの働きが活発であるため、ＲＡＳが脳へ送る警戒信号が外向的な人より多いからだと、科学者たちは考えている。警戒信号を送られた脳は、パニックのような過剰反応を起こしてしまう。

◉ＲＡＳの「ＧＰＳシステム」と「検索エンジン」の驚異の力

ＲＡＳは、あなたの名前や、あなたを危険にさらすもの、すぐに知るべき情報を敏感に察知する。

コンピューターでファイルを探しているとしよう。どこに保存したのか、自分ではよく覚えていない。するとＲＡＳは脳に働きかけて、特定のファイル名――「海外旅行記」でも何でもいい――を探すように仕向けたり、探しているファイル名の一部に、あなたの意識をぱっと引きつけて、ファイルが見つかるようにしたりする。つまり、かの有名な「引き寄せの法則」と同じように作用する。

マルクス・アウレリウスは言った。
「頭のなかを一日じゅう占めているものは、いずれその人自身になる」と。
それが本当なら、私はいずれ女になるだろう。

スティーブ・マーティン（アメリカのコメディアン）

RASには「GPSシステム」が備わっている。

GPSがあれば、町じゅうの道路を知りつくしていなくてもいい。自分が**どこへ**行きたいのか。それさえわかっていれば、あとはGPSが導いてくれる。道を間違えても、正しい道に引き戻してくれる。データを入れれば、どう行けば目的地にたどりつけるのかは、GPS衛星から送られてくる位置情報が教えてくれる。

RASは、このGPSと**そっくり**同じ働きをする。GPSシステムがあるとき、大事なのは**どこへ**行きたいかであって、**どうすれば**行けるのかを考える必要はない。

RASもそうだ。目標さえ決めれば、RASはそこへたどりつくための情報を片っぱしから集めはじめる。道を間違えても、すぐに行くべき道を教えてくれる。あとは任せればいい。

RASは、対地攻撃用ミサイルにも似ている。目標座標を入力し、発射ボタンを押せば、勝手にそこへ飛んでいく。目的地へたどりつくまで、周囲にどれほど無用な情報があふれていようと、RASはそれを全部ふるいおとし、大切な情報だけを拾いつづける。

もし、「私の名前を聞きとれ」という指示を与えれば、どれほどにぎやかなショッピングモールや空港を歩いていても、マイクのアナウンスであなたの名前が呼ばれると、確実に耳に飛びこんでくる。

RASは、対地攻撃用ミサイルと同じように目標を目指す。

◉私たちは「自分が信じること」しか確信を深めない

RASは、私たちの信念を形づくる力を持つことも、科学者たちの研究からわかってきている。私たちが何を信じていようと、信じることへの確信をますます深める情報だけを選び出してくるという。

つまり信じること、考えることの内容は、問題ではない。**RASは、私たちが信じること、考えることだけに注意を集中し、信じると決めた道へ向かうための情報だけを集めて、それ以外の情報はすべて排除する。**

ある人にとってチャンスと思えることが、別の人にはトラブルとしか思えないのは、このためだ。また、誰も本当だとは思わないことを信じる人がいるのも、このRASの働きがあるからだ。

英語の「クライシス（crisis）」は、
漢字では「危機」という二文字であらわせる。
「危」は「トラブル」という意味で、「機」は「チャンス」という意味。

つまり「クライシス」は、トラブルでもあるが、チャンスでもある。

ある物事をどう感じるかは、それをどう考えるかによって違ってくる。言い方を変えれば、RASがチャンスをもたらしてくれるかどうかは考え方しだい。

身を粉にして働かなければお金を儲けることなどできないと信じていれば、その信念を深める情報しか目に入ってこない。だから、それが真実だと信じたまま人生を送ることになる。そこまで苦労して働かなくても、お金が儲かる方法があっても、RASはそんなチャンスをもたらす情報をふるいおとしてしまう。

RASがチャンスをもたらしてくれるかどうかは、考え方しだい。すべては考え方にかかっている。

RASがチャンスをもたらすようにしたいなら、「考え方を変える」必要がある。**求めるものだけを見るようにプログラミングしなおす。求めないものを見るようにさせてはいけない。**

ある目標やアイディアをRASにプログラミングしたら、あとは、眠っていようが起きていようが、そのことを考えていようがいまいが関係ない。RASは、探すように命じたものを、コンピューターの検索機能と同じように確実に見つけてくる。周囲にあふれる何億ビットという情報のなかから、大事な情報だけを拾い上げ、それ以外の情報は排除してしまう。

求めるもののイメージをくっきりと明確に心に描けば、RASはそれが見つかるまで全力で探しつづける。このことについては、あとでくわしく書く。

◉なぜ、「あなたの名前」だけが耳に飛びこんでくるのか?

人が多くて騒がしい空港のターミナルを歩いているとしよう。

周りで何が聞こえるか、あらゆる音を想像してほしい。大勢の人々のしゃべり声、音楽、アナウンス。ふつうはそういう雑音が聞こえる。だが、RASはそんなものをいちいち聞いていない。

騒がしさのなかで、あなたの名前か、あなたの搭乗機の番号がマイクのアナウンスで流れたとしよう。突然、あなたの注意はそのアナウンスに集中するはずだ。大事な情報にさっと意識が向くように、RASが導いたからである。

RASは、フィルターだ。繰り返し聞こえてくる大きな物音などの響きはすべて抑えて、聴覚への負荷がかかりすぎないようにし、自分の名前が呼ばれたときだけ、はっきりと耳に入るようにしてくれる。

◉「望むこと」だけを考え、「望まないこと」は考えない

新しい車が欲しくて、買いたい車種が決まったとする。すると、路上を走っているとき、必ずその車種が目につくようになる。そんな経験はないだろうか。

路上にかぎらず、駐車場でも、テレビでも、ショッピングモールでも、どこでもその車種を見かける。実はこれもRASの働きである。

「この車を買いたい」と思うと、意識が全面的にその車種に向かい、それ以外の種類の車の姿（要らない情報）は、ばっさり切りおとされてしまう。

買おうと決めたとたんに、同じ車が増えたのではない。単にRASがそういうふうに働くのだ。その車種に興味がなくなれば、路上で見かけなくなる。

どこへ行っても自分の車と同じ車を見かけるのは、RASがそう仕向けるから。

女性は妊娠すると、自分と同じように妊娠した女性が、一秒ごとに周囲に増えていくように感じるらしい。

赤ん坊が生まれると、その世話でくたびれ果てるので、外にどれだけ車が走っていても、近所から聞こえる話し声がどんなにうるさくても、ぐっすり眠れる。だが、赤ん坊が泣きだすと、さっと目が覚める。

また、たとえば話はまったく違うが、「世界はひどいところで、人々は悪意に満ちている」という考えに取りつかれたとしよう。すると、テレビをつけたり新聞を読んだりするたびに、悲惨なできごとや人の死、戦争のニュースばかりが目に入るようになる。

それを見て、あなたが喜ぶか打ちひしがれるかは、RASは気にしない。ただ、あなたの頭のなかを占めている考え方や信念に沿って、それに合う情報だけを外部から見つけ出してくる。

何か望まないもののことばかりを考えつづけていると、その望まないものにあなたの意識が向くように、RASをプログラミングしてしまうことになる。望まないものばかりが目に入ると、自分がひどい状況のなかでの闘いを強いられているという強迫観念におそわれて、苦しむことになりかねない。

「望むこと」だけを考え、「望まないこと」は考えないように、くれぐれも申し上げておきたい。

まとめ

ナポレオン・ヒルは正しかった。今はそのことを科学で証明できる。人は心のなかのつぶやきや考え方によって、自分でRASをプログラミングしていたのである。

前向きな考え方をしていれば、RASも自動的に、前向きな行動をうながす情報を拾い上げるようにプログラミングされ、後ろ向きな情報はふるいおとされる。

このRASという天然のフィルターは、あなたが考えることや、関心を向けていることを、だんだんと潜在意識に染みこませていく。そして、潜在意識に染みこんだことを、そのうちふたたび目の前に出現させる。

うれしいことに、ＲＡＳは言葉を正確に選んで意識的に語りかけていけば、あなたの思いどおりにプログラミングできる。あなた自身の現実は、たった今から自分でつくり上げていくことができる。

この本には、「意志の力」のことなどは、いっさい書いていない。あくまでも、脳幹を通る細い神経線維――ＲＡＳのことだけを書いた。

次章からは、ＲＡＳをプログラミングする方法についてお話ししていく。

……物事にいいも悪いもあるものか。
どう考えるかでどちらにでも転ぶのさ。

シェイクスピア

第2章

自分の望みをはっきりさせる

メキシコの小さな村の入り江にボートがとまっていた。メキシコ人の漁師がピチピチした魚をいくらか釣ってきたところだった。

アメリカ人の旅行者が魚をほめて、それだけ釣るには、どのくらい時間がかかったのかを聞いた。

「たいしてかからないさ」漁師は答えた。

「だったら、もっと長い時間出かけて、たくさん釣ればいいのに」アメリカ人は言った。

漁師は返事した。これぐらい釣れれば、自分と家族を養うには十分なんだ、と。アメリカ人は、ふたたび聞いた。「でも時間が余るだろう？　何をして過ごすんだい？」

「ゆっくり寝て、ちょっと釣りをして、子どもたちと遊んで、家内と昼寝する。夜になったら、村へ出かけて、友だちと会って、少し酒を飲んで、ギターを弾いたり歌をうたったり……。毎日、楽しくやってるよ」

アメリカ人は、黙っていられなくなって話しだした。

「私はハーバード大学でＭＢＡを取った。そこで、ぜひ君にアドバイスしたい！　まず、毎日の釣りの時間を増やすんだ。余った魚を売れば金が入る。金を儲けて、もっと大きいボートを買うんだ。そのボートで、もっと金が儲かったら、次はもっともっと大きい漁船に買い替えて、いずれはトロール船を何隻も手に入れるんだ。魚は仲買人に売るんじゃなく、加工工場と値段を交渉して直接売れ。自分で加工工場を建ててもいい。それから、この村を出てメキシコシティか、ロサンゼルスか、ニューヨークに移れ。そこで巨大企業の経営者になるんだ」

「そうなるまでに、どのくらいかかるんだい？」漁師は聞いた。

「二〇年、いや、二五年ぐらいかな」アメリカ人は答えた。

「そのあとは？」漁師が聞いた。

「そこからが、本当におもしろくなるのさ」アメリカ人は笑いながら言った。「事業が大きくなったら、株を売って、何百万ドルも儲けられる！」

「何百万ドル？　すごいな。そのあとは？」

「そうしたら引退して、浜辺の小さな村に住む。ゆっくり寝て、子どもたちと遊んで、少し釣りをして、奥さんと昼寝して、夜になったら飲みに出かけて、歌をうたって、ギターを弾いて、友だちと楽しくやるのさ！」


何か大きなことを成し遂げたい。心ひそかにそんな野心を抱いている人はいないだろうか？もしそうなら、それをいつまでも心の奥深くにしまっておくことはない。**人生で自分が心から望むことに気づかない人は実に多い。**

本書を読み進めていけばすぐにわかることだが、この世は、本当は仕事に行きたくない人や、年老いてから文無しになってしまう人や、がんや心臓病といった病気によって命を絶たれてしまう人であふれている。
この章では、多くの人が苦労する最初の難題――どうやって自分の望みをはっきりさせるかについてお話しする。
自分が人生で何を望むのかをはっきりさせるには、それなりのやり方というものがある。そして、たいていの人はそのやり方を知らない。

人生でほとんど何も達成できない人、人生からほとんど何も得られない人が多いのは、自分の望みをはっきりとわかっていないから。

「成功の定義は何だと思いますか?」「将来、何になりたいですか?」「やりたいことは何ですか?」「どのくらいの財産を蓄えたいですか?」と聞かれると、答えに窮《きゅう》する人がほとんどだろう。考えただけでわくわくするような何かをしたいという欲望は、誰でも抱えている。だが、それを実現できる人はめったにいない。

◉子どもの夢をつぶすのは「こんな言葉」の繰り返し

生まれたばかりの赤ん坊の望みは、この上なく純粋だ。望むものを手に入れることを、何にも、誰にも邪魔させはしない。

おなかが空けば、大声で泣きわめいておなかを満たしてもらおうとする。ハイハイができるようになれば、部屋の扉や、お気に入りのおもちゃやペットのほうへ、おそれることなく突進していく。それをとめることは誰にもできない。

おしゃべりできるようになれば、自分の願いをかなえてもらえるまで、何度も何度も両親にねだりつづけて、ついには願いを聞き入れさせる。そうでなければ、**両親のほうが**しばらく家から逃げだしてしまう。

だが、成長するにつれて、日々起きることのほとんどを冷めた目で見て、自分自身の思いを真剣に考えようとしなくなる。

なぜそうなってしまうのだろう？　子どもが大人になるまでに、何が起こるのだろうか？

それは、**子どもは小さなころから、こんな言葉でＲＡＳを繰り返しプログラミングされていくからである。**

- もう大きいんだから、ちゃんとしなさい。
- 恥ずかしくないの？
- わがままなんだから。
- あげたものでがまんしなさい。

・自分を何だと思ってるの？
・嘘つくんじゃないの。
・お皿のものは残さずに食べなさい。
・あなたがもっと……だったらいいのに。
・悪い子ね！
・そんなこと言うんじゃありません！
・お母さんの言うことを聞きなさい！
・みんなが、みんながって言うけど、みんなが橋から飛び降りたら、あなたもそうするの？
・お母さんがこう言ったんだから、こうなの！
・「ダメ！」っていうのは、こういうことよ。
・言われたことをしなさい。親がやってることを、まねするんじゃない。
・役に立たないところは、お父さん・お母さんにそっくり。
・お金は木に実ったりしないぞ。
・さえない顔をするんじゃない。そんな顔は、いずれ風向きが変わって身動きが取れなくなったときにでもしなさい。
・下着はいつも清潔なものを身につけておきなさい。事故にあわないともかぎらないんだから。
・泣くのをやめろ。泣かなきゃならんことなら、まだあるぞ。

・今、自分が持っているものに感謝しなさい。それ以上のものを望むのはやめなさい。
・こんなことをしたら、あなたが傷つく以上に、私が傷つくのよ。

このような言葉でRASがプログラミングされつづけた結果、思春期に入るころには、ほとんどの人が周囲の要求に従うようになる。子ども時代の伸びやかさや夢は押しつぶされ、跡形もなく失われる。

十代も終わりに近づくと、何でも大人の望みどおりにするようになる。自分が結婚したいと思った人ではなく「いい」人を選んだり、両親の望みどおりの大学に進学したり、胸躍るような人生を追求するのではなく「安全な」仕事に就いたりする。

自分でわかっているのかいないのか、すでにそういう選択をするようプログラミングされているからだ。

安全で「分別のある」道を選んで、波風を立てないようにそろそろと人生を歩みつづけ、引退し、さっさと人生の幕を下ろしてしまう。

実話　ロバートの場合

ロバートは、小さなころから父親に「親の言うことを聞きなさい。勝手なわがままを言うんじゃない」と、叱られどおしだった。

ヨーロッパの親元で過ごした十代のロバートは、絵描きになることを夢見ていた。また、将来は福祉の仕事に就き、恵まれない人々の力になりたいとも考えていた。

だが父親は、そんなことに時間を使うのは人生をどぶに捨てるようなものだ、そんな仕事じゃ家族を養えないぞと頭から否定した。そして、医者になれとロバートに命じた。医者になれば、息子がいい収入を得られるからではなく、「息子は医者だ」と友人に自慢できるからだった。

父親はロバートをニュージーランドの大学へ行かせ、生活費も学費もすべて仕送りでまかなってやった。ロバートは七年間、いやいやながらも一生懸命に勉強して微生物学者となり、その後まもなく医者になった。父親は喜んだ。

現在、ロバートはニュージーランドで崖下りのインストラクターをしている。そのほか、子どもたちを集めて勉強を教えたり、絵の教室に行ったりしている。ヨーロッパの親元に帰るつもりはない。医者として働く気もない。父親に会うことは、二度とないかもしれないが、それでも全然かまわないと思っている。

ロバートはニュージーランドに行って父親の支配を逃れたが、それでもお金を出してもらっているという負い目から、息子を医者にするという父親の夢をかなえてやった。そのために、人生のうち七年間という年月をつぶし、父親と断絶した。

果たして、他人の夢をかなえるために、それだけの代償を払う価値はあったのだろうか。

成功への道を上りつめたとしても、頂点に立ってから自分の間違いに気づいてしまえば、それまでの苦労は水の泡ではないだろうか？

他人の期待に応えるための人生など意味がない。自分が苦しみ、不幸になるだけだ。

人が自分の思いに従って、やりたいことに情熱を傾けるとき、世の中の人は、たとえその思いに100パーセント賛成できないと思ったとしても喝采《かっさい》を送る。

今こそ、自分の人生の舵は自分で取ると、決意を固めようではないか。他人に命じられることではなく、自分がやりたいと思うことをするために。

◉「やりたいことリスト」は誰にも見せないで

まず、自分がやりたいこと、達成したいと思うことを書き出そう。

どんなにささいなことでもいい。人の目にどう映るかは関係ない。今でも大切にしている子どものころの夢、これまでに見たり聞いたりして心を動かされたことのあるアイディアなど、何でも書いていく。

いいなと思ったことなら、どんなことでもいいので、一〇項目から二〇項目ぐらいを目指して書いてみてほしい。**どんなことでも。**

書いたからといって、必ず実行しなくてもいい。ただ、自分が今の時点で興味を引かれていること、これまでに興味を引かれたことがあるものを書いていくだけでいい。

リストを書いたら、誰にも見せないようにしよう。誰かに見せるとしたら、心の底から信頼できる人だけにする。あれこれ口出ししようとする人や、「そんなばかなことはやめておけ」とか、「そんなことができるわけないよ」などと言いそうな人に見せてはいけない。

このリストは**あなた**のすべてを書きこむリストになる。夢を奪おうとする人に見せてはいけない。自分は自分だ。他人の意見に左右される必要はない。

［やりたいことリスト］

夢をあきらめた人に、
あなたの夢を土足で踏みにじらせてはいけない。

◉まずは「何を」したいのかだけを考える

人生で自分の望みをかなえることができないのは、たいていの人の場合、**どうすれば**それをかなえられるのかに気をとられてしまうからだ。

他人が何かを達成しても、それを見て「**でも、どうすればあんなことができるのか、わからないからなあ**」と考えてしまう。だから何もしない。それではいけない。

考えなければいけないのは、**何を**したいかである。

何か目標を達成しようとするとき、もっとも大事なのは、「何がしたいのかをはっきりさせること」だ。どうすれば達成できるのかを考えてはいけない。そんなことはRASが考えてくれる。

すでに書いたとおり、RASにはGPSシステムが備わっている。だから、どこへ行きたいのかを決めさえすれば、RASがそこへ導いてくれる。

どうすれば達成**できる**のかを考えだすと、人は萎縮してしまう。その時点ではまだ、方法がわからず、技術もなく、達成するために必要な条件も整っていないからだ。一歩も踏み出せないから、当然、何ごとも起こらない。

しかし、この時点で肝に銘じてほしいのは、**何を**したいのかを考えることであって、**どんな状況であろうと**、絶対に**どうすれば**達成できるのかを考えてはいけない——少なくとも、この段階では。これについては、あとで書く。

もう一度、言っておこう。
まずは**何を**したいのかだけを考えてほしい。**どうすれば**できるのかを考えてはいけない。今はまだ、考えてはいけない。
とにかく「**何を**」したいのかだけを書き出す。それをＲＡＳに叩きこむ。

まず何をしたいのかをはっきりさせる。
どうすれば達成できるのかは、ＲＡＳに任せておけば、
そのうち自然にわかる。

◉バーバラと私の「目標ノート」のつくり方

目標をイメージできる絵や写真、文章、イラストを集めよう。それを一冊のノートに貼りつけたり、書き写したりして、毎日それを眺めるようにしよう。

ここにバーバラと私が書いたものをお目にかける。二人で相談して書きこんだものもあれば、別々に書いたものもある。書いた時期はばらばらだ。

［達成したい目標］
・マラソンに挑戦する

- 海辺に住む
- 湖をつくる
- 武道で黒帯を獲得する
- スカイダイビングをする
- 自分たちのテレビ番組を持つ
- 大会社の社長になる
- 著名な講演家になる
- コンコルドを操縦する
- ロシアでセミナーを開く
- 催眠術師として舞台に立つ
- 素手でヘビを捕まえる
- 死海に浮かぶ
- 「アメリカン・トップ・フォーティ」（アメリカのラジオ番組。音楽チャートを四〇位から一位まで紹介する）に出るような曲を書く
- 城に住む
- ライフセーバーのブロンズメダルを獲得する
- ジョウゴグモ（オーストラリア原産の大型毒グモ）を捕まえる

・サーフィンの大会で優勝する
・バンジージャンプをする
・五五か国を訪問する
・ジムに行く
・ピラミッドに登る
・ベストセラーの本を書く
・バスケットボールでオーストラリアの代表選手になる
・テレビに出て有名になる
・営業成績がトップの販売員になる
・外国に住む
・ロックバンドでギターを弾く
・自分で事業を興す
・三〇歳までに大富豪になる
・メルセデス・ベンツの車を買う

［習いたいこと］

・タップダンス

・スケートボード
・スキューバダイビング
・乗馬
・スキー
・楽譜の読み方
・マッサージの技術
・フランス語会話とドイツ語会話
・速読術
・作曲
・美しい歌い方
・すてきな写真の撮り方
・手品
・賢い子どもの育て方
・ボクシング
・すごくいい親になる方法
・ヘリコプターの操縦法
・出版社のつくり方

- 健康のエキスパートになる方法
- 航海術
- ロックンロールのダンス
- 積極的で健康意識が高い子どもの育て方
- 水泳の上達法
- ムーンウォーク
- 瞑想法
- 和食の料理法
- 混声四部合唱曲の作曲

［習いたい楽器］

- リードギター
- ピアノ
- ドラム
- サクソフォン
- ベースギター
- バイオリン

・ハーモニカ

どのリストも、あれもこれもと盛りだくさんだが、書いたときは、ただおもしろそうだと思ったものばかり。しかし、**二人で書いたものも別々に書いたものも、私たちは90パーセント以上の項目に手をつけ、ほとんどのものは達成した。**

世界に通用するレベルに到達したものもあるし、国から栄誉を讃えられて賞をもらったものもある。地元でまあまあのところまで行ったもの、私たち夫婦にだけ大事なこともある。まったく歯が立たなかったものもある。バーバラはピアノはもうこりごりだと言うし、私もタップダンスは二度としたくない。

まだ達成していない項目もいくつかある。始めてはみたものの、好きになれないことがわかって、放棄してしまったものもある。

成功するコツは、とにかく始めること。

マーク・トウェイン

◉RASにプログラミングすると起こる絶大な効果

新聞や雑誌を読むとき、目を通すのは一部の記事だけで、あとは読んでいない、ということに気づいたことはないだろうか。
全部読んだつもりなのに、誰かに「〇〇の記事を読んだ?」と聞かれると思い出せない。もう一度、ページを繰ってみると、たしかに、その記事がある。しかも、丸々一ページを占めている記事だったりする。それなのに、読んでいなかった。これは、RASの働きがそういうものだからだ。

RASは、そのとき心のなかで考えていることや、興味を引かれていることに関係する情報しか拾ってこない。

いつもスポーツのことで頭がいっぱいで、花を部屋に飾るなど考えたこともなければ、新聞や雑誌で読むのもスポーツやスポーツ選手の記事ばかり。その隣に花の記事があったとしても、目にも入らない。

RASは、プログラミングされた物事に関係することだけを探し、それ以外のことは無視する。トラのことが気になってしかたがなくなったとしよう。すると、どこへ行ってもトラの話、トラの映画、トラの情報しか目に入らなくなる。テレビをつけても、インターネットを見ても、雑誌を開いても、シリアルのパッケージや広告用の掲示板でもあなたが見るのはトラばかり。耳に入るのもトラの話題ばかりになる。

しかし、トラのことが気になりはじめる前は、トラに関係するものを見ることなど、まったくなかったのではないだろうか。

リストに項目を書き出すと、書いたことに関係する情報が、どこへ行っても目につくようになる。

これと同じことは、車を買おうとするときにも起こると書いた（第1章）。たとえば、トヨタの白い4ドアセダンを買うことにしたとすると、どこでもトヨタの白い4ドアセダンを見かけるようになる——高速道路でも、駐車場でも、テレビでも、代理店の展示場でも、他人の家のガレージでも。だが、白いトヨタの車を買おうと決める前は、まるでその存在に気づかなかったのではないかと思う。

どんな車でも同じである。運転していると行く先々で、自分の車と同じ種類の車に出くわす。かなりの確率で走っているはずだ。目標を書き出すのはそのためだ。

書けば必ず、それに関係する情報や疑問に対する答えが目の前にあらわれる。

◉「スパゲティの原理」は「紙に書くこと」で変わる

考えていることや、興味があることは、頭のなかでスパゲティのように固まっている。一つの考えが、ほかのたくさんの考えとからまりあい、それだけを単独で考えるのは難しい。

項目を紙に書くのが大事なのは、書くことによってそれぞれの輪郭をはっきりさせ、一つ一つ

を分けて考えることができるようになるからだ。

自分で書いたリストの項目を読み、じっくり考えていくと、最初はどうしても達成したいと思っていた目標が輝きを失い、それほど大事ではないと思っていた目標のほうが楽しそうだと思えてくることもある。

私は子どものころ、ジーン・ケリーの『雨に唄えば』（一九五二年、アメリカ）という映画を見たとき、部屋じゅうを踊りまわるケリーの完璧なタップダンスに感激した。二十代になるまでに映画を何度も見た私は、どうしてもタップダンスを習って、彼みたいに踊れるようになりたいと決心し、それをリストに書いた。

書いてから五年ほどは、そのままになっていた。しかし、できれば達成したい目標としてリストに書いたとたん、映画やテレビでタップダンサーを見かけるようになり、いたるところでタップダンスに関する記事が目に飛びこんでくるようになった。

それ以前にも、テレビではタップダンスのショーや番組が放映されていたのだが、リストに書くまで、私は気づいていなかった。

三五歳のとき、私はタップダンスの教室に通いはじめた。このときのことは、あとで書く。

◉「手書き」のリストでなければならない、これだけの理由

ドミニカン大学カリフォルニア校で心理学を教えているゲイル・マシューズ教授が、二六七人

の参加者を集めて、目標の達成率に関する実験を行った。**目標を手書きしたときの達成率と、キーボードでタイプしたときの達成率を比べたのである。すると、手書きするだけで、達成率は42パーセントも上がることがわかったという。**

文字をキーボードでタイプするときに必要な指の動作は、八種類しかない。だから脳でも、その八種類の動作に対応する神経しか働かない。しかし、手書きするときに必要な指の動作は一万種類もある。そのため、脳で働く神経もずっと多くなる。手書きが目標の達成率に大きく影響するのは、このためだ。

手書きすると、目標を達成したいという思いが強くなり、一生懸命に取り組むようになる。コンピューターのキーボードで目標をタイプしても、たしかに、効果はあるのだが、それはスポーツカーを持つという体験が、いかに刺激的かについて書かれた本を読むようなものだ。目標を手書きするのは、アルプスでスポーツカーを試乗し、その体験を脳に刻みこむのに似ている。目標に対する思い入れがぐっと強くなり、達成意欲が飛躍的に高まる。

手書きするとRASが活性化され、目標のことを考えていなくても、RASの指示を受けた潜在意識が、目標達成に向けて働きだすようになる。

◉目標リストを「つねに読み返す」だけで起こることとは？

一九八〇年代、「鉄のカーテン」と呼ばれたロシア（ソビエト社会主義共和国連邦）でセミナーを開くのは不可能と考えられていた。当時、西洋の一般人がロシアへ行ける機会など、まずなかった。しかし、それでもバーバラと私は「ロシアでセミナーを開く」という目標をリストに書いた。ジェームズ・ボンドみたいでかっこいいと思ったからだ。

書くとすぐに、ロシアについての情報、新聞記事、テレビのドキュメンタリー番組、雑誌の連載などを、あふれるほど見かけるようになった。目標をリストに書いたのは一九八九年だったが、そのおかげで今、ロシア語圏の国々は、私たちの本の売上げもセミナーの回数も飛びぬけて多い上顧客《じょうこきゃく》となった。

もし、ロシアでセミナーを開くなんて正気の沙汰ではないと決めつけ、リストに書いていなければ、**どうすれば**それが可能になるのかをRASが探しはじめることはなく、ロシアが私たちのビジネスの市場になることも絶対になかっただろう。

どうすれば望みがかなうのかを考えてはいけないと念を押すのは、そういうわけである。

何をしたいのか、**何が**欲しいのか、**何に**なりたいのかが、はっきりとわかると、RASはそのための方法を探しはじめる。

目標を心に決めると、それに関係する情報が次々に目や耳に入り、くわしいことを知ることができるようになる。実に単純な方法だ。それなのに、実行する人はほとんどいない。

目標のリストをつねに読み返していると、自分にとってどの目標が**本当に**大事なのか、あるいは大事ではないのかが見えてくる。

そのときは、新しい項目を書き加えたり、すでに書いた目標を修正したり、削除したりするとよい。やがて、**何度読んでも輝きを失わない目標がいくつかあるのに気づくだろう。それが、あなたにとっていちばん大切な目標である。**

リストは何枚もコピーして、寝室や浴室の壁、冷蔵庫に貼っておこう。コンピューターやモバイル機器のスクリーンセーバーに使ってもいい。

あらゆる場所で、いつでも見られるようにすること。新しい考えが浮かんだら、それもリストに追加しよう。リストは長ければ長いほどいい。

◉億万ドルクラスの資産家はみな「これ」を持っていた！

一九七〇年代に、富裕層の人たちを対象にした調査が行われたことがある。

テーマは、「一〇〇万ドルクラスの資産家と億万ドルクラスの資産家の〝大きな違い〟は何か」ということだった。富裕層のなかでも、どんな違いがあって、一方がもう一方よりずっと裕福なのかを知ることが目的だった。

三年間の調査の結果、どちらのクラスの人たちにも共通していたのは、「自分の望みは何か」をはっきりと知っていたことだった。

しかし、違っていた点がある。**億万ドルクラスの資産家は、「自分の考えや目標、目的をしっ**

かりと紙に書いたリスト」を持っていた。調査した人たちは、もっとも大きな違いがそれだったことに衝撃を受けた。

一〇〇万ドルクラスの資産家も同じように、自分の目標に情熱を傾け、自分の望みをはっきりと知っていた。だが、「紙に書いたリスト」を持っている人は、億万ドルクラスの資産家より、ずっと少なかった。

目標の設定については、アメリカでもう一つ別の調査が行われている。この調査にかかわったポール・J・マイヤーは、次のように報告している。

- **目標や計画をきっちりと紙に書いているアメリカ人、3パーセント**
- **人生の目標についてしっかりした考えを持っているアメリカ人、10パーセント**
- **お金に関する目標しかないアメリカ人、60パーセント**
- **目標がなく、将来のこともほとんど考えていないアメリカ人、27パーセント**

この調査に参加した人たちについて、マイヤーは次のように書いている。

- **かなりの成功を収めている人、3パーセント**

- **まあまあ順調な人生を送っている人、10パーセント**
- **いわゆる「つましい生活」を送っている人、60パーセント**
- **公的支援や施しを受けてなんとか生活している人、27パーセント**

この調査結果が何を意味しているかは明らかである。さあ、目標を紙に書いてリストをつくろう。リストは手で書こう。

◉「本当にやりたいこと」がわからないあなたへ

リストでつねに最上位の目標に挙がるのは、ほとんどの人の場合、どのように仕事をしていくかという仕事上の目標だ。しかし、各種の調査によると、一〇人に八人以上の人が、「今の仕事は好きではないが、生活のためにしかたなく続けている」という。

アメリカの調査会社が行っている国際的な世論調査がある。**一四〇か国を対象にした二〇一二年の調査の結果、仕事について「身が入らない」「あまり意欲がわかない」「余分な努力をしようとは思わない」と回答した人が、合計67パーセントいた。**

さらに、24パーセントの人が「いつでも喜んでやめる」「心底うんざりしている」「不毛だ」と回答している。

仕事に出かける日、朝起きるのが楽しいだろうか。毎朝ベッドから出るとき、今日は何が起きるだろう、どんなことが待っているだろうという期待に胸がふくらむだろうか。

もしそうでないなら――その確率は80パーセント以上であるわけだが――どうしたらいいのだろうか。

ここでは、「人生の使命」の見つけ方を説明していく。


これまで生きてきて、何よりも楽しかったことは何だろうか。いい機会さえあれば、お金なんかもらえなくても、喜んでできると思えることは何だろうか。


過去を振り返り、もっとも楽しかったこと、幸せだったこと、最高の気分を味わったことは何かを思い出してみよう。

人生の使命、本当に進むべき道は、そういうことのなかから見つかるはずだ。


「お金なんかもらえなくても、喜んでやるけど、それでもお金にできることは何だろうか？」

と、あなた自身に問いかけてみよう。

この質問に対する答えがわかったとき、あなたのこの世の使命は見つかる。


好きなことでいい生活はできない、お金はもうからないと、たいていの人は思っている。だが、

その好きなことをリストに書けば、方法は見つかる。

「人と会ったり、話したりするのは好きですよ。でも、そういうことで生活できますか？」と、聞く人がいるかもしれない。

でも考えてみてほしい。たとえば、ジェイ・レノ（アメリカのコメディアン、俳優、声優、作家、プロデューサー、テレビ司会者）、デイヴィッド・レターマン（アメリカのコメディアン、プロデューサー。CBS放送のトーク番組『レイト・ショー・ウィズ・デイヴィッド・レターマン』の司会者）、マイケル・パーキンソン（イギリスの司会者）、オプラ・ウィンフリー（アメリカの司会者、プロデューサー。人気トーク番組『オプラ・ウィンフリー・ショー』の司会者）は、みんなそういうことが大好きな人たちだ。

家のなかを美しく飾りつけるのが心から好きだという人もいるだろう。マーサ・スチュワート（アメリカで室内装飾、園芸、手芸などライフスタイル全般を提案する実業家）も同じだ。

「スポーツが大好き」という人なら、タイガー・ウッズ、ロジャー・フェデラー（スイスのテニス選手）、パトリック・ラフター（オーストラリアの元プロテニス選手）、グレグ・ノーマン（オーストラリアのプロゴルファー）がいるではないか。

たしかに、どの人も大変な成功を収めて、桁はずれの年俸を手にした人たちではある。しかし、誰もが無名の人として出発し、もっとも好きなこと、そのためならお金なんかもらえなくてもいいと思えることを追求した。この人たちほど有名ではなくても、同じように自分の道を追求して暮らしを立てることに成功した人は何百万人といる。

思い出してほしい。どの道のエキスパートも、最初は初心者だったのである。

好きなことを見つけよう。
もう一日たりとも、無意味な仕事に人生を費やすことはできない。

◉「好きなことを仕事にする」と決めると、RASが動き出す

すてきなレストランで外食したり、本や雑誌を読んだり、パーティーやダンスクラブへ行ったり、映画を見たり、音楽を聞いたり演奏したり、新しい知り合いができたり、ネットサーフィンをしたり、スポーツに興じたり、ショッピングに出かけたりといった生活は楽しいかもしれない。そのような生活のために、何千人、何万人という人が仕事をして給料をもらっている。

外で食事するのが好きで、食べるものに情熱を捧げているというなら、それもいいだろう。だがそれなら、自分のレストランを持つとか、レストランのレビューを載せるウェブサイトを立ち上げるとか、ニュースレターを配信するとか、ブログや雑誌で発信するとか、いっそのことシェフになるとか、そういう目標をリストに書いてみてはどうだろうか。

音楽を聞くのが好きなら、自分で音楽をプロデュースしたり、音楽産業のジャーナリストとなって自分のブログに記事を書いたりもできる。

世の中の人々に毎日楽しんでもらえたり、使ってもらえたりする商品をつくって、自分の情熱

を収入に変え、やがて安定した収入を得られるようになれば、それで生活できるようになる。

好きだと思えることが一時の気まぐれで終わることはない。心が求めるものとは、そうしたものだ。

私は学校にいたころ、みんなの前で舞台に立ち、ジョークを飛ばしながら大ぼらを吹くのが大好きだった。あるときなど、先生の一人に「プロの大ぼら吹き」でも目指したらどうだと言われたぐらいだった。

それ以来、私が四〇年以上やってきたことは、まさにそれにほかならない。そうなるための方法など、わかるわけがなかった。私は目指そうと決めただけで、あとはＲＡＳがやってくれたのである。

二四歳のときには、「いかにしてものを売るか」というトレーニングプログラムを書いた。これが飛ぶように売れた！　そこで私は、ベストセラーの本を書いて作家になろうと決めた。どうすればそうなれるのか、どんな本を書けばいいのかなど、わからなかった。

しかし、ここが重要なのだが、**「私はただそうしようと決めた」**。

学校には一一年しか行かなかったし、作文はいちばんの苦手だったにもかかわらず、そう決めた。そして、目標を書いたとたんに、どうすればいいのかという答えが、いろいろな形で目の前にあらわれるようになった。

二年後、ヒットを飛ばしそうな本のテーマ（他人の本音を読みとる方法）が頭に浮かんだ。私は、椅子に座って最初の一文を書いた――「昔々、あるところに……」最初の一文はもっとも難しい。しかし、この一行が私のスタートだった。タイトルは『顧客のしぐさが語る言葉』とした。

二七歳のとき、代表作と言える最初の一冊を世に出した。最終的なタイトルは『Body Language（ボディ・ランゲージ）』。そしてその後もヒット作を出しつづけた。

◉今の仕事は「お金がもらえなくてもやりたいこと」ですか？

心からの情熱をかきたてる何かで身を立てることは、あなたにもできる。だがまずは、自分が好きなことをはっきりと知り、それを紙に書くことが必要だ。

今日からは、「仕事＝金稼ぎ」という考え方をやめてほしい。それは、情熱を注げることを追い求めるあいだ、請求書の支払いをするための一時しのぎにすぎない。80パーセント以上の人がしぶしぶやっているのは、そういう金稼ぎである。

お金なんかもらえなくても、チャンスさえあればやりたいことは何ですかと聞かれたとき、「それは今の仕事でやっていることです」と答えることができるだろうか。

もし、そうではないなら、すぐに**今の仕事をやめる**計画を立てよう。

「仕事」は、無一文になるよりましだからやる「金稼ぎ」ではない。

好きなことで身を立てることに成功している人は、何百万人といる。そういう人は、やりたいことが次々と頭に浮かんで、毎朝起きるのが楽しくてたまらない。

充実した生活を送りたいなら、あなたもそうしよう。単なるお金儲けを目的とした新規事業を立ち上げたり、キャリアを選んだりしたところで長続きしない。いずれは世の中をあざ笑う不幸な人間になってしまう。

自分はこれをやるために生まれてきたのだと、心から思えるようなことをしよう。お金はあとからついてくる。

先行きを案じるあまり身をすくませてはいけない。
まっすぐに夢を追いかけよう。

まとめ

さあ、たった今から、これまでの人生で興味を引かれたこと、おもしろそうだと思ったことのリストをつくろう。

どんなことでも、自己判断で切りすてないこと。何でも書き出していこう。「バンジージャンプの広告が目を引いたら（バーバラと私がそうだった）、「バンジージャンプをする」と書く。テレビでロックンロールのダンスを見て、すごいと思ったり（私がそうだった）、外国の城に住んでいる人の番組を見て、すてきだと思ったりしたら（バーバラがそうだった）、それも全部書く。

ＲＡＳをうまく稼動させて、脳の大脳皮質を活性化するコツを覚えていけば、目標を首尾よく達成できる確率は高くなる。

目標を紙に書いて、じっと見つめるうちに、自分にとって本当に大事なことは何かがわかってくる。すると、ＲＡＳが目覚めて、その大事なことのために働きだす。

紙に書くと、それまで頭のなかで考えていたことの輪郭がはっきりとして、達成したい目標の焦点が定まる。ＲＡＳは目標へ向かうために必要な道のりを指し示してくれる。

人生で成功を遂げた人たちは、たいてい自分の望みや考えを紙に書き、優先順位をつけている。考えていることを紙に書くと、ＲＡＳは、それを達成するために必要な答えはどこにあるのかを探しはじめる。

今日から自分の本当の人生を取り戻そう。誰かが押しつけてくる道を歩んではならない。たとえその人が、純粋な善意からその道を勧めているように思えても。

・これからは、自分の人生の責任は自分で取り、本当の自分を取り戻すと決心しよう。

・欲しいものを手に入れる。今の自分を変えて、理想の自分になる。そう決心しよう。

・毎日の仕事を心から好きだと思えなければ、やめる計画を立てよう。調査によると、今の仕事は好きではないが、生活のためにしかたなく続けているという人がほとんどだ。その一人になることはない。

・今からリストを書こう。「あとで」「朝食をとってから」「この本を読んでから」ではなく、**今**書こう。さもなければ、ある朝起きたら、もう遅いと気づくことになりかねない。

［興味を引かれたこと・おもしろそうだと思ったことリスト］

「こんな自分になりたい」と決心しなければ、
絶対に今の自分を変えられない。

第3章

明確な目標を定める

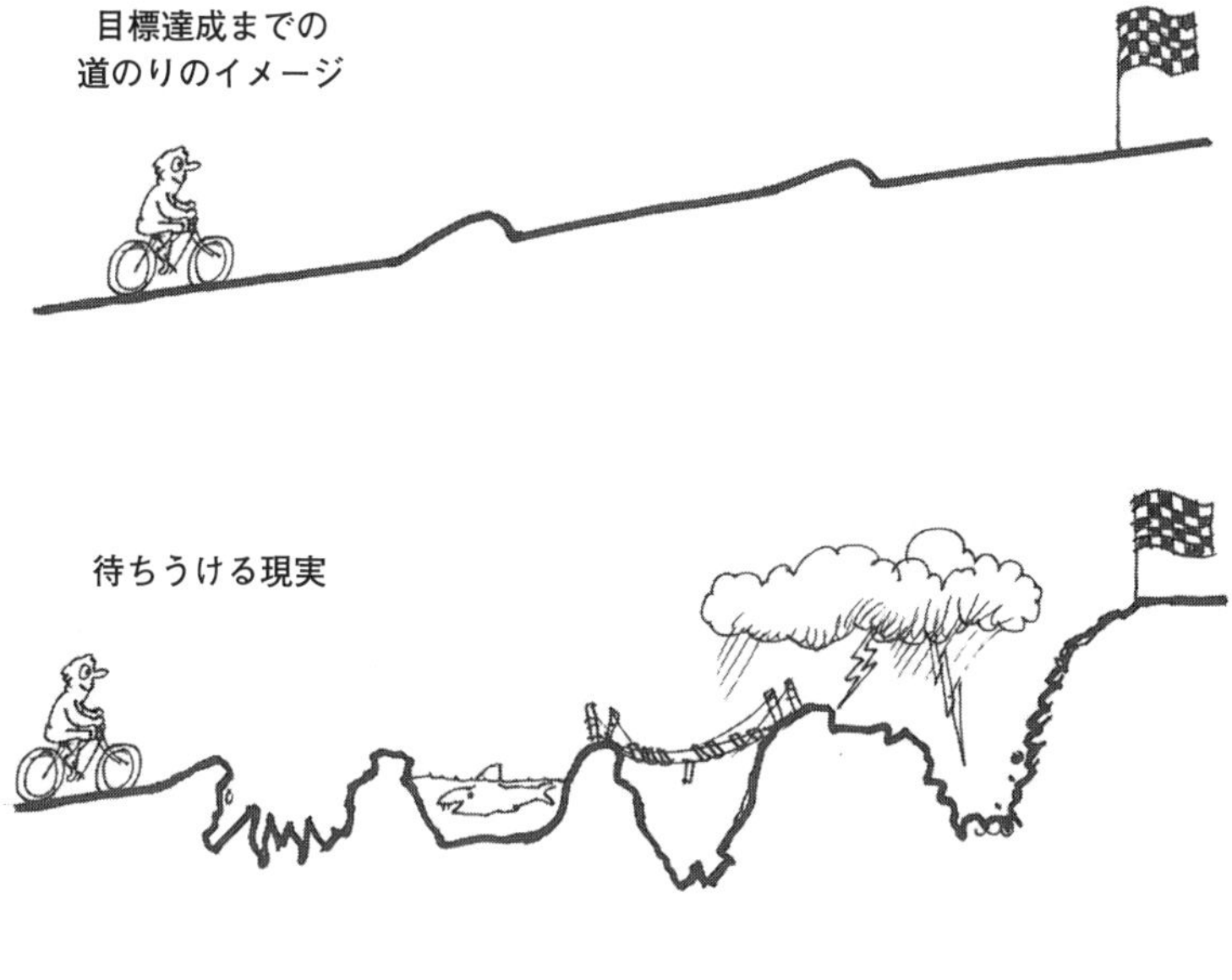

人がやる気になるのは、何かいいことがあると思ったときか、何かを失いたくないと思ったときのどちらかである。両方のときもある。

会社で偉くなり、厚い信望と高い報酬を手に入れて家族に何でも与えてやりたいという思いは、愛する家族に苦しい生活をさせたくないという思いでもある。

人がやる気になるのは、何かが手に入ると思ったときか、つらい思いをしたくないと思ったとき。

前章では、みなさんにリストを書いてもらった。この章では、リストの内容を実現させるための方法をお話しする。

◉「Aリスト」「Bリスト」「Cリスト」の三つの分け方

まず、リストに書いた項目を「A」「B」「C」の三つに分けて書き直してほしい。

「Aリスト」に入れるのは、近いうちにきっと達成できるだろうと思うことと、今の自分にとって、もっとも大事だと思えること。

「Bリスト」には、今の自分にとってやはり大事ではあるけど、本当に達成しようと決断する前に、もう少し考える時間が欲しいと思う項目を入れてほしい。

「**Cリスト**」には、おもしろい、挑戦してみたいと思うけど、まだわからないことが多いので、「**Aリスト**」や「**Bリスト**」に入れるほどには意欲をかきたてられない項目を入れる。つまり、できれば達成したいという程度の目標なら「**Cリスト**」に入れる。

次に、「**Aリスト**」と「**Bリスト**」の項目に、やりたい順番に一から番号をつけていってほしい。このリストが、これからの人生の方向を決めていく基準になる。とりあえず、今の順位でいい。次の日に見直して気が変わったら順位を変えていく。

仕事や私生活の目標は、物質面でも気持ちのうえでもさまざまだ。それをどのように達成していくのか。この章では、バーバラと私の実例も織りまぜて、その方法をお伝えしていこうと思っている。

第2章にも書いたが、私たちが達成した目標のなかには、自分たちだけにとって大事なもの、地元でそこそこのレベルまで到達したものもあれば、国から賞をもらえるほどの成果を達成したもの、世界的な成功を収めたものもある。

私たちの共著は、ヨーロッパで五冊同時にベストセラーとなり、私たちは世界でもっとも成功したノンフィクション作家となった。「ギネスブック」に載ったこともあるし、ロックンロールのダンスも覚えたし、城に住んだこともある。私はムーンウォークができるし、バーバラはバンジージャンプで渓谷に飛びこんだこともある。

【Aリスト】今の自分にとってもっとも大事だと思えること

【Bリスト】今の自分にとって大事だが、決断前にもう少し考える時間が欲しいもの

【Cリスト】挑戦してみたいがまだわからない、できたら達成したいこと

その方法はいたって単純明快だ。

この章では、多くの人があっと驚くようなこと、頭から無理だと考えてしまうことを、どれほど単純な方法で達成できるのかをわかっていただきたい。

◉目標を「細かいところまでくっきり描き出す」練習をする

あなた自身がやりたいと思うこと、達成したいと思うことなら、何でも目標になる。

目標の内容は、個人の価値観によって、いろいろと違ってくるだろう。力やお金が欲しい人、がんの治療法を見つけたい人もいれば、飢えた人々を助けたい人もいる。自分がやる気になれることなら、どんなことでも目標になる。

やる気に火をつけるには、目標をはっきりと具体的な言葉で書く必要がある。**具体的というのは、いつまでに（年月日、時刻）、どれくらいの規模で（量、金額）達成するか、どんな形、色、寸法のものを手に入れるかなど、達成した結果得られるものが書かれていることを意味する。**

「いつかお金持ちになる」という目標だけでは、やる気を起こす力が足りない。明確ではないからだ。あまりに漠然《ばくぜん》として曖昧《あいまい》すぎるので、ＲＡＳもどのように手をつけたらいいかがわからない。

しかし、「今から五年後の八月一五日、夜中の一二時までに、借金を全額返済して一千万円貯める」という目標を立てれば、俄然やる気が起きてきて、すぐさま行動を開始することになる。

具体的な金額、日時、期限を決めたため、RASが「検索モード」に入るからだ。
「すてきな家を持つ」という目標も、それだけではやる気が起きにくい。「すてきな家」とは、どんな家なのかが、よくわからないからだ。

億万長者にとっての「すてきな家」は自分の家かもしれないし、それと同じように、ボツワナのサン人にとっての「すてきな家」は砂漠に建てられた草葺きの小屋かもしれない。

しかし、「寝室が四つあって、庭に熱帯植物が生い茂るレンガ造りの家。北東向き。気候が温暖な土地で、一〇〇メートルほど歩けばビーチに出られる。そんな家を今日から三年後までに欲しい」という目標を立てれば、RASはすぐに活動を開始して、**どうすれば**その目標を達成できるのかという情報を探しはじめる。

家の間取りや、窓からの景色、家具調度のしつらえや扉の取っ手、建材、システムキッチンの天板、床の素材などもくっきりとイメージすれば、RASは、そこに住めたらどんな感じかを想像しはじめる。そして、条件が合う売家の広告が出れば、RASはあなたの意識をその広告に向けさせる。すると、あなたは物件を見に出かけて、雰囲気を味わい、その場の空気を吸って、どんな感じの場所なのかを確かめ、説明用のパンフレットを集める。

目標が具体的で、数字がはっきりとしているほどRASが稼働して、求めるものに手が届きやすくなる。

目標は大きいほうがいいが、イメージはくっきりと描くこと。

あなたが今の人生に満足していないとすれば、それは目標がはっきりとしていなくて、RASにもどこから何を探せばいいのかがわからないからに違いない。

目標を細かいところまでくっきりと描き出せば、今の自分がどんな状況にいるのか、これからどの方向を目指したいと思っているのかがわかる。するとRASにスイッチが入り、やる気がわきおこる。

◉「否定的な言葉」で書いた目標が達成されにくい理由

目標を否定的な言葉で書く人がけっこういる。しかし、RASは目に見えるものしかイメージできない。何かがそこにある状況しか思い描けない。否定的な目標が達成されにくいのは、そのためだ。

たとえば、タバコを吸う人が禁煙すると決心し、「一月一日までにタバコをやめる」という目標を立てたとしよう。

ところが、この人の脳には、タバコを吸う自分のイメージがすでに強く焼きついている。「○**しない**」と宣言するのは、視覚化できないものをイメージしろとRASに頼むようなものだ。RASにはそれができない。

だが、「一月一日までにノンスモーカーになる」と書いたとしよう。そうすると、ＲＡＳは**ノンスモーカー**の姿をイメージする。あなたの爪が清潔でヤニにまみれていないところ、さわやかな息を吐くところ、白い歯を見せるところ、健康的なあなたの姿を見せてくれる。

ＲＡＳが稼働しだすと、あなたの意識は歯みがきの広告や運動する人に引きつけられるようになり、自信に満ちて好感を持たれるようになったあなたのイメージが脳裏に浮かぶようになる。

目標を肯定的に書くと、脳にイメージがわいてやる気が起こるが、何かを否定する書き方で書くと、イメージがまったく浮かばないので、やる気も起こらない。

体重一〇〇キロの人が一〇キロ落としたいと考えて「体重を一〇キロ落とす」と書いたとき、達成されない理由も同じだ。

この人の頭にはすでに、体重一〇〇キロの自分のイメージがくっきりと描かれており、そのイメージを目指す働きをとめられないため、たくさん食べろという指示が体に送られてしまう。

しかし、「六月二〇日までに、私は九〇キロになる」と書くと、九〇キロになった自分のイメージが描かれ、そのイメージを目指せとの指令がＲＡＳに送られる。ＲＡＳは、この九〇キロのイメージを潜在意識に送りこむ。すると、この人は潜在意識に駆りたてられて、九〇キロになるという目標に向けた行動を取るようになる。

目標は、脳にくっきりとイメージが浮かぶように書いてみよう。見ることができないものをイメージさせようとしてはいけない。


幸せな人生を送りたいなら、何かの目標に人生を結びつけなさい。人やものに結びつけてはいけない。

アルバート・アインシュタイン

◉目標達成するために、積極的に「疑似体験」をしよう

新車に試乗したあと、自分の古い車に戻ったことがあるだろうか。がっかりと不満ばかりが心にわいて、新車を買うという目標への思いが、いっそう強くなったに違いない。

「目標に関係のあるイメージ」が物理的にも気持ちのうえでも近くなるほど、達成は早くなる。

たとえば、赤い四人乗りのオープンカーが欲しいと思ったら、そういう車の画像やレビュー、販売用のデータ、パンフレットを探すだろう。しかし、実際に試乗して海岸沿い（家が欲しいと思うようなビーチの近く）を走れば、一気に気持ちが盛り上がり、心がときめいて、目標に対する思いがいっそう強くなるだろう。

社会にお返しをしたいと思う人なら、同じことをした人の話を読むだけでも、その気持ちをか

きたてられるだろう。だが、救世軍の無料食堂を一晩手伝ったり、恵まれない人々を一日助けたりするボランティアに参加すれば、もしそれが自分の人生の目標として本物であれば、もっとその活動をしたいという気持ちが抑えきれないほど強くなるのではないだろうか。

子どもたちを一流校に入れたい人なら、学校見学を予約して、学校の雰囲気に直接触れてみよう。他人の体験談ばかり読んでいてはいけない。学費をどうやって工面しようかなどと考えることはない。そんなことはRASに考えさせればいい。

ところで、人生の伴侶を探そうとするとき、ほとんどの人が偶然に頼っているのは、どういうわけなのだろうか。

自分にぴったりの伴侶を見つけるというのは人生の一大事。求める条件がすべて備わっている相手を探すのが筋というものだろう。だったら、なぜそうしないのか?

たとえば、完璧な人生の伴侶のイメージが、活発で明るく、考え方が前向きで、青い瞳のブロンド美人なら(私の場合がそうだった)、その条件に合う人だけとデートしよう。それなのに、そうしない人がなんと多いことか。みんな、人生でたまたま目の前にあらわれた何かを手に取り、出会い系サイトでたまたま出会った誰かを選んでいるのである。

本当に求める目標だけを書こう。
身のまわりのかぎられた範囲内では最高というだけで、妥協してはいけない。

◉脳は「その人が達成できること」しかイメージしない

目標をイメージできないとしたら、それは、目標達成に必要なものが、あなたにはまだ備わっていないことを意味する。

脳は、その人が物理的、精神的に達成できることしかイメージしない。これは、スポーツの世界では数十年前からの常識である。ある目標に到達する場面をイメージできるなら、体はその目標を達成できる。

カナダのビショップス大学の研究者、エリン・シャッケルとライオネル・スタンディングはそのことを証明した。

重量挙げのイメージトレーニングをすると、体が重量挙げのイメージに反応し、実際にバーベルを持ち上げたとしたら、イメージした結果の80パーセント以上を達成できるような体に変わったのだ。

たとえばだが、国の首相か大統領になった自分をイメージできるとしたら、それは、国の指導者になるために必要な資質が、あなたに備わっていることを意味する。そうでなければ、そんなことはそもそもイメージできない。

「国の首相になる」という目標をリストに書けるとしたら、最初はどんなに気後れを感じようとも、自分には、その目標を達成できる何かがあると思っていい。すばらしい可能性ではないか。

頭のなかで考えられたことなら、人はそれを達成できる。ナポレオン・ヒルが一九三七年に言ったとおりである。

頭のなかでイメージできることなら、あなたにはそれを達成できる何かがある。

億万長者になった自分をイメージできる人には、その資質がある。

バンジージャンプで荒れ狂う川に飛びこむところをイメージできる人には、その身体能力がある。二万人の聴衆を前にして自信たっぷりに話す場面をイメージできる人には、そうできる実力がある。健康で病気一つしない自分をイメージできるなら、体はその目標達成を目指す。

イメージできることのすべてを人生で達成できる保証はない。だが、まずは最終目標をイメージできるなら、あなたはそれを達成するための軌道に乗ることができる。

第一のステップとしてもっとも大事なのは、目標を**達成しつつある**自分をイメージすること。**どうすれば**達成できるのかと考えることではない。

どうすれば達成できるのかについては、このあとすぐに書く。目標を達成した自分をイメージせずに、**どうすれば**達成できるのかを心配する人があまりに多い。それを先に考えようとするから、気をくじかれて、せっかくの思いつきをあきらめてしまうことになる。

目標をくっきりとイメージしなければ、
毎日のささいなことにばかり追われて、いずれはその奴隷となってしまう。

ロバート・ハインライン（SF作家）

◉RASが稼働すると、「いい情報」ばかりが入ってくる

情熱を傾けられる目標を設定すると、RASは、その目標に集中した活動を開始する。すると突然、それまでは気づかなかったような役に立つ情報、貴重な情報を身のまわりで見たり聞いたりするようになる。

たとえば、**ある目標を立てたとき、関係者に出会えれば、その目標は達成しやすくなる。**

仕事の会合やパーティーで、名前を耳にした人物が、そんな人物だったとしよう。以前なら、RASはその名前を自分とは関係ない人物として無視していただろう。だが、達成したい目標の関係者となると話は別だ。あなたはすかさず自己紹介をして、つながりを持つことができた。

自分にとって何が重要なのかを明確にしていたおかげでRASが活性化し、一秒に満たない一瞬のうちに、雑多な情報のなかから、その人物の名前を拾い上げたのだ。会合やパーティーの会場が、どんなに騒がしく、音楽が大音量で響いていても、RASは必要な情報をふるいわけることができる。

◉目標リストは、毎日「あらゆる場所」で見られるようにする

目標のリストを書いたら、あらゆる場所で見られるようにしよう。冷蔵庫、コンピューターのスクリーンセーバー、携帯電話の画面——どこででも。

そうすれば脳は、それぞれの目標が自分にとって本当に大事なものかどうかをつねに考えるようになる。それぞれの目標を実際に達成したら人生がどうなるかを、頭のなかで予行演習するようにもなる。

脳内には、体へ指示を送るための脳細胞が数百億個以上ある。あなたが目標を達成した自分のイメージを明確に描けば、ＲＡＳはイメージを完成させるために、その数知れない細胞を使って体へ命令を送るように脳に指示を出す。だから、つねに目標のリストを見られるようにすれば、絶大な効果がある。

目標に関係がある絵や写真を見かけたら、どんなものでも切りぬいておこう。家、バカンス、車、バンジージャンプ、大勢の聴衆の前でのスピーチ、全人類の救済、どんなものでも、どんなことでも。切りぬいた絵や写真をすべて一枚の紙に貼りつけてもいいし、新しいノートを買ってきて、今の目標をいつも見るためのイメージノートにしてもいい。

バーバラと私は、人生をともにするようになってから、これまでに二〇〇以上の目標をリストに書きこみ、一二二の目標を達成した。湖を三つつくり、クレムリンでセミナーを開き、城に住み、売上げ一位のベストセラーを一〇冊書いた。

目標はすべて一冊のノートに書いた。

◉ぬるま湯を出たとき、本当の人生は始まる

目標を「Cリスト」から「Bリスト」へ、「Bリスト」から「Aリスト」へと移動させることもあれば、その反対に、当初の輝きを失った目標を「Aリスト」から「Bリスト」へ、「Bリスト」から「Cリスト」へ移動させることもあるだろう。

リストから削除することもあるかもしれない。そんなときは、代わりに別の新しい目標を見つけよう。

たくさんの目標があれば、その一つのランクを変えたり削除したりしても、たいしたことはない。だが、目標が一つしかない人は、それが大事なことと思えなくなっても執着してしまいがちになる。目標が弱みになることさえあるかもしれない。

実話 ハンクの場合

オーストラリア中央部のアリススプリングスという町に近い、古代の赤い巨大岩石でできたエアーズロック、ウルルの山頂に登りたいという願望がわき、私（アラン）は「Cリスト」にそれを書いた。一応、五年以内に達成できればと思ったが、それまでに達成できなくても、まだリストに残っているだろうという予感はあった。

私は、ウルルに登りたいとだけ考えた。したいと思ったことだけを考えた。どうすればそれを達成できるかは考えなかった。

リストに書くとすぐに、ウルルに関するニュースの記事やドキュメンタリー番組をいたるところで見かけるようになった。わざわざ探したりはしていない。ただ、あらわれるようになった。

三年ほど経ったころ、喫茶店のざわめきのなかに座っていると、隣のテーブルに座っていた二人の人物が、ウルルの近くで開かれる会議のことを話しはじめたのが耳に飛びこんできた。私はすかさず会話に割って入った。会議のことを聞き、何本かの電話をかけ、会議のプログラムでの講演者として自分を売りこんだ。

六か月後、私はウルルに登った。目標達成だ！

一年後、私は目標設定について開かれた会議の場で、ウルル登頂の体験を持ち出し、どのように目標達成にこぎつけたのかを話した。すると、聴衆の一人だった電気技師のハンクから質問を受けた。

「私の場合はどうしたらいいんでしょう？　私もウルルに登りたいと思っています。あなたにとっては会議がビジネスだから、簡単に行くことができた。でも、私は三千ドル貯めないとウルルに行けないんです」

お気づきだろうが、ハンクは**どうすれば**行けるのかを考えようとしていた。そして、それを思いつくことができなかったので、ウルルに登るという目標を立ててもいなかった。

だから、まずはそれを目標として書きなさい、あとはＲＡＳに任せればいいと話した。ハンクは半信半疑だったが、やってみると言った。何か進展があれば知らせてくれることになった。

その後、六か月のあいだに彼からはいろいろな報告が来た。どこに行ってもウルルのニュースを見たり、話を聞いたりするようになったという。

アリススプリングスのニュースや、テレビの特集番組も見た。オーストラリア中央部への格安航空券の広告が、迷惑メールのフォルダーに入っているのに気づいたり、オーストラリア中央部を巡回する写真の展覧会の話を聞きつけたりもした。ウルル近辺で撮影された『A Town Like Alice（アリスのような町）』という映画も借りて見た。

友人たちにもウルルに登りたいことを話すと、何人かが情報を送ってくれるようになった。このような情報は、以前からもハンクの身辺にあったはずだが、ハンクは気づいていなかった。目標をリストに書いてはじめて、ＲＡＳはハンクの意識をウルルの情報に引きつけるようになった。

ハンクが目標を書いた八か月後、友人の一人から電話があった。アリススプリングスの近くに勤務できる人材の求人広告を政府が出しているという。ガスパイプラインの仕事のため、電気技師の資格を持つ人物を募集しているらしい。

ハンクは耳を疑った。あわてて応募し、仕事を獲得した。アリススプリングスで電気技師として三か月勤務する契約だった。

事態がこれほどうまく展開すると思っていなかったハンクは、ただもう驚くほかなかった。アリススプリングスへ行ってから一か月後、ハンクはウルルに登った。その地で給料までもらえる身分となって。

おわかりだろう。ハンクは最初、会議で私のウルル登頂体験談を聞いて、自分の場合はどうすればウルルへ行けるのかと悩んだ。だが、彼に必要だったのは、それを**したい**という意志を固め、どうすればそれを達成できるのかをRASに見つけさせることだけだった。

ハンクの友人のなかには、単に幸運だったのだと言う人もいた。友人の一人が政府の求人広告を見つけたからだ、と。

それは違う。ウルルへ行きたいと心に決めたから、ハンクのRASが稼働し、結果に結びついたのである。それを疑うハンクの友人は、誰もエアーズロックに登ったことがない。どうすればそれが可能になるのかをイメージすることもできないだろう。

のちに、ハンクはこう認めている。もっと若かったころもウルルに登りたいとは思っていた。だが、どうすれば行けるのかがわからず、目標にしたことがなかったのだそうだ。

まずは何をしたいのかを決める。
どうすればそれがかなうのかは考えないこと。

目標を決めれば、答えはすぐに見えてくる。

◉はっきりした人生の目標がある人のほうが、寿命が長い

カナダのカールトン大学のパトリック・ヒルとロチェスター大学メディカルセンターのニコラス・チュリアーノという二人の研究者が、あるデータを分析した。アメリカで行われたストレスと健康に関する研究（ＭＩＤＵＳ研究）に参加した中高年、六千人余りのデータである。

参加者は、平均して一四年間にわたりデータの提供に協力した。ヒルとチュリアーノは、参加者の人生の目標と「目的意識」に注目した。

一四年のあいだに参加者のうち五六九人が亡くなっているのだが、この人たちは、一四年後も生きていた人たちと比べて人生の目標が少なく、人生における目的意識も低かったそうだ。

目標があり、目的意識が高い人は、そうでない人と比べて死亡率がずっと低かった。これは、参加者の年代には関係なく、どの年代でもそうだったという。

人生にはっきりとした目標がある人は、寿命が長く健康に生きられると科学も証明している。

人生の方向性を決めて、何がしたいかという目標をはっきりと定めると、それが何歳であって

も関係なく寿命が延びると、ヒルとチュリアーノの報告は教えてくれている。

人生の目標を決めるのが早ければ早いほど、効果は高い。

◉人が死ぬときに後悔する「五つのこと」とは？

先ほどの話を読んで、人にとっていちばん大切なことは何だと思っただろうか？

オーストラリアの緩和ケア病棟に勤務する看護師、ブロニー・ウェアは、残された人生があと三か月以内と宣告されて入院した人たちを、その人たちが死の直前に自宅に戻されるまで介護してきた。

ウェアの著書『死ぬ瞬間の5つの後悔』（邦訳 新潮社刊）には、介護された人たちが人生を振り返って語ったことが記録されている。何を後悔しているか、別の生き方ができたとすれば、どんなふうに生きたかったかという、普遍的なテーマが繰り返しあらわれる。

ウェアは、死を前にした多くの人が決まって「後悔していた」こととして、次の五つを挙げている。

- 「もっと幸せな生き方がしたかった」
- 「友人たちともっと多くの時間を過ごせばよかった」
- 「自分の気持ちを素直に表現すればよかった」

・「あんなに働かなければよかった」
・「他人に期待される人生を生きるのではなく、自分が望むような生き方を貫けばよかった」

健康を失ってからでは遅すぎる。健康だから自由でいられるのに、そのことを理解している人はほとんどいない。健康を失ってはじめて、それに気づく。

生活をシンプルにして、いろいろなものを考えぬいて選択していけば、思ったほど多くの収入は必要ないのではないだろうか。そうして人生の風通しをよくすれば、今よりも幸せになれるし、新しい生活にふさわしい新しいチャンスを迎え入れることもできるだろう。

◉始めてみなければ「本当にやりたいこと」はわからない

目標を達成するまでの道はまっすぐで、途中にはせいぜい二、三の障害があるだけだろうと思っている人は多いが、現実はそんなものではない。

前途には、数々の紆余曲折、思わぬ展開、わなが待ちうけている。想像もしなかったようなことと遭遇するし、これまでは目にも入っていなかった扉が開いていく。心から望んでいた目標を達成しようとしていたはずなのに、その途中で、実はまったく望んでもいない目標を目指していたことに気づくときもあるだろう。

だが、自分の本当の望みが何なのかは、始めてみなければわからないことがほとんどだ。

目標としてリストに書きこんだ時点では小さいと思っていたことが、のちに大きな体験に発展することもある。バーバラと私にとっては、ロシアでの体験がそうだった。

どんな目標でも、実際に達成への道を歩きだすまでは、自分がどう感じるかはわからない。目標のリストは、「絶対に達成したい」目標も、「できれば達成したい」という程度の目標も書き入れて長くなるほうがいいと書いたのは、そういう理由からだ。

私の場合、タップダンスが大好きだと思っていたのに、期待がはずれたので、別の目標と入れ替えた。ジャイブ（軽快な曲に合わせて踊るコミカルなダンス）にした。これはバーバラも私も気に入った。バーバラは、自分がピアノとドイツ語に向いていると思っていたが、やってみると、どちらもあまり楽しめなかった。

死の床についたとき、バーバラと私が「フランスに住んでみたかった」「ロシアでセミナーをやりたかった」「スーパーヨットで航海してみたかった」「タップダンスをしてみたかった」「スキューーバダイビングをやってみたかった」「たくさんの子どもと住める美しい家が欲しかった」と思わずにすむことは請けあいだ。どの夢もみんなリストに書き、期限を切って実現させたのだから。

どんなときでも、できれば達成したい目標を「一〇項目」はリストに入れておこう。 目標があったとしても、一つしかない人が多い。だがその目標が実現しなければ、がっくりと落ちこんでしまうことになりかねない。

人生に喜びをもたらさなくなった目標にしがみつくのもよくない。目標が一〇項目もあれば、どれかが気持ちにぴったり来なくなっても、まだ九項目も残っているから、前向きな自分でありつづけられる。

この章を書いているあいだも、私はサクソフォンを習い、私たちの新しい録音スタジオで音楽の録音、ミキシング、マスタリングの技術を覚えた。ボブキャット（積みこみ作業用の建設機械のブランド）の操縦法を身につけ、ロシア語会話も習っている。

バーバラは水泳を上達させるためにスクールに通い、小学校で国語を教え、テニス教室に通い、武道で黒帯を獲得しようとしている。

みなさんは、今年は何を達成し、どのように人生を豊かにするのだろうか？

年を追うごとに、今よりもっと何でもできて、もっと周囲の人たちを楽しませることができる人になれるだろうか。

この世には二種類の人がいる。
一〇年分の経験を持つ人と、一年分の経験を一〇年間繰り返している人。
一〇年分の経験を持つ人は、人生で多くのことを達成し、寿命が延び、楽しく生きられる。

まとめ

はっきりとした目標を決めて、手書きでリストに書きこみ、つねに見直そう。

人生に目標がある人は、寿命が延びて、健康で幸せな人生を送ることができるし、自分が持っている可能性をとことんまで追求できる。

リストには、自分が心から望む目標を書き入れること。他人が期待する目標を書かないこと。

リストは何度でも見直して、達成したい目標が変わったら書き直そう。

目標をリストに書こう。

さあ、今すぐ始めよう。

人生を振り返ったとき、
「あんなことをしなければよかった」と思うほうがいい。

「あんなこともしてみたかった」と思うよりは。

ルシル・ボール（二〇世紀のアメリカのコメディアン）

第4章

期限を決めて計画を立てる

期限を決めると、夢は目標になる

人生の行動計画を立てようと決めて、今の自分の立ち位置を分析したり、これからどうしようかと考えだしたりすると、一般論はまったく当てはまらなくなる。

ところで、休暇を決めると、その前日までに自分でも信じられないほど仕事が片づいたという経験はないだろうか。それは「期限」が目の前に立ちはだかったからだ。休暇の前に終えなければならない仕事があるとなれば、人はがむしゃらにそれを片づける。

「期限」はパワーの源である。期限が迫れば、今のプロジェクトを完成させないわけにはいかなくなる。

目標にとって期限とは、銃の引き金のようなもの。

◉脳には「期限に間にあわせようとする力」が備わっている

期限を決めると、人は前進しないわけにはいかない。期限までに目標を達成できるように、一生懸命に働くようになる。期限が近づくと、結果を出すために集中して取り組むようになる。期限があれば、人はゴールに到達するまでコツコツと前進しつづける。

並はずれた意志の力も、強力な動機も必要ない。**期限に間にあわせようと突き進む力を人に発揮させるのはＲＡＳである。**

一キロの重りを持ち上げようとしているとしよう。脳は体と筋肉に指示を送って、その重さを持ち上げる準備をさせる。四〇キロの重りを持ち上げようとしたときも、脳は体にその重さを持ち上げる準備をさせる。

だが、本当は四〇キロの重りを一キロだと思っていれば、体は重りを持ち上げようとして筋肉を痛めてしまうかもしれない。脳は体に一キロの重りを持ち上げる準備しかさせていないからだ。

期限を決めたときも同じ効果がある。期限を決めると、それまでに仕事を片づけられるように、脳は体に力とエネルギーを送りこみ、「緊急事態」と認識させる。

「期限（デッドライン＝死線）」という言葉が最初に使われたのは一八六四年、アメリカはジョージア州のアンダーソンビル刑務所だった。ここは当時、南北戦争中で南軍が北軍の捕虜を収容していた。

「柵の内側に沿って幅二〇フィート（約六メートル）の範囲内はデッドラインとし、昼夜を問わず、立ち入りを禁ずる。入ろうとした囚人は撃つ」

「制限時間」が設けられたスポーツでも、同じ現象が起こる。制限時間が近づくにつれて、選手の動きはスピードが増し、激しくなり、見るからにエネルギーが高まっているのが感じられる。

期限があると、目標への集中力が高まって結果を出そうとするので、障害があっても、周囲から批判的な意見を言われても、くじけなくなる。

期限を決めて書きこむと、脳が体に「緊急事態」の指示を送りこみ、期限に間にあうように行動しはじめる。

期限を決めたら、前章に書いたのと同じ理由で、これも「書く」必要がある。書きこむとRASが稼働して、計画どおりに行動しようという思いが強くなり、おそれや不安、迷いがふっきれ、ぐずぐずしてはいられないという気持ちになる。

達成しようとする目標を決めたら、見るもの、読むもの、聞くことのなかから、あらゆる情報を集めよう。目標を決めるとすぐに、それを達成するにはどうすればいいかという答えが身のまわりから見つかるようになるはずだ。

知るべきことがいろいろとわかり、自分にとっての優先度がはっきりしたら、「**Aリスト**」なり「**Bリスト**」なりに入れて、期限を書きこもう。

◉効果的に「期限」を設定するための三つの方法

期限を効果的にする方法は次のとおりだ。

①**現実的**であること。実際に達成できそうな期限を切る。

②**短め**であること。期限は短めにするほうが、よい結果を出せる。

③**すぐに実行する**こと。何度も考え直してはいけない。すぐに行動を開始すること。決めた期限までに達成できそうにないとわかって、延ばさなければならないことはあるが、始めるのを引き延ばさないこと。達成できそうな期間を必ずしも正確に見積もる必要はない。

始めるときから、うまくやる必要はない。
だが、始めなければ人生はうまくいかない。

◉すぐに達成できそうな「小さな目標」に切り分ける

「どうやってゾウを食べる？　一口ずつさ！」と、昔からのことわざにもある。

目標は、すぐに達成できそうな小さな目標に切り分けよう。そうすれば、少しは気が楽になる。今の自分の立ち位置から目標達成までの道のりを考えすぎると、始められなくなる危険性が高い。

ゴールまでの道のりが長ければ、一年にこれだけ、一か月にこれだけ、一週間にこれだけ、一日にこれだけ、一時間にこれだけ進むというように、小さく分けるとよい。一つの大きなプロジェクトを小さな作業単位に分けると達成しやすくなって、中止することなく最後の最後までやりきることができる。

道のりの途中に現実的な小さなゴールをいくつも設けると、つねに少しずつ積み重ねていると いう感覚も生まれるので、がんばって先へ進む意欲が高まる。最終的なゴールから逆算して、たくさんの小さなゴールに分けるようにするとよい。

小さなゴールも、そこへ到達するまでに、もっと小さくて、もっとたくさんのゴールに分けることができないかどうかを考えるとよい。すべて論理的に逆算していけば、今しなければならないことは何か、それにはどのくらいの時間を割り当てられるかがわかる。

◉「頂上」ではなく「次のステップ」を見つめよう

一九八一年、アルバート・バンデューラとデール・シュンクという研究者が、七歳から一〇歳までの子どもたちを集めて、あるテストをした。

子どもたちを二つのグループに分け、一方のグループには、算数の問題を一回に六ページ与えて解答させ、それを七回繰り返した。もう一方のグループには、同じ四二ページの算数問題を一度に与え、それを七回に分けて解答させた。

その結果、**一回に六ページずつ与えたグループのほうが、七回分の四二ページを全部一度に与えたグループよりも、全問解答するまでの時間が短く、正答率も高かった。**

すぐに達成できそうな小さなステップに分けると、それだけの効果が生まれる。達成できると思えば自信を持って物事にあたることができ、目標の大きさにおじけづかずにすむ。

実話 バーバラとアラン・ピーズの場合

バーバラは、一九八一年に広告業を始めたとき、一年以内に一〇〇万ドルを売り上げるという目標を立てた。

一九七一年に生命保険の外交員をしていたアランも、一年間で一〇〇万ドルの保険契約を勝ち取るという目標を立てた。

二人とも、この目標を一二か月以内に達成するとはっきり決めてノートに書き入れた。

どちらのビジネスも、一〇〇万ドルと言えば、当時は気が遠くなるほど大きな目標だった。だが、この目標を小さな目標に切り分けると、達成できそうな気がしてきた。

一年で一〇〇万ドルなら、一年を五〇週間と考えると、一週間で二万ドル。一週間に五日働くとすると、一日で四千ドル稼ぎ出せばいいことになる。

バーバラの場合、一件あたり平均五千ドルとして、週に四件の契約を取ることができれば達成可能である。アランもだいたい同じぐらいの数字だった。

プレゼンテーション三回のうち一回で契約が決まるとすると、週に一二回のプレゼンテーションをこなせばいい。契約を取れる見込みがある三人にプレゼンテーションを申し込んで、そのうち一人が会ってくれると考えると、毎日七人に電話してプレゼンテーションを申し込めば、週に約一二回のプレゼンテーションにこぎつけられる。

七人に電話するのは一時間で足りる。

一年間で一〇〇万ドルと考えると途方もない金額のようだが、一日のうち一時間で七人に電話するのは簡単だ。

◉一秒たりとも「準備」に時間をかけてはいけない！

やるべきことが決まったら、すぐに取りかかろう。明日ではなく、来週でもなく、クリスマスが終わってからでも、子どもたちが独立してからでもなく、ハレー彗星が飛んできて始まりの合図を送ってきてからでもない。**今から始めよう。**

何かの講習に通いはじめるのも、誰かに面会を申し込むのも、達成したい何かを教えてくれるクラブに入会するのも、相談相手を見つけるのも、実習生としての雇用契約に署名するのも、今だ。電話をかけて、始めるための手続きを知っている相手をつかまえろ。とにかく始めることが大切だ。

たいしたことを成し遂げられないうちに人生が終わってしまういちばんの理由は、いつも準備ばかりに時間をかけるからだ。

昨日には「明日から始める」と言っていたことだろう。だが、「さあ、準備万端整った。今なら始められる」と感じるときなど決して来ない。今しかない。

今から始めなければ、二〇年後になったとき、それまでに成し遂げられたことよりも、成し遂げられなかったことのあまりの多さに、がっかりしてしまうことになる。

階段がいちばん上まで全部見えている必要はない。**まずは最初の一段を上ろう。**

踏み出すべき方向への小さな一歩が、人生でもっとも大きな一歩となることがある。おぼつかない足どりでもいい。その一歩が肝心だ。

計画の実行に取りかかると、ＲＡＳが「引き寄せの法則」と呼ばれる効果を発揮して、自分が求めるものが突然引き寄せられたように思えたり、気が合う人たちが周囲にあらわれたりする。目標の達成に役立つ情報を提供してくれる人が登場したり、同じ目標を目指す仲間ができたりする。すると、難しいと思っていたことでも、何とかなりそうな気がしてくる。かつては曖昧だったことがはっきりとしてきて、探していた答えが、具体的な形をとって身のまわりに見つかるようになる。

目標を決めたらすぐ、達成するための行動を開始すること。

成功するには計画を立てるのが大切なのは言うまでもない。だが、計画を練ってばかりで、行動を開始しない人が多すぎる。すぐさま競技に出て、実際に競技するのがどんな感じなのかを体験し、どうすべきなのかを学んだほうがいい。

計画を立てるのを言い訳にして、いつまでも開始を引き延ばしてはならない。やってみたくてたまらないうちに動け。

住宅ローンを払い終えてから、子どもたちが家を出てから、もっと自信がついてから、年が明けてから、誕生日が来たら、次のブルームーン（一か月に二回満月が来るときの二回目の満月）を見てから、結婚してから、離婚してから、別居してから、昇進してから、引退してから、解雇されてから、飼っているオウムが死んでからでは遅い。今しかない！

「計画A」がうまくいかなくても気にすることはない。アルファベットはあと二五文字も残っている。

◉「思ったより時間がかかりそう」なら、どうするか？

最初に思っていたよりも、目標達成までに長くかかりそうだとわかることがある。

そんなときは、最初の目標を切り分けて、いくつかの小さな目標に分割し、それぞれに期限を設定してやり直そう。それでもダメなら、さらに小さな目標に切り分けよう。

これぐらいの期間があれば達成できるだろうと思っていても、それはあくまでも予想だ。ちょっとした見込み違いがあれば、それに合わせて目標を立て直すことも必要になる。

何度も期限を設定するうちに、正確な期間を見積もることができるようになる。

実話　アラン・ピーズの場合

五歳のときのある日、プールへ行った私は、泳いでいるうちにプールのなかの背が届かない場所に来てしまい、おぼれそうになった。このことは、いつまでも忘れられない記憶となって残った。

一四歳になった私は、水難事故を防止するライフセーバーの「ブロンズメダルを獲得する」と決めて、ライフセービング団体に加入した。だが、父が転勤となり、家族でメルボルンに引っ越した。

ブロンズメダルを獲得するための訓練は途中で終わってしまったが、この目標はまだあきらめていなかったので、そのまま「**Bリスト**」に残した。

二五年後、三九歳の私は、シドニーに近いアバロンという町のライフセービング団体に入り、ブロンズメダルを獲得するためのトレーニングコースに参加して訓練を再開した。

このコースでは、事故にあった人を救うための心肺蘇生術から、救命胴衣やサーフボード、救命ボートといった用具の使い方まで、さまざまな技術をしっかりと覚えこむことが要求される。ランニングや水泳など、いろいろな体力テストも受けなければならない。

体力訓練は厳しかった。四〇歳近くの男には、なおさらだった。コースに集まっていたほかの参加者は一七歳から二二歳で、彼らについていくのは大変だったが、私はそれまでの一〇年間で武道をいくつかやっていたので体力はあった。

ただ、水泳の試験には困った。この試験では、〇・五キロを八分以内に泳ぎきらなければならない。体力的には問題なかったが、速く効率的に泳げるフォームで泳ぐには、顔を水につけなければならない。これが私には恐怖だった。三九歳だというのに、まだ五歳のときにおぼれそうになったことが忘れられなかったのである。

サーフィンは数年前からやっていた。だが、顔を水につけることだけはできなかった。これでは、制限時間内に泳ぎきって試験に合格することができない。ここで訓練をやめてしまうのは簡単だったが、私はどうしても目標を達成したかった。そこで、水泳のクラスに通うことにした。

想像してみてほしい。私がプールの端っこに、四歳から六歳のほかの生徒六人といっしょに座っているところを。小さなプラスチックのビート板を手につかみ、先生の指導を受けているところを。顔を水につけられないという深刻な悩みを持つとはいえ、いい年をした男が明らかにまともに泳げないでいるのを、ほかの子どもたちの母親は、こっそりと笑いながら見ていた。

先生は生徒たちを二人一組のペアに分けた。私の相手となった六歳のダニーは、私が泳ぐ番が来ると、気の毒そうに私を見ていた。

私はまだ、どうしても顔を水につけたままでいることができずに悪戦苦闘しながら、小さなビート板を使ってプールを往復していた。

「よかったら、ぼくのビート板を貸そうか？」

ダニーは同情するように、ささやき声で話しかけてくれた。「こっちのほうが速く泳げるよ」

「スピードはどれも同じだよ！」

私は、情けない憂鬱な気持ちでブスッと返事した。

しかし、私を励まそうとアドバイスしてくれた、優しい六歳の男の子のおびえた小さな顔を見て、私はビート板の交換に同意した。

そして決心した。ダニーにできたのなら、私もがんばらなければ。

六回のレッスンで何度も何度も練習した結果、このクラスで私は顔を水につけるテストに合格し、さらに一週間後、ライフセービングの水泳試験では、制限時間を三秒切るスピードで合格して、ライフセーバーのブロンズメダルを獲得した。

目標を達成するためには、四歳の子どもたちといっしょに水泳を習わなければならないのなら、それが今すべきことである。年齢なんか関係ない。

◉「期限」は、何年先でも、何回設定してもいい

「目標を達成しよう」という心の準備はできただろうか。

目標がはっきりと決まり、期限つきで計画を立てれば、どんな状況であっても、少々のことで挫折することはなくなると思っていい。

私は、二五年待って目標の期限を決め直し、あきらめずに再スタートを切った。

目標の障害となったのは、顔を水につけられないという問題だけだった。一四歳のときにブロンズメダルを獲得するという目標を立て、ようやく達成したときには四〇歳近くになっていた。

この目標を「**Aリスト**」としてふたたび取り組める状況が整うまでに、二五年もかかった。

大事なのは、**何を**したいかを決め、ちょうどいい時期が来たときに期限を切る。それだけだ。

目標を決めても、優先順位がいちばん高い目標でなければ、すぐに行動を開始しなくてもいい。

一度に全部の目標を目指すのは無理がある。今だと思うときが来たら期限を決めればいい。

ライフセーバーのブロンズメダルを獲得するという目標では、私は期限を二回設定した。状況が変わったからというだけで目標をあきらめてはいけない。状況は変わりやすい。だが、忘れてはいけない。期限を決めなければ、何も起こらない。

人は、期限があるから行動に駆りたてられる。

一年後に後悔することになるだろう。去年の今日、始めればよかった、と。今でなければ、いつ始める？

実話　アランとバーバラの場合

バーバラと私は、雇っていた会計士が資産投資のことで自分たちに嘘をついていたと知ったとき愕然とした。

だが、遅すぎた。私たちは何もかも失った。二〇〇万ドルを超える借金が残され、それを払うために、私たちは持っていたものをすべて売り払わなければならなかった。

それまでの二〇年間に取り組んできた「ボディ・ランゲージ」プロジェクトの書籍、映像フィルム、研修用ビデオ、そして成功——すべてが水の泡となって消えた。

その後の二年間というもの、私たちは残った借金を返済するために、金銭的に大変な苦労を抱えこみ、私は後悔のため自分を責めて、うつ病になってしまった。

この二年間、私は物事を否定的にしかとらえられず、自己批判ばかりしつづけ、しじゅう風邪やインフルエンザにかかり、無気力の塊と化し、よく眠れず、甲状腺に腫瘍まで見つかった。バーバラは、もうたくさんだと言った。

「期限を決めるのよ、アラン！」

ある朝、彼女は私にそう言いわたした。何だって？　いつまでこんな暗い気分でいるかに、期限を決める？

たいていの人はそうだが、私は自分がうつ病だという現実から目をそらしていた。自分がどんな考え方を取り入れるのかを自由に選べることは知っていた。それは100パーセント自分で選択できることだとは思っていた。だが、気分まで選べるとは思っていなかった。

しかし考えてみれば、自分の状況をネガティブにしかとらえられないせいで、病気になってばかりで、おもしろい人が寄りつかない。それなら、暗い気分でいるのはいつまでという期限を切り、それ以後は物事を明るく考えようと決めるのは、いいアイディアではないか。

ネガティブな考え方をやめるための期限を切る。

ネガティブな考え方は習慣になる。そういう考え方で生きていくことを居心地よく感じる人もいる。うっかりすると、誰かに面と向かって言われなければ、すぐに癖になってしまいがちだ。医者に行っても抗うつ薬を勧められるのが関の山である。

私は、ネガティブな考え方をするのは、この日でやめようという期限を決めることにした。

その日以後、私は起こって**ほしい**ことだけを考え、起こって**ほしくない**ことは考えないと決心した。

うつ病の最初のサインは、ユーモアのセンスを失って、物事のおもしろおかしい面を見つけられなくなること。

バーバラに期限を決めろと言われたのが、火曜日の朝だった。

私は「翌週金曜日の午後四時」を期限に決めた。その金曜日までなら、物事を否定的にしか考えない愚か者でいようと思えば、好きなだけそうできた。

だが実のところ、この期間は大事な役割を果たしてくれた。それまでの二年間、私は起こって**ほしくない**ことばかり考えてきたのだが、この金曜日までのあいだに、起こって**ほしい**ことだけを考えるように自分を慣らしていくことができた。

金曜日の午後四時、私はバーバラに言った。

「よし、終わりだ！　今日からは、自分たちに何が『できる』か、それだけを考えよう」

あのときのことは、今も鮮やかに記憶に残っている。何とも言えないほどの解放感に満たされ、穏やかで晴れやかな気分が、さっと胸いっぱいに広がった。そんな感覚は長いあいだ忘れていた。私は運転席に戻った。その日は私の四五歳の誕生日だった。

地獄の真っただなかにいるのなら、そのまま突き進め。

ウィンストン・チャーチル

状況を嘆いてばかりいるのは、バーバラも私も二度とごめんだった。私たちは、絶対にもう一度成功すると決めた。

どうすれば、もう一度成功できるのかはわからなかったが、ただ**どうしても**そうすると決めた。それがいちばん大事なことだった。

すると、すぐに私のユーモア感覚が戻ってきた。

自分が落ちこんでいたり、ふさぎの虫に取りつかれたりしているのに気づいたら、いつまでそうしているか、期限を決めよう。

まとめ

人生で起こることにストレスを感じたり、不安になったり、落ちこんだりして、否定的に考える癖がついてしまったら、そんな状態からは、いつまでに立ち直るという「期限」を決めよう。

何日の何時までと決めたら、それ以後はそれまでに起こったことをネガティブにとらえない。起こって**ほしい**ことだけを考えよう。

実に単純明快だ。簡単にできるとはかぎらないが、単純そのものである。

人は、年をとるまでの人生で、少なくとも三つの大きな災難に見舞われる。離婚したり、病気になったり、破産したりすることもあれば、職を失ったり、愛する人と死に別れたりすることもある。誰もが災難にあう。それは人生につきものだ。

しかし、打ちひしがれたところで、ゲームからは解放されない。倒れたままでいるなら敗北を認めるしかない。そうなる前に、悲劇に見舞われたら、何とかして立ち上がると決心しよう。

- 夢は、達成するまでの期限を決めなければ、単なる夢に終わる。
- 期限を決めたら行動しないわけにいかない。期限は前進するための原動力である。
- 期限はどんなことにでも決められる。ネガティブな考え方をやめるための期限も。
- 大きな目標は、小さな一口サイズの目標に切り分けて、一度に一口ずつ片づけよう。

・期限までに達成できないと思ったときは、もう一度期限を決め直そう。
・期限は現実的で短めなものにしよう。期限に迫られるぐらいのほうがよい。

始めるなら**今**。目標のうち五つぐらいは「期限」を決めて書き入れよう。

人生はカメラのようなものだ。大事なものにピントを合わせる。
いいタイミングを狙う。
ネガティブな考え方を反転させるように、ネガから現像する。
うまくいかなければ、もう一度シャッターを押すだけだ。

目 標	期 限

第5章

他人がどう思い、
何をしようが、
何と言おうがやりぬく

目標を達成しようとするとき、いちばん大変なのは、計画をやりぬくことだ。

目標を決め、期限つきで計画を立て、「さあ、やるぞ」と宣言する。**そこへ突然、いろいろな人が――とくに親戚や友人なんかが押し寄せてきて「待った！」をかける。**

その言い分たるや、こうだ。

「その年になって」「まだ若すぎるよ」「そんなに太っているのに」「そんなにやせているのに」「危険すぎる」「時期が悪すぎる」「今は不景気なのに」「そんなお金がどこにあるんだい」「まだ経験が足りないよ」「インフレなのに」「デフレなのに」「よほどの才能がなきゃ無理だよ」「君みたいな不精者にはちょっと……」「頭がおかしくなったんじゃないか？」

彼らが本当に言いたいのは、こういうことだ。

「なぜ今になって、そんなことをしたいと思ったんだい？」

「そんなところへ行ったら・そんな仕事を始めたりしたら・そんな大きな町へ行ったら・そんな道に進んだら・そんな国に行ったら、病気になるよ・死んでしまうよ・けがをするよ・だまされるよ！」

「今は無理なんじゃないか、結婚しているのに・離婚してしまったのに・独身なのに・お金がないのに・せっかく何もかも順調なのに・問題を抱えているのに・大きな借金があるのに・ほかにやるべきことがあるのに・家族がいるのに」

「もし失敗したら、誰があなたのパートナー・奥さん・ご主人・子どもたち・犬・病気のおばあさんの面倒をみるの？　家・仕事はどうなるの？」

誰に何と言われても聞き入れないと、今すぐ決心しよう。

後先も考えずに行動していいとか、無用なリスクを取れという意味ではない。前へ進もうとすれば、どんな行動を選んでもリスクはついてまわる。決断する前には、情報を集めて十分に考えよう。

しかし、夢は誰にも奪わせてはならない。

自分の夢を追いかける勇気がない人は、つねに他人にも夢をあきらめさせようとする。そんな意気地のない人に言い負かされて、自分が目指している目標は大きすぎるのではないかと、尻込みしてはいけない。自分に少しも不安を感じさせないような目標は、あえて挑むほどの目標ではない。

夢を打ち明ける相手は選ぼう。
夢を話していいのは、本当に心配してくれるわずかな人だけだ。
それ以外の人は、単なる野次馬である。

◉他人があなたを邪魔する「三つの理由」とは？

他人が——友人や、とくに親戚が、目標を思いとどまらせようとしてくる理由は、大きく分けて三つある。

①心配してくれている

純粋に心配してくれている。お金を無駄に失わないか、健康を損なわないか、むざむざ何かのチャンスを失うのではないか、人生で大きな後退を強いられるのではないかと、気にかけてくれている。

「アフリカへ救援活動に出かけるなんて。危険な動物やクモや蚊がいるし、テロリストに襲われたら殺されてしまうかもしれないのに」

②嫉妬している

あなたが目標に挑もうとしている姿を見て、自分が人生でほとんど何も成し遂げていないことを実感してしまった。この場合、思いとどまらせようとして言ってくる内容をよく聞くと、それはこちらに言っているように聞こえるが、実は**その人**が何もしないことの言い訳であることがわかるはずだ。

「今の時期に新しい事業を始めるのは危険だよ。子どもたちを養わなければいけないし、住宅ローンだってあるし、不景気だし、従業員だって守らなければいけないんだろう。もう少し状況が改善するまで待つべきだよ」

③ 引け目を感じている

心躍るような新しい目標を決め、それを目指そうとすると、周囲の人はあなたに引け目を感じたり、自分自身の人生をつまらないもののように感じてしまったり、それまで達成したことの少なさに自信を失ってしまったりする。

「キリマンジャロに登る？　そんなことをして何になるんだい。ほら、ドーナツをもう一つ食べろよ」

ある目標の達成を目指そうとすると、純粋に心配する気持ちから、あるいは身勝手な理由から、あるいはあなたに言うことを聞かせようとして、邪魔してくる人は実に多い。

だから、何と言われようと、何をされようと、どう思われようと、それを振りきって計画をやりぬくというのは最後の難関だ。

心配してくれたり、興味を持ってくれたりする相手に感謝し、その気持ちに対して（必要なら）愛情の表現を返すのはいい。だが、何をしようとしているのか、なぜそうするのかについては、あくまでも自分の主張を繰り返そう。

それでもまだ、やめさせようとしてくるかもしれない。そのときは、もう一度心からありがとうと言い、あとは説明抜きで自分の目標は変わらないと言いつづけるしかない。

あなたが達成しようとしている目標について、真に価値ある提案をしてくれるのは、同じことをすでに成し遂げた人か、成し遂げようと奮闘している人だけだ。それ以外の人は、せいぜいその人自身が自分の状況のなかでならどうするかを言ってくれるぐらいが関の山だろう。

どんな結果になろうが関係がない他人のアドバイスに従って決断するようなことは、絶対にしてはいけない。

自分の人生の物語を書いているとき、他人にペンを持たせてはいけない。

◉そこであきらめていれば、あの「世界的ヒット」はなかった

目標に到達するための道を歩きはじめようともしない人が多いのは、失敗するのがこわいからである。だが、成功したいなら、失敗は不可欠だ。

どんなことでも、最初に失敗を繰り返すことなく成功した人はほとんどいない。**勝者とは、決して失敗しない人ではない。決してあきらめない人のことをいう。**

あきらめてしまえば、自分が何を間違えたのかは絶対にわからない。間違えるからこそ、どうすればうまくいくのかがわかる。

ボクサーは、ノックダウンされたから試合に負けるのではない。もう一度立ち上がらないから負けるのだ。

名人とは、初心者が挑戦した以上に何度も失敗を経験した人だ。

ジグ・ジグラー（アメリカの作家、自己啓発活動の講演家）

J・K・ローリングが出版社に作品を持ちこんだとき、最初の一〇社であきらめていれば、ハリー・ポッター・シリーズはこの世に生まれてこなかった。

ハワード・シュルツが事業への出資を依頼してまわったとき、二四二社の銀行や融資会社に断られた時点であきらめていれば、現在のスターバックスは存在しなかった。

ウォルト・ディズニーがテーマパークへの出資を三〇〇社以上から断られたとき、そこであきらめていれば、ディズニーランドはできなかった。

どん底まで落ちたから、
そこにしっかりと根を張って人生をやり直すことができたのよ。

J・K・ローリング

◉「言うことを聞かせようとしてくる人」をかわす方法

目標の達成を邪魔しようとする人や、あなたを思いどおりにしようとする人を相手にしなければならないときに使える、簡単で効果絶大なテクニックを紹介しよう。

どんな意見にも同意できるところはあるものだし、少なくとも相手にも意見を言う権利はある。たとえその意見が、どんなに見当はずれで根拠がなく、こちらを巧みに言いくるめようとしているように思えても。

＊テクニック①：真実には同意する

批判的な意見を言われたときに、もっとも効果的なのは、相手が話すことのうち真実には同意し、そのうえで自分の意見はしっかりと押し通すことだ。

・例その1

母親：「アフリカへ働きに行ったりしたら、命取りの病気にかかって死んでしまうかもしれないのに」

娘　：「たしかに、そうかもしれないわ。でも、どうしても恵まれない人たちを助けたいの――一刻も早く」

娘は、母親の話のなかの**真実には同意した**が、その一方で、自分の意見は曲げていない。

・例その2

スー　：「会社をやめるべきじゃないと思うわ、ブランドン。あなたは会社の重要人物なんだし、やめなければ、景気が悪くなっても仕事に困ることはない。でも、独立して事業を始めたりしたら、何の保証もなくなるのよ」

ブランドン：「まったく君の言うとおりだよ、スー。何の保証もない。でも、うまくやれると思うし、実はこんなチャンスがくるのを、ずっと待ってたんだ」

ブランドンは、スーの言うことは真実だと同意した。スーとは言い争わず、彼自身のこともスーのことも、一言も悪く言っていない。それでいて、けんか腰になることなく自分の意見を押し通した。

普通なら相手に「黙れ」と、どなってしまいそうな場面でも、余計なことを言ったり、悪態をついたりせず、相手の意見に同意したうえで自分の意見をしっかりと主張すれば、誰もいやな思いをしたり、傷ついたりせずにすむ。

＊テクニック②：相手にも意見を言う権利はあると認める

批判的な意見を言われたとき、意見そのものには同意できなくても、たいていの場合は相手にも意見を言う権利があると認めることはできるだろう。ただ、その意見がとてもばかばかしく思えてしまう可能性はある。

・例その1

デイブ：「家を売って、小さい部屋二つを買ったりしたら、今みたいに居心地よく住むなんてできないぞ」

モニカ：「そう思う気持ちはわかるわ、デイブ。でも、私は三〇歳になるまでに大金持ちになりたいの。そのためには、どうしても必要なことなのよ」

・例その2

リアンヌ：「どうしてマツダの車が欲しいの、グレン？　トヨタの車のほうがいいと思うわ」

グレン　：「君がそう言うのはわかるよ、リアンヌ。そのとおり。トヨタの車は最高だ。でも、マツダの車の感じのほうが、何となく好きなんだ」

グレンもモニカも、相手に意見を言う権利があることは認めている。グレンは、相手の意見は正しいとまで言っている。だが、二人とも自分の意見を変えず、それでいて相手の気分を損ねたりもしていない。

誰かに意見を言われたとき、その意見にはまったく賛成できなくても、にこやかに接しながら、自分の考えは変わらないと主張する方法は必ずある。意見に同意できなくても、むやみに相手の気持ちを傷つけないように、つねに心がける必要がある。

あなたの夢を「ばかな夢だ」と言われたとき、世の中にはプールヌードル（色とりどりの変形自在な浮きポール）を発明した大金持ちがいることを思い出そう。

まとめ

成功する人とそうでない人の違いは、「行動するかしないか」にある。

成功する人は、行動を始めたばかりの段階では、うだつがあがらないかもしれない。しかし、前進しつづける。そして、周囲の人たちに「そんなことはやめたらどうだ」と言われても、決してやめない。

目標に向かって歩みはじめると、気のいい友人や親戚がやめさせようとするのは、愛情からかもしれない。嫉《そね》む気持ちからかもしれない。あるいは、行動するあなたを見て劣等感を抱きたくないからかもしれない。

背後から何を言われても気にしてはいけない。それは、あなたがその人たちよりも二歩先を行っていることを意味する。引きずり下ろそうとしてきたら、それはあなたが、その人たちよりも上にいることを意味する。批判がましいことを言われたくなければ、何もせず、何も言わない、取るに足りない存在でいつづけるしかない。

目標を決め、期限つきで計画を立てたら、最初の一歩を踏み出して前へ進もう。他人にどう思われ、何を言われ、何をされようと。

階段を上って人より上に立てば、必ず非難の集中砲火を浴びる。

誰に対してもにこやかに接するようにしよう。どんな意見を言われても笑顔で耳を傾け、むやみに相手の気分を損なわないほうがいい。

真実を言われたら同意すればいい。相手の言い分にも同意できるところはあると思ったら、口に出してそう認めよう。うなずいて「そうだね、そのとおりだ」「君の意見には賛成だよ」と言えばいい。

どんなにばかばかしく思える意見を言われても、少なくとも、相手にも意見を言う権利があることは認めよう。そんなふうに思う気持ちはわかるよと認めて、それでもなお、自分が信じることは何度も繰り返し主張すればいい。

言い争ってはいけない。正しい意見を言っても、言い争いで何かを得られることなど、ほとんどない。友人や信用を失い、争いを好む人に火種を与えるだけだ。

ブタと争ってはいけない。泥にまみれるだけだ。

第6章

自分の人生に責任を取る

カルマのしくみ

二〇〇八年に世界金融危機が起こるまで、西洋社会は二〇年近くのあいだ、それまでの歴史で経験したことがなかったほど豊かな時代を謳歌していた。

多くの国の人々にとって、持ち家があり、新車を運転し、外国で休暇を過ごし、最新ファッションに身を包み、ラテを飲むのは当たり前の生活だった。そのために働いた人はもちろん、そうでなくてもすべての人に、豊かでぜいたくで満ちたりた生活を送る権利があるという考え方が主流になった。

そんな考え方に眉をひそめたのはベビーブーマー世代（第二次世界大戦終結後〜一九六四年ごろまでのアメリカに生まれた世代）ぐらいで、ジェネレーションXの世代の人々（一九六〇〜七〇年代のアメリカに生まれた世代）は歓迎した。ジェネレーションYの世代の人々（一九八〇〜九〇年代のアメリカに生まれたベビーブーマーの子ども世代）にいたっては、世界は現実にそういうところだとしか思っていなかった。

この時代、「バラ色の人生は、自分以外の誰かが与えてくれるものだ」という考え方が、多くの人々にとって暗黙の了解となっていった。

与えるのは、政府でも、両親でも、社会でも、会社でも、組合でも、上司でも、宇宙でも、誰でも何でもかまわない。そして、何か悪いことが起きれば、それは人生を与えた自分以外の誰か、あるいは何かの責任だとも考えるようになった。自分がおちいった状況の責任を、配偶者やパートナー、生まれた場所、外国、気候、遺伝子、銀行、難民、宗教などになすりつけたり、数霊術や星占いに頼って、巡りあわせが悪かったのだと嘆いたり、月の引力のせいだとまで言ったりするようになった。

しかし、今の自分自身の状況、家計の状態、仕事、健康状態、人間関係のよしあしをもたらしたのが誰なのかを知りたいと思ったら、鏡の前に立つしかない。

それは、あなただ。

今、自分がどういう人生を生きているかは、それがいい人生であろうとなかろうと、すべてあなたの責任である。

例外的な状況はある。たとえば、統合失調症や自閉症といった精神疾患にかかっていたり、脳に回復不能な傷を負っていたり、病気で動けなかったり、徹底した弾圧に苦しむ社会に生きていたりするなら話は別だ。

だが、そうでなければ、今のあなたの状況は、全面的にあなたの責任である。何をどう考えるか、これまでの人生で何を選んできたか。その積みかさねが、今のあなたの状況をつくった。すばらしい成功を手にしているなら、それはあなた自身の功績だ。成功を手にしていなくても、それはあなた自身がもたらした結果に違いない。いいことも悪いことも、すべてはあなたの責任である。

公平に言うなら、今のあなたが信じていることを、あなたのＲＡＳに刷りこんだのは、両親であり、社会であり、文化であり、宗教であり、生いたちである。そうしたものに培われた信念が、あなたを今の場所に連れてきた。

だが、RASのしくみを理解した今、もうこれからの人生の責任は、すべて自分で引きうけよう。

自分が住む世界は、直接的にも、間接的にも自分がつくり上げるのだという事実を受け入れよう。今、あなたがしている仕事が情熱を注ぎこめる仕事ではないとわかっても、それを引きうけ、やりつづけると決めたのはあなた自身にほかならない。

◉あなたが選んできたものが、あなたの今の状況をつくっている

いつもジャンクフードを選ぶのもあなたなら、ジャンクフードを口に押しこむ手もあなたの手だ。

定期的に運動しないことを選んだのもあなただ。愚かな論理を振りまわして、タバコやお酒、ドラッグに手を出したり、猛スピードで運転したり、暴力を振るうパートナーを選んだりといった自滅的な行為を重ねてきたのも、あなただ。

やりたくないことをするように言われたとき、「いやだ」と断らなかったのも、あなたを失望させるような人を信じると決めたのも、あなただ。

自分の人生にひどい悲しみをもたらすような子どもや、親戚や、その他の人たちと距離を置こ

うとしなかったのも、あなただ。暴力を振るってくる人や、将来性を見込めない人との関係を断たなかったのも、あなただ。

非常識な従業員や顧客、身勝手な友人、自分のことしか話さない人が身のまわりにいるとしても、そんな人たちを自分の人生に引きこんだのは、あなただ。

周囲の誰かに不幸を持ちこまれても、悪いのはその人ではなく、あなただ。そんな人があなたの私生活の場や職場にいるのは、あなたが引きこみ、居つかせたからだ。

あなたが選んできた人やもの、考え方が、あなたの今の状況をつくったのだ。今なぜ自分が、ここでこんな人生を生きているのかを、自分自身やほかの誰かに言い訳しようとしているのも、あなたである。

ここまで読んできて、どこかで怒りや罪の意識のようなものを感じたとしたら、そこを再読してほしい。きっとそこに書いてあるメッセージこそ、あなたがもう一度必要とするものだから。

あなたのRASは、過去には周囲からの刷りこみを受けてきたかもしれない。だが今からは、自分のRASにどんなふうに働きかけるかは、自分で意識的に決めていこう。

自分の状況について、自分で直接責任を取るとは、今日からは何が起ころうと、それを客観的に見つめることである。

自分で自分に、こう問いかけよう。「何をしたから、こうなったのだろう?」「どんな考え方をしたせいで、こういう状況になったのだろう？」「あの人があんなふうに反応したのは、私が何を言い、何を言わなかったからだろう？」「何を信じたから、こういう結果になったのだろう？」「違う結果を出すために、今できることは何だろう？」

◉自分の人生を自分でコントロールしていく

あらゆる状況について自分で直接責任を取るのはすばらしい。自分の人生の運転席に自分が座るということだから。自分でハンドルを握ってどこへでも行ける。それは、人生で起こるあらゆるできごとの結果について、なぜそうなったのかを頭を使って考え、次の行動に生かすことを意味する。

ＲＡＳを使いだせば、きっとよりよい結果を出せるようになる。生きていれば、自分ではどうにもならないことも起きるが、それをどのように考え、どう反応し、どんな行動を取るかは、すべて自分の意志で選べる。そして、この考え、反応、行動が次の状況をつくっていく。すべて自分しだいである。

これまでだって、ずっとそうだった。たとえ、それを理解できていなかったとしても。

自分の意志で選べるのは、どのように考えるか、どのような姿勢で物事を受けとめるか、それだけだ。

もし選択を誤ったとしても、その結果をどのように引きうけるのか、それこそが大切である。
それは、そうした選択を自分の手に取り戻したということなのだから。

リタ・ハートニー（オーストラリアの社会活動家、講演家）

◉「生まれつき」の事情を嘆くのも変えるのも、自分しだい

人生で手に入れてきたものは、すべて自分で選んだからそこにある。あなたが今いる状況が明るくても暗くても、それはあなたの過去の選択によって、そうなったのである。

人生で何を決断しても、どちらの方向へ向かうことを選んでも、その責任はあなたが一人で負わなければならない。そう考えないのは、自分の人生について責任を取ることを拒否するに等しい。

今の世界に生まれた人は誰もが、自分の人生を自分で動かし、あらゆる結果について責任を取るチャンスを与えられている。

だが、ここで疑問を持つ人がいるかもしれない。貧困家庭に生まれた人は、どうなるのか？　また、世界には、強制結婚をさせられる国や、法律のせいで成功の可能性を試すことも許されない国、自分の意見を主張すれば殺されてしまう国もある。そんな国に生まれた人は、どうすればいいのか？

実話 スティーブンの場合

僕は、政府や社会が個人に思想や行動を押しつける国に生まれた。

妹は、親が決めた相手と無理やり結婚させられ、たくさんの友人が、自分の思想を罪に問われて刑務所に送られ、むちで打たれ、殺されてしまった。

でも、僕は思った。まだ選べることは残っている――このまま国にとどまるか、国を出るか。

僕は国を出ることにした。難民となっても、まだそのほうが将来に望みはあると思った。

僕は三千キロメートルを歩いて、今、外国に住んでいる。新しい名前で新しい人生を歩んでいる。片手を失ったけど、いい仕事に就くこともできた。故郷にはまだ、国に残ることを選んだたくさんの友人がいて、その選択の犠牲者でありつづけている。

僕はリスクを取って人生を再出発することを選び、その選択は報われた。最初に思ったとおりにはいかなかったけど、新しい国での生活を求めて出発したら、あのまま故郷に残ることを選んでいたら、絶対に開かなかったような扉が開いてくれた。

もちろん、捕まって殺されてしまうリスクはいつでもあったが、それでもまだ、そこにとどまるか、逃げだすかを選ぶことはできた。

生まれてきてよかったと思えるものを、人生から受けとりたいなら、リスクを取ることも必要になる。

今、自分がどんな状況にいるか、なぜその状況にいるのかは関係ない。新しい状況を自分で選ぶ力は、まだ残されている。周囲の環境や状況をうらんで、身の不幸を嘆いてばかりいることはない。人にはつねに、何かを終わらせる方法を選ぶ力があるのだから。

◉天災も事故も病気も「そこからどう考えるか」が大事

人生には、自分の力ではどうにもできないことがたくさんある。津波が来れば家は押し流され、山火事が起これば焼きつくされる。酔っ払い運転の事故に巻きこまれることもある。命をおびやかす病気にかかってしまうこともある。

しかし、**何が起ころうと、それについてどう考え、どんな行動を取り、どう反応するかは、100パーセント自分の意志で決めなければならない。**このとき選んだ考え、行動、反応が、あなたの将来を左右する。あなたの人生は、あなたが選んできたことの結果だ。

あなたの人生は、あなたが選んできたことの結果である。
自分の人生が気に入らないなら、
これからは、よりよい選び方ができるようにしよう。

実話　W・ミッチェルの場合

二七歳のとき、ミッチェルは車の炎上事故に巻きこまれ、全身の65パーセントに火傷を負った。四年後、火傷が回復したミッチェルは、航空機のパイロットの免許を取ると決心したが、乗った機体が墜落事故を起こし、車椅子に乗る生活を送らなければならなくなった。

けがから回復するまでのあいだ、ミッチェルは「絶対に成功してやる」と決心した。これからの人生でどれほどの変化に見舞われ、どんな結果になろうとも、自分の意志で打ち勝ち、乗りこえてやると決意したのである。

強い心と決断力によって、ミッチェルはどんなことが起こっても、それをプラスの力に変えて、不可能と思えることに立ちむかった。

「問題は、何が起こるかではない。それにどう向きあうかだ」というのが、ミッチェルの信条となった。絶望的な悲劇に見舞われながら、彼は驚くような偉業を達成して、世界の多くの人に勇気を与えることとなった。

事故から立ち直ったあと、ミッチェルはコロラド州のクレステッド・ビュッテという自治区の長となり、「山を救った」人物として国際的な賞賛を浴びるようになった。その地のエモンズ山をモリブデン鉱山として開発しようとした鉱山会社から、山を守ったのだ。

また、実業家としても成功し、数千人もの人に仕事の場を提供した。その後、コロラド州議員に任命された。環境保護運動家、自然保護活動家としても人々の尊敬を集め、何度もアメリカ連邦議会に出向いて環境保護の現状を訴えた。飛行機の操縦と急流下りは、なんと今でも大好きだという。

この数々の驚異的な成功は、メディアによって国際的にも知られるようになった。ミッチェルの著書はベストセラーとなり、そこに書かれた彼の物語は、テレビのドキュメンタリーシリーズ「Super Humans（すばらしき人たち）」でも紹介された。

彼の人生は、「限界とはほとんどが自分の思いこみだ」という彼の哲学を、はっきりと証明している。

体が麻痺する前の私には、できることが一万あった。今は九千ある。失った一千を嘆くこともできるが、残された九千に全力投球することもできる。

W・ミッチェル

◉「言い訳」をいっさいやめると決める

欲しいと思うもの、やりたいと思うことのすべてを人生で手に入れ、実現したいのなら、「言い訳」はいっさいやめよう。

誰かにひどい目にあわされても、思いがけない事態が起こっても、夢をかなえようとした自分の行く手を何かに、あるいは誰かに邪魔されたと思っても、恨みがましいことを言いたててはいけない。

私たち夫婦は、これまで四〇年以上にわたって、人生で自分の望みをかなえる方法を伝授してきた。そのなかで、なぜ自分が思いどおりに前に進めないのかについて、多くの人たちからありとあらゆる言い訳を聞いてきた。政府が悪い、自分が女・男だからだ、元パートナーのせいだ、景気が悪いからだ、人種差別のせいだ、上司が悪い、義理の父・母のせいだ、今のパートナーのせいだ、健康じゃないからだ……。

ゴルファーが、コースやクラブや天気やパートナーのせいで、調子よくプレーできなかったと言うのを聞いたこともある。そのうちどれかは、実際にそうかもしれない。だが、ゴルフの結果は、それだけが原因で決まるものではない。

クラブやコースや天気のせいで結果が決まるのなら、タイガー・ウッズや、ジャック・ニクラウスや、アーニー・エルスは決して成功しなかっただろう。

ビル・ゲイツや、マーク・ザッカーバーグや、マザー・テレサや、スティーブ・ジョブズが、政策や天候や銀行や生まれた土地のせいで、自分のやりたいことを追求できないと考えていたら、マイクロソフトも、フェイスブックも、神の愛の宣教者会も、アップルも存在しなかっただろう。

どんなことを追求しようとしても、いわゆる「障害」は必ずついてまわる。しかし、そんな「障害」を乗りこえて、やりたいことを追求した成功者はいくらでもいる。

「障害」が本当に問題になるのなら、誰も何も達成できなかっただろう。

あなたがこれまで選んできた考え方が、あなたを今いるところに連れてきた。それが真実である。いつもそうだった。

だが、なぜ過去にそういう考え方を選んだのかは問題ではない。それはしょせん過去だ。

あなたの将来は、あなたが今日からどんな考え方をして、何を選ぶかによって決まっていく。

どう考え、何を選ぶかは、あなたが100パーセント自分の意志で決めることができる。

これまでと、これからとの違いが、一つだけある。これからは、あなた自身が心から望む状況を自分で選ぶことができる。RASは絶対に裏切らない。この本に書いたRASの力は、それほど強い。

さあ、たった今から、人生で何が起こっても言い訳するのはやめよう。

選べるのは二つに一つ——前進するか、言い訳するか。

◉選択を誤ることは「人生のレッスン」である

選択を誤るのは、愚かだからではない。**選択を誤ったせいで起こった物事は、あなたに学ぶべ**

きことがあるから起こった。人生はそういうやり方であなたにレッスンを授けてくれる。

同じような選択の誤りをふたたび犯してしまった場合、それはあなたが、一度目で学ぶべきことを十分に学んでいなかったということだ。何度も同じような選択を誤ってしまうときは、何か問題があるのだろう。自己破壊的な傾向があるのかもしれない。その場合はプロの指導を仰ぐか、心理カウンセラーに相談する必要がある。

でも焦ることはない。学ぶべきことを身につけるまで、何事も逃げていったりはしない。

同じような誤りを繰り返してしまうとき、それはもはや誤っているのではない。選んでいるのだ。

◉同じことをしていれば、同じ結果しか生まれない

同じ行動を何度も繰り返していれば、いつかは別の結果を出せると思っている人が多いが、そんなことはありえない。今のあなたが歩んでいる人生、今のあなたが手にしているものは、これまでずっと、同じような考え方と行動を繰り返してきた結果である。

今までとは違う結果――劇的な変化が起こって日々がすばらしいものに変わり、夢がかなうような人生――を望んでいるなら、これまでとは違う考え方や行動をしていく必要がある。今まで

と同じような考え方や行動を続けていれば、これからも同じような結果しか手にすることができない。

今のあなたの人生、今のあなたが手にしているものは、そうやって、あなたがこれまでつくり上げ、手に入れてきたものである。そして、あなたは今も、これまでと同じやり方や決断を繰り返している。

いつものやり方を続けていれば、これまでと同じものしか手に入らない。

あなたがこれまでの人生で手にした結果は、あなた自身が選び、考え、行動したことの結果である。

そして、結果は嘘をつかない。太っているか、やせているか、平均体重か、そうでないか。お金持ちか、そうでないか。家族の尊敬を受けているか、受けていないか。望むものを人生で手に入れたか、入れていないか。結果は嘘をつかない。

結果は、あなたに真実を語る。

今日からは、「自分がこうなったのは状況のせいだ」などと言うのはやめよう。「悪いのは私じゃない」と周囲の人に言いたてるのはやめよう。悪いのはあなた自身であり、それが**真実**だ。

今の状況は、あなたの考え方が引きおこしたものであり、それを変えるのも変えないのも、すべてはあなたしだい。あなたが手にしている結果は、あなたが何を選んできたかについての真実を語っている。

これまでの考え方や選び方を変えるには、ＲＡＳをプログラミングしなおすしかない。

◉不満を言うと、不満だらけの状況を呼び寄せる

今の自分が手にしているものについて不満を言うのは、今よりもっといいものが欲しいと言うのと同じである。

もっといい家、車、パートナー、健康状態、仕事が欲しい。それだけではない。不満を言うのは、もっといいものを手に入れるために行動したり、リスクを取ったりするための準備を何もしていないと言っているのと同じでもある。めそめそと愚痴を言う人は、同じ不満を繰り返すばかりで、何か積極的な行動を取るつもりがまったくない。

自分は筋の通った不満を言っていると、考える人もいるかもしれない。とんでもない量の仕事を与えられたとか、パートナーから理不尽な扱いを受けたとか、入った店のサービスが悪かったとか。

だが、**たいていは不満を言うべき相手を間違えている。**

夫や妻、パートナーから理不尽な扱いを受けた不満を友人に言い、上司から無理難題を押しつけられたという不満をパートナーに言い、近所の店のサービスが悪かったという不満を隣人に言う。それは見当違いにほかならない。

不満を聞かされた相手はなすすべがないし、おそらくそんな不満は気にもかけず、すぐに忘れてしまうだろう。

不満を言ってはいけない。古いことわざにもある。「困ったことを話しても、話した相手の80パーセントは気にもかけない。残りの20パーセントには、いい気味だと思われるだけだ」

その一方で、ほめ言葉を伝える相手を間違える人も多い。

レストランの食事がおいしかったとか、堪能したということをウェイターに言う。だが、ウェイターにとって、そんなほめ言葉はどうでもいい。チップをはずんでさっさと帰ってほしいとしか思っていない。

食事について本当に不満を言いたいなら――あるいは、感謝の気持ちを伝えたいなら――ウェイターではなくシェフに言うべきだ。せめて、食事が気に入らなかったのなら、次の機会にはそのレストランをきっぱりと見捨てて、もっといいレストランを選ぼう。よくないレストランのシェフに、もっと修業を積めと文句を言うよりは、別のレストランに行ってみるほうがいい。

不満を言うと、その不満に思っているものに意識が集中する。するとRASは、あなたが今、不満を感じながら手にしているものと同じようなものを、もっと探そうとする。

不満を言うと、脳の働き方がどんどんネガティブになるので、RASが呼びよせる状況も、これまでと同じように不満だらけの状況になる。

人生であなたを取りまくものに変わってほしいなら、あなた自身がそれを変えよう。

目標を達成するためには、積極的な行動を取り、望むことだけに意識を集中することが必要だ。

そして、不満を言うのはやめよう――今すぐに。自分が抱えている不満は筋が通っていると思うなら、その不満に対して何かができる人に言おう。

◉未来は自分自身の手で選びとれる！

アール・ナイチンゲールは、自己啓発のスキルの草分け的存在であり、一九七〇年代に私を指導してくれた人物である。

彼は私にこう教えてくれた。**人は、望むものを積極的に選びとることによって、自分の状況を**

選ぶことができる。もしそうしなければ、望まない状況のほうが自分を選びとってしまう、と。

この考え方に納得できない人もいるかもしれないが、心を解放してくれるような考え方ではあると思う。人生では、自分で選べば、ほかの誰かの状況に巻きこまれることなく、他人の意見に左右されることもなく、どこへでも行くことができるというのだから。


自分の人生の責任を100パーセント自分で引きうけない人は、100パーセント自分で引きうける誰かのために働くことになる。


しつこいようだが、今あなたが歩んでいる人生は、あなたの責任だ。

貧しい国の極貧家庭に難病を抱えて生まれてきた赤ん坊なら話は別だが、ここで問題にしているのは、あなた自身のことである。

あなたの過去の考え方や行動が、今あなたがいる場所に、あなたを連れてきた。自分の力ではどうにもできないことが起こったときも、その物事に対するあなたの反応が、今のあなたの状況をつくり上げた。

◉「太ってしまった」のは、誰のせいでもなく、自分の責任

あなたが同僚に、こっそり上司の悪口を言っているとしよう。上司はばかだから賢い決断なん

か絶対にできっこないと言っているところを、上司が聞きつけ、あなたをクビにする。

この場合、そんなことになったのは、つまり無職になったのは、誰が見てもあなたの言動のせいである。しかしもし、これまで忙しすぎることを言い訳にして、仕事以外の勉強もせず、自己啓発セミナーなどにも通わずにいるうちに、会社が、あなたより年下で経験が少ない後輩を先に昇進させていたとしたら、それはどう考えればいいのだろうか？

あなたが私生活のパートナーに選んだ人が、あなたに対して精神的・肉体的に暴力を振るう人かもしれない。もしかしたら、ずっとそんな人ばかり選びつづけているかもしれない。

それなのに、**「だって彼・彼女を愛しているから」「子どもたちがいるから」「これまでいっしょにやってきたんだから・共有財産があるから」**などと決まり文句を並べたてて、あなたに積極的な行動力がないことをごまかすような言い訳ばかりしているとしたら？

忙しくて、疲れているから、悩みごとがあるからと言って、ろくに子どもにかまっていないとしたら、家の外の誰が、そんなにあなたをわずらわしているというのだろうか？

自分の服のサイズや体重は、自分のせいではないと考えているかもしれないが、本当にそうだろうか？

人差し指を前に突き出して誰かを責めるとき、残りの指三本が指さしているのは自分である。

自分の健康状態が悪いのは、ホルモンバランスのせいであり、悪い遺伝子を受けついだせいであり、親のしつけが悪かったせいであり、子どもを三人も産んだせいだろうか？　それとも、空気中を小さな脂肪の玉がふわふわと飛びかっていて、それがたまたま体内に入りこんだせいだとでも言うつもりだろうか？

断じて違う！　あなたが食事について勉強したり、運動したりすることを選ばなかったのだ。だから、すべてあなたの責任である。

自分の体重にうろたえたとき、こんなに太ってしまったのは、自分の口にジャンクフードを詰めこみつづけた自分の腕のせいだとでも言うつもりだろうか？　違う。あなたの腕はひとりでに動いたりしない。ジャンクフードを自分の口に押しこめと、あなたの脳が腕に指示したのである。誰からも見られていないときに、あなた自身がそうしたのだ。

そんな行動を取ったくせに、あなたはまごついた顔で、こうつぶやくのかもしれない。**「どうして太ったんだろう。そんなに食べてないのに……」**

これまでにあなたが取った行動、取らなかった行動を、どう考えるかはあなたの自由だ。

だが、それがそのまま、あなたの今の状況をつくり上げた。これまで書いてきたように、それはあなた自身がやったのだ。顔の見えない「誰か」が、ああしろこうしろと口出ししてきたからではない。あなたがそういう行動を選んだのである。

何か気に入らないことがあるのなら、それを変えればいい。変えられないなら、自分のものの見方を変えよう。

◉時流に乗るのも、乗らないのも、自分の責任

何かが問題になりそうだとか、生活が大きく変化しそうだと感じたら、その感覚を無視してはいけない。**人生でほとんど何も達成できないのは、行動することを選ばず、行動しないことを選ぶからだ。**

電子メールアドレスを持っていないことや、インターネットを使っていないことを堂々と自慢する、身近な年長者のことを考えてみてほしい。

その人たちは、仕事のチャンスのほとんどを逃してしまっていることや、世界じゅうの若い人たちと意見を交わす手段を失っていることに、まったく気づいていない。二一世紀の現実から完全に置き去りにされているという事実を気にもとめていない。年をとるにつれて、刻々と変化する世界の流れを無視するようになるという問題は、高齢者の生活における大きな課題である。

一九七〇年代、携帯電話をいち早く手に入れた私は、人々にこう言われたものだ。「そんなものは絶対にすたれるさ。電話したくなったら、公衆電話に駆けこめばいいんだから」と。

頭はいいのに、「電子メールは時間の無駄だ」とか、「出会い系サイトを使うのは変質者か子どもを狙う悪者だけさ」とか、「SNSやフェイスブックなんか使わないよ。誰が朝食に何を食べたかなんて興味がないからね」などと言う人もいまだにいる。

彼らは変わりゆく世界を無視して、新しいわくわくするような領域に足を踏み入れようと思えばできるのに、その可能性を自ら狭めている。自分の子どもや孫と話す機会をむざむざ失っている。

過去に生きるな——時流に乗らないのは自分の責任だ。

◉自分の人生に「誰を」引き入れるかは、自分で選べる

人に会ったとき、その人がどんな人かを知るための、ちょっとしたヒントを聞いてほしい。

人事課の課長クラスの人たちは、ある人が将来どんな行動を取るようになるかを予想するとき、「過去の素行」や「生活ぶり」はいちばんの目安になると言う。不作法で、遅刻が多く、横柄で、未払いの借金があり、家族への虐待行為や、アルコール使用障害や薬物使用障害の経歴があり、妄想癖があり、だらしなく、怠惰といった傾向が目立つ人は、必ず将来にもそうした悪癖がよみがえるのだそうだ。

あなたが人から受ける扱いは、その人がどういう人かを物語っている
——あなたがどういう人かを物語っているのではない。

自分の生活を変えて、行動をあらためることができる人は、わずかながら存在する。だが、そういう人はたいていの場合、何か人生観が変わるようなできごと、たとえば、がんの診断を受けたとか、宗教的な体験をしたとか、愛する人を失ったとか、もう少しで自分が死にそうになったとか、そんな経験をしている。

人生の途中で自分を大きく変えられる人はほとんどいない。こんな本を読む人は、それほど多くはない——成功するにはどうしたらいいかという疑問に答えてくれる本、自分が知るべきことを教えてくれる本、自分の人生を鏡映しにして見せてくれる本なのだが。

何か悪い予感がしたら、それを無視してはいけない。ウェイターや、ホテルの従業員や犬に対して感心できない態度で接する人は、将来の夫や妻、パートナーになった人に対しても、そういう態度で接するようになるだろう。

人生はあなたに、どんな人やどんなものについてもヒントをくれる。

誰かから不利益をこうむったら、そんな人は自分の人生から追い出そう。立ち入らせてはいけない。少なくとも、極力かかわらないようにしよう。

アンを育てた父親は冷たい人間だった。アルコール使用障害で虐待癖もあった。だが、どんな父親だろうが、子どもはみんな七歳ぐらいまで、いつも父親の気を引いて愛情を勝ちえようとする。アンもそうだった。

大人になってからも変わらなかった。アンが惹《ひ》かれるのは、精神的、肉体的に自分を虐待する男性ばかりで、それは彼女の生涯を通じてつきまとう問題となった。無意識のうちに父親と同じ性癖を持つパートナーを選び、愛情を求めようとする。

やがて結婚した男性からも、アンは虐待を受けた。男性は、金銭的にもアンを破綻させた。四六歳のとき、アンは初めて、自分にとってプラスになる大きな決断をした。男と離婚したのである。

これは、それまでの人生で下したいちばんいい決断だったと、アンは言う。

しかし、不満もある。この決断をしても、お金を取り戻すことはできなかった。悪いのは自分ではない、相手の男だと、彼女は言う。しかし、それは違う。そんなことになったのは、彼女が自分自身の過去の選択に責任を取らなかったからだ。虐待癖のある男性ばかり選んで、精神的にダメージをこうむったのも、破産したのも、彼女自身が引きおこしたことである。相手と離婚するという決断によって、ようやく彼女はつらかった生活にピリオドを打った。

それなのに、アンはまた、虐待癖のある別の男性と新しい生活を送っている。彼女は人生からはっきりとした警告を受けとったのに、それを無視し、同じ誤りを繰り返したのだ。

まとめ

あなたが世界から受けとれるものは、あなたが何を知っているかによって決まるのではない。何をするかによって決まってくる。

大学生はそこを間違って、卒業さえすれば世界から何かを受けとれるものだと思っている。それは誤解だ。何をするかはつねに、あなたが何を選択するかによって決まる。

両親や過去の知りあいが選択するわけではなく、仕事や景気、天候、他人の反対、あなたの年齢によって選択が決まるわけでもない。あなたが、そしてあなただけが、自分の決断や選択のすべてに責任を負う。すばらしいことではないか。

これからは、あなたが100パーセント自分の意志で選ぶことができる。この本に書いたのも、あなたが「望むように」生きるための方法である。「こうしなければならない」と思いながら生きるための方法ではない。

今日からは、自分の人生のすべてに対して100パーセントの責任を負うと決心しよう。

何かに不満を言っている自分に気づいたら、すぐにやめよう。

今からは、人生で何が起ころうと、それに対するあなたの反応の仕方を変えるのだ。そうすれば、物事が急にこれまでとは違う展開を見せるようになってきて、夢を実現させるための道が目の前に開けてくる。

これからは、自分に何ができるのか、**何を**するのかを、前向きに語っていこうではないか。

周囲にいる人たちが、誰についても、何についても泣き言や不満ばかりもらしているなら、その人たちとつきあうのはやめよう。その人たちといっしょにいると決めたのは、あなた自身だが、もっと前向きな人たちとのつきあいを求めるのも、あなた自身だ。

気が滅入るような雰囲気を発散させている人や場所からは、離れてもいいと考えるようにしよう。そのときは誰に何を説明する必要もない。自分の心の声だけを信じよう。

今のあなたがどんな物事や人に取りまかれていても、それを自分の人生に引き入れた責任は、あなた自身にあると認めよう。これからは、あなた自身が心から望み、あなたの人生に引き入れる価値があると思った人や物事だけを引き入れよう。

自分自身のなかで変えたいところや、もっとうまくできるようになりたいと思っていることを、一〇項目リストアップしてみよう。そのリストを見て、自分が抱えているネガティブな感情を理解したら、それを手放してほしい。

［変えたいところ、うまくできるようになりたいことリスト］

1

2

3

4

5

6

7

8

9

10

自分の人生は自分のものだと心に決めた日こそは、人生最良の日だ。
誰にも言い訳せず、謝罪せず、寄りかからず、誰のことも責めない人生を生きる。そう決めた日から、あなたの本当の人生が始まる。

人生では誰のことも責めるな。
いい人々は幸福をもたらしてくれるし、
ありがたくない人々は経験をもたらしてくれる。
もっとも始末に負えない人々はレッスンを授けてくれるし、
最高の人々は思い出をくれる。

第7章

目標を視覚化する

男と女と犬 ―― そして、それぞれが見ているもの

すでにおわかりだろうが、ＲＡＳは、あなたがいつもなら気づかなかったようなもの、「周囲の雑音」として聞きおとしていたような情報を探し出してくれるしくみである。

ＲＡＳは、あなたが語りかけたとおりに働いてくれる。だから、目標を「視覚化」するのはとても大切だ。

ＲＡＳは「現実」と「想像」を区別できない。あなたが何かを想像すると、ＲＡＳはそれを実際に起こっていると思いこみ、体は、その物事が実際に起こっているかのように反応する。頭のなかで目標を具体的にイメージすると、そのイメージがＲＡＳから潜在意識に伝わり、潜在意識からの働きかけによって、目標を達成するあなたの力が高まる。

視覚化とは、目を閉じて、心に決めた目標の達成をはっきりとイメージすること。自分がどんな行動を取るか、どう感じるかを想像し、望む結果を手に入れた自分の姿をイメージする。

視覚化の効果については、研究がいくつか行われている。**学生に、自分が望む結果を最初に頭のなかでイメージさせると、イメージしなかった学生よりも、１００パーセント高い結果を達成したという。**

◉脳は「現実」と「想像」を区別できない！

脳は、現実に起こったこととイメージしたことを区別できない。だから、今あなたが本当にこの本を読んでいるのか、本を読んでいると想像しているだけなのかがわからない。

あなたが、走る夢を見ているとしよう。脳は、あなたが実際に走っているのか、走る夢を見ているだけなのかがわからない。

そのため、あなたの体は実際に走っているかのような反応を見せる——汗をかき、呼吸が激しくなる。足も動く。夢遊病者ならベッドから出て走りだしさえするかもしれない。

ベッドの下に見えたロープをヘビだと思ったとする。すると、あなたに見えるのはヘビだ。目の前の食べ物を、食べもしないうちからまずそうだと思うと、その食べ物が嫌いになる。クモをこわがる人には、部屋の隅に必ずクモが見える。実際にはいなくても。

スピーチをすることになっている場合、自分がそのスピーチをうまくやり遂げたところを頭のなかでイメージしながら練習するとよい。本当にうまくできるような気がしてきて、実際のスピーチもすばらしく出来がいいものになる。

◉想像しているときも「まぶたの下の目」はボールを追って動く

テニスの試合を見ているところを想像してみよう。

コートの真ん中を前にして座り、ボールが打たれては打ち返され、打たれては打ち返されて、右へ左へ行きかうのを見ている。

さて、目を閉じてみよう。

まぶたの下の目は、想像上のボールを追って、相変わらず右へ左へと動きつづける人がほとんどだろう。脳には、あなたが本当はテニスの試合場にいないことがわからないから、あなたの目は、現実の試合を見ているように反応しつづける。

目標を達成したところを脳内でイメージした場合も同じことが起こる。目標の視覚化は、その目標を現実にする効果を発揮する。


脳は現実と想像を区別できないので、あるイメージを思い浮かべると、脳はそれを現実と思いこみ、体はイメージを実現しようとして力を発揮する。

●アスリートは、どのように「視覚化」を活用しているか？

「視覚化」は、五〇年以上も前からほとんどのスポーツで利用されていて、今では、その効果を理解しているかどうかにかかわらず、オリンピック選手のほぼ全員が取り入れている。スポーツ心理学者は選手たちに、ハードルを跳びこえるところ、ボールをキャッチするところなど、目標を達成するところをイメージさせる。

世界のトップクラスのプロゴルファーたちは、いいショットを打つために、もっとも重要な秘訣を知っている。それは、どこにボールを飛ばせたいかをイメージできるようになることである。

彼らは頭のなかで、ボールがどの方向へどのように飛んでいくかを明確にイメージする。イメージのなかで、ボールを打ったときの音まで聞こえて、自分の筋肉のなめらかな収縮を感じとることができれば、思いどおりのショットを打てる確率は高い。そのイメージはＲＡＳに伝えられ、ＲＡＳから脳神経に伝えられるからだ。

脳からは、どう動けばいいのかというメッセージが全身にはっきりと伝わり、筋肉は脳の指示に従って反応する。どう動くべきかがイメージによって体に伝わるので、何も考えなくても体が回ってきれいにスイングでき、ショットを打つタイミングが完璧に決まる。

私は頭のなかで、くっきりと鮮明にショットをイメージできるまでは、練習のときでも、決してショットを打たない。

ジャック・ニクラウス

◉脳は「言葉」ではなく「絵」を描いて考えている

脳は、言葉を使って考えるのではない。絵を描いて考える。目標を紙に書き、輪郭をはっきりさせる必要があるのは、そのためである。

もし、「お金持ちになりたい」という目標を書いたとしても、ほとんど何も起こらない。これだけでは、もやがかかったように曖昧すぎて、脳にはイメージできないからだ。

だが、もし、「二〇二〇年七月一日までに、借金なしで一〇〇万ドル貯める」と書けば、脳にはその場面が浮かび、目標を達成するための方法を探しはじめる。

すでに第3章で書いたが、「すてきな家を持つ」と書いたとしても、やはりぼんやりしすぎていて、脳は、それがどんな家なのかを描くことができない。だが、扉にはどんな取っ手がついていて、壁や室内はどんな色でというように、自分が理想とする家を細々としたことまで具体的に書き、家のなかを歩きまわっている自分の姿をイメージすれば、脳は、どうすればそんな家が手に入るのかを探しはじめる。

だから、「貧乏」というのも脳内のイメージの反映だ。貧乏な人は、つねにお金がない自分、チャンスに恵まれない自分をイメージしつづけている。だから、いつまでもその状況から抜け出すことができない。

誰でもお金に困ることはある。お金がなくなるときぐらい、誰にだってある。だが、「無一文」とは、今、お金がないというだけの話だ。そんな状況からは、すぐに抜け出せると考えればいい。貧乏とは、自分にはいつも何もないと、イメージしつづけている状態である。


貧乏な家に生まれたとしても、それはあなた自身の落ち度ではない。

だが、貧困のうちに死ぬとすれば、それはあなた自身の落ち度だ。

ビル・ゲイツ

目標やアイディアや考えは、細かいことまでしっかりと描写できるように、鮮明で正確にイメージしなければならない。目標だけではなく、それを達成するまでの一つ一つのステップも、できるだけ具体的に頭のなかに描き出すようにする。このように、考えの輪郭をはっきりさせていく方法を「視覚化」という。

◉「望まないこと」を視覚化してしまったらどうなる?

不安になることがあるのは、あなた自身が望まないことを「視覚化」してしまうからだ。ボールを落とした自分、バーをクリアできなかった自分、住宅ローンが払えなくなって、銀行に家を差し押さえられた自分、パートナーが別の人のもとへ去って、置き去りにされた自分。こんな自分をイメージしつづければ、脳の働きによって、自分が視覚化したことが実現するような状況がつくり出されてしまう。

だから、自分が達成しようとしているのはどんな目標であり、目標を達成したときの自分はどんな状況にいるのかという、明るい将来像をはっきりと描き出すことが重要となる。

望む結果を何度も繰り返しイメージすれば、脳はそのイメージを、あなたに達成できて当然の状態として受け入れるようになる。目標を達成した自分の姿を精魂こめて全力でイメージしよう。

だが、注意すべきこともある。

ヘザー・カッペスとガブリエル・エッティンゲンという二人の研究によると、目標の達成をイメージするだけでは、達成しようという意気ごみが萎えてしまう人もいるという。もう目標を達成したものという脳の思いこみによって、気がゆるんでしまうからだ。

だから、**この二人の研究者は、「目標達成までに起こりうる障害、挫折などもイメージすることが重要だ」と言っている。**

◉「イメージトレーニング」には実際の練習とほぼ同じ効果がある

視覚化の威力を最初に発見したのは、心身医学（心と体の関係を総合的にとらえる医学）の先駆者となったアメリカの医師、エドモンド・ジェイコブソンである。

彼は、ある実験を行った。筋肉の微弱な動きを感知できる装置を数人の体に取りつけて、自分が運動しているところをイメージしてもらった。すると、実際にその運動をしているときに動くであろう筋肉が、わずかながらはっきりと動くことがわかった。

さらに別の実験では、ある動作をつねにイメージしていると「筋肉記憶」が蓄積され、実際にその動作を行うとき、体がよく動くようになったのだ。

のちにオーストラリアの心理学者、アラン・リチャードソンが行った実験はよく知られている。この実験によって、「視覚化」の威力は本物であることが確認された。

リチャードソンは、視覚化を実践した経験がない学生を、無作為に三つのグループに分けた。

第一のグループには、バスケットボールのフリースローを二〇日間、毎日練習させた。

第二のグループには、一日目と二〇日目だけフリースローを練習させた。

第三のグループにも、一日目と二〇日目だけフリースローを練習させたが、そのあいだの期間には、毎日二〇分間、自分がフリースローをしている場面を頭のなかでイメージしてもらった。イメージのなかでフリースローを「失敗」したら、次のスローは、やはりイメージのなかだけで、うまくいくように「練習」させた。

二〇日目、リチャードソンは各グループがどれだけ上達したかを調べた。毎日練習した第一のグループは、スローの成功率が24パーセント上がった。第二のグループは予想どおり、まったく上達していなかった。

だが、**第三のグループは、実際の練習量は第二のグループと同じで、あとは頭のなかでイメージ練習させただけだったのに、成功率は23パーセントも上がった**。第一のグループと変わらないほど上達したのである。

この実験の結果をまとめた論文は『Research Quarterly for Exercise and Sport』という運動とスポーツの研究雑誌に発表された。そのなかで、**リチャードソンは、視覚化の効果を最大限に発揮できるのは、実際に見て感じるようにイメージしたときだと書いている。**

学生たちは、手に持ったボールを「感じ」、バウンドさせたときの音を「聞き」、リングにボールが通るのが実際に「見える」かのようにイメージしたのだった。

イメージトレーニングには、実際の練習とほとんど変わらないぐらいの効果がある。

新人警察官の射撃訓練に「視覚化」を取り入れると、命中率がとても上がることも、一九九五年に行われた実験で証明された。訓練に視覚化を取り入れたグループのスコアは、取り入れなかったグループと比べて、平均で三二・八六ポイント高かったという。

一九五四年、ロジャー・バニスターというイギリスの陸上選手が、競技史上で初めて一マイルを四分以下で走った。

彼がこの記録を達成するまで、人間には一マイルを四分以下で走ることなどできないと、誰もが思っていた。バニスターは練習中、自分が一マイル四分を切って走りぬける姿を何度も繰り返しイメージしたという。

あまりに何度もイメージしたために、自分がすでにその記録を達成したものと錯覚するほど――イメージが現実認識の壁を越えるほどだったらしい。バニスターが最終的に壁を破ることができたのは、自分が一マイルを四分以下で走れると信じたからだった。

翌年には、一マイル四分以下の記録が二六回も出た。**バニスターが壁を破ったため、ほかの選手が、自分にもその速度で走ることは可能だと考えるようになったからである。**

RASが彼らの体になすべきことを教え、達成不可能と思われていたことが達成されたわけだ。それ以来、一マイル四分の壁は、数えきれないほど何度も破られつづけている。

◉いろいろな「イメージトレーニング」のすごい研究結果

重量挙げの選手の脳を調べた研究がある。

選手が数百ポンド（一〇〇ポンドは約四五キログラム）を持ち上げたときに脳のなかで活性化する部分（持ち上げるための筋肉を使ったときに活性化する部分）は、持ち上げるところをイメージしてもらっただけで、同じように活性化したという。

アメリカ、オハイオ州のクリーブランド・クリニックの運動心理学者、クアン・ユエは、ジムに実際に行った人と、頭のなかだけで仮想トレーニングを行った人で、筋力にどのくらいの差がつくかを調べてみた。

すると、ジムに行った人たちは、筋力が30パーセント上がったが、頭のなかだけでウエイトトレーニングした人たちの筋力も、平均でその半分ぐらい（13・5パーセント）上がった。この効果は、仮想トレーニング後も三か月間、落ちなかったという。

マシュー・ネイグルという、手足が麻痺して動かない男性がいる。彼は脳にシリコンチップを埋めこんでいる。頭のなかでやりたいことを視覚化すると、このシリコンチップを通してコンピューターが作動し、やりたいことができる。

チップのおかげで彼の生活は一変した。たった四日間のイメージトレーニングを受けただけで、彼はコンピューターの画面上でカーソルを動かし、電子メールを開き、コンピューターゲームを楽しみ、ロボットアームを動かすことができるようになった。

ナタン・シャランスキーは、一九七七年にアメリカのスパイだという告発を受けて、当時のソビエト社会主義共和国連邦の刑務所に九年間、収監された。

独房で、彼は頭のなかだけでチェスをしながら、「チャンスがあれば、いつか世界チャンピオンになってやる!」と、自分に言い聞かせつづけた。一九九六年、シャランスキーはチェスの世界チャンピオン、ガルリ・カスパロフに勝利した。

◉「視覚化」は、実際の練習の代わりになるか否か?

視覚化は実際の練習の代わりになるか? 簡単に言うと、答えは「ノー」である。

一九六〇年にシカゴ大学で、運動能力の発達に関してイメージトレーニングと実際の練習を比べる実験が行われた。一四四人の学生を集め、腕の筋力、知力、経験のレベル別に、実際の練習を行うグループとイメージトレーニングを行うグループに分けた。

この実験で調べたかぎりでは、イメージトレーニングは実際の練習に近い効果があると思われた。

ところが、一九九四年に、ほかの同じような三五の実験結果を集めた分析の結果、イメージトレーニングにも運動能力を向上させる効果はあるが、実際の練習ほどの効果はないという結論に終わった。

実話 ジム・キャリーの場合

コメディー俳優のジム・キャリーは、貧しい家に生まれ育ち、一時は一家全員がホームレスとなってキャンピングカーに寝泊まりしていたにもかかわらず、いつも自分の将来は明るいと信じていた。

十代初めのころは、学校が終わると清掃員として八時間働いた。

ハリウッド映画に出演しはじめたころは、まったくの無一文だったが、劇的な成功を収めた自分をイメージしようと考えた彼は、自分自身に一千万ドル（約一〇億円）の小切手を書き、五年後の日付を記入した。小切手帳の控えには「出演料」と書いた。

キャリーは、この小切手を何年も財布に入れていた。毎日それを眺め、お金が手に入った場面を想像した。

やがて、彼は映画一本で二千万ドル（約二〇億円）という高額の出演料を獲得できるエンターテイナーとなった。


お金がすべてではないが、自転車に乗って泣くよりは、メルセデス・ベンツのシートで泣くほうがいい。

ジム・キャリー

◉視覚化の練習をして、最大限の効果を引き出す

視覚化は単純な作業だが、最大限の効果を引き出すには、折あるごとに練習が必要だ。

最初のうちは、ゆっくり食べるとか、早起きするとか、いつもうるさく話しかけてくる人に穏やかに対応するといった、簡単なことをできるようにする練習から始めるのがいいと思う。簡単なことから始めて、うまく視覚化できるコツをつかんでから、もっと手ごわい複雑なことに挑戦しよう。

たとえば、ギターを弾く練習をしたいなら、次のような順序で進めるとよい。

① リラックスする

誰にも邪魔されない静かな場所へ行って、目を閉じ、深呼吸を三回し、肩の力を抜いて全身を楽にする。

②これからしようとすることを想像する

ギターの形、弦、指板《しばん》を、はっきりと目に見えるように心のなかで思い浮かべる。

③自分の姿を思い浮かべる

自分がギターを手に取って、構えるところを想像する。ギターを抱えてどんなふうに座るかなどを、できるだけ具体的にイメージする。

④弾く

手のなかのギターを感じ、一本一本の弦の感触を確かめるようにしながら、それぞれの弦の音色に耳を澄ませる。実際の練習で弾くように、それを弾きはじめる。途中でとまらず、音も間違えず、プロのように何曲かを続けて弾くところを想像する。演奏が終わったら、目を開ける。

「視覚化」するときは、五感を存分に駆使して、それぞれの場面を、こと細かく描き出すようにする。

どんな服を着ているだろうか。誰といっしょにいるのだろうか。何を感じているのだろうか。どんな物音が聞こえ、どんなにおいがするのだろうか。どんなところにいるのだろうか。

視覚化の練習は、「早朝」か、「夜眠る前」にするのがいいだろう。

目標を達成する自分を視覚化するときは、達成までの道のりでどんな障害に出あい、難関が立ちふさがろうとも、それを見事に乗りこえる自分の姿を頭のなかで想像しよう。

まとめ 脳は、頭のなかで想像したイメージに対して現実と同じように反応し、体への指示を送ることが各種の研究によって明らかにされている。心と体、考えと行動は強く結びついていることが科学的に証明されている。この結びつきは、人生でできるかぎりのことを達成するうえでとても重要だ。

視覚化すると、脳内のさまざまな部分（運動能力や注意力、認識、計画、記憶などをつかさどる部分）が刺激される。そのため、ある行為を視覚化すると、脳はその行為を実際に訓練しているときと同じように働き、いざ現実の行動に移すと、訓練の成果が発揮される。視覚化は意欲をかきたて、自信と能力を高め、運動能力を向上させ、脳を目標達成に向けて奮いたたせることもわかっている。

視覚化するだけでも実際の練習に近い効果が得られるし、視覚化と実際の練習の両方を組み合わせると、さらに効果が高まることも知られている。

まずは目標を立てよう。そして、自分がたった今、その目標を達成した場面を視覚化し、そのイメージを持ちつづけるようにしよう。視覚化しようと思う目標を次のページのリストに書くとよい。そのすべてを今日じゅうに視覚化する必要はない。

視覚化はどんな能力についても効果がある。その能力に必要な脳内の神経が強化されるからだ。脳は、現実に起こったできごとと視覚化したできごとを区別できないことを思い出してほしい。だから、練習したいことがあれば、それをいつでもどこでも視覚化によって練習し、上達させることができる。

頭のなかで想像したことは現実になる。あなたが今の人生にたどりついたのも、自分では理解できていなかったかもしれないが、あなた自身がそれを視覚化したからだ。

これからは、心から望むことだけを視覚化し、望まないことは視覚化しないようにしよう。

［視覚化しようと思う目標］

……………………………

……………………………

……………………………

……………………………

……………………………

この本の第1章の最初の引用文を、もう一度、ここに掲げる。

頭のなかで考えたことを、心から信じられるなら、
人はそれがどんなことでも達成できる。

ナポレオン・ヒル（一九三七年）

第8章

アファメーションの威力

言葉に出したことは実現する

目標の視覚化を覚えたら、今度は「アファメーション（自己暗示）」も身につける必要がある。
アファメーションとは、自分が達成しようとしていること、これからやろうとしていることをつねに繰り返し自分に言い聞かせることである。

本当だと信じていること、生きるうえでの信念を、自分に向かって肯定的に宣言する。保険の保障内容を証書に書きこむように、目標や目的を自分に確約する。これは、「望みを達成する」という自己宣言の一種だと言える。

アファメーションによって自分に言い聞かせたことは、視覚化したことと同じようにRASから脳に伝わり、脳内の神経経路の配線をつなぎ換える。それによって言い聞かせたことが実現する。アファメーションは、あなたの内面の思考パターンや自己イメージをつくりかえ、脳内配線をつなぎ換えて、目標を実現させるためには欠かせない方法である。

アファメーションとは、何度も繰り返し自分に言い聞かせて内面に浸透させる言葉やフレーズを意味する。別の言い方をすると、アファメーションはあなた自身の一部になっていく。

◉偉人たちもこうして「アファメーション」の力を使っていた！

哲学者や宗教指導者、政治家や作家といった人たちは、数千年もの昔から、自分を成長させるため、世の中の人々の行動意欲をかきたてるための手段としてアファメーションを使ってきた。

第二次世界大戦中にイギリスの首相チャーチルが「我々は海岸でも戦うだろう」と語りかけた

議会演説は、イギリス国民を鼓舞し、敵に打ち勝てと励ますためのアファメーションだった。

ジョン・F・ケネディが大統領就任演説のなかで「国が何をしてくれるかではなく、国のために何ができるかを考えようではありませんか」と説いたのは、アメリカ国民の考え方を変えようとしたアファメーションにほかならない。

プロボクサーのモハメド・アリは、「俺は誰よりも偉大だ」と宣言することによって、自分を世界最強の座に押し上げた。

アファメーションで心のなかの思いを言葉にしてRASに伝えると、その言葉がRASの働きを強化し、求める状況を引き寄せやすくなる。

前章でも書いたが、脳は現実と想像を区別できない。アファメーションはそれを利用する手段である。脳は、あなたが視覚化したことを現実として受け入れるのと同じように、アファメーションの言葉を受け入れる。すると、脳の指令を受けて、あなたの体はその言葉の実現に向けて駆りたてられる。

アファメーションは、あなたを望むものへ向かわせつづける鍵だ。
世界の偉大な成功者はみんな、
目標達成のためにアファメーションを利用してきた。

アファメーションの力を発揮させるうえで大事なのは、自分に言い聞かせたい言葉を、あなた自身が選ぶことである。

その言葉を視覚化し、何度も何度も繰り返して心の奥まで浸透させる。これだけ単純な方法で、自分が語りかけた言葉が実現する。

アファメーションがすばらしいのは、自分の心に浸透させる内容を100パーセント自分で選べる点だ。

ネガティブな考え方をする人が、ろくでもない結果ばかり手にするのは、ネガティブな言葉を繰り返し自分に言い聞かせているからだ。彼らはアファメーションとまったく同じプロセスを踏んで、ネガティブな現実を実現させている。

自分の心に言い聞かせる内容は、すべて自分の意志で選べる。

◉「疑い深い」考え方の人が引き寄せるもの

ここに書いたことを疑う人もいる。自分に何度も言い聞かせる言葉によって結果は変わるということを、なかなか受け入れることができない。

だが、実のところ、そんな疑い深い人たちは、もうずっと長いあいだ、自分にネガティブな言葉ばかり言い聞かせつづけている。「せっかく覚えたジョークを、いざとなると思い出せない」

「いつも遅刻してしまう」「始めたことをやり遂げられたためしがない」「たくさんの人がいる前でスピーチなんかできない」

そんなことばかり自分に言い聞かせている。だから、「そのとおり」のことが起こってしまう。それを理解しようともせず、失敗することばかり考えて、失敗だらけの人生を歩んでいる。

たとえばスピーチの場合、せっかく勇気を奮い起こして人前でスピーチすると決めたのに、「きっとうまくいかないよ」と言ってしまう人は、言葉どおりに本番でしくじってネガティブな言い聞かせを実現させてしまう。

その反対に、**「きっとうまくいく」と繰り返し、成功する場面を何度も頭のなかで視覚化した人は、ＲＡＳもそれを信じるようになる。**

「人前に出ても、きっとうまく話せる。自分の言葉を信じているからだ。スピーチのたびに上達しているし、信じていることを話せば、聞いた人は必ず納得してくれる。何度も回数をこなせば、それだけ効果的に話せるようになるはずだ。失敗したとしても、その失敗を教訓にして、うまく話せるようになればいい」と、自分に言い聞かせれば、それは現実になる。

そんなにうまくいくはずがない、真実とはそんなに単純なものではないとしか思えないとしたら、こんなふうに考えてみてほしい。

あなたの今の人生観の根本にあるのも、もしかしたら、あなたのその疑い深い考え方ではないだろうか。そして、その人生観によって、あなたの今の状況が引き寄せられた。

その状況の責任は、ほかの誰にもない。あなた自身が意識せずに自分で自分に言い聞かせているうちに、あなたの人生は今のようになったのである。


あなたが自分に言い聞かせる言葉は、あなたという人をあらわす。あなたの言葉は実現する——いいことも悪いことも。

読者から寄せられた実話　ダリン・カシディの場合

私は若いころ、カンフーに夢中だった。

だが、いつも後ろ回し蹴りがうまくできなかった。どうしてもできなくて、私は自信を失いはじめた。やってみればみるほど、自分を無様だとしか思えなくなり、やがて私は本当にその無様な姿から抜け出せなくなってしまった。

そんなある日、私はバスケットボールの練習法を本で読んだ。シュートの練習をするときはリングの前に立ち、実際よりもずっと高いリングをイメージする。そして、そのリングにボールを落とすたびに成功する場面を、頭のなかでイメージするのだという。

私は、自分が後ろ回し蹴りを完璧に決めるところをイメージすることにした。ブルース・リーが映画で後ろ回し蹴りしている場面を思い出し、仕事中も毎日、頭のなかで何度も繰り返しその場面を再生した。ただ、ブルース・リーの顔は私の顔にすりかえた。

それから三週間というものは、ブルース・リーの映画のなかで自分が完璧に後ろ回し蹴りする場面をイメージしつづけた。回し蹴りがどんどん上達し、周囲の人たちから賞賛を浴びる自分の姿も繰り返し想像した。このあいだ、実際の練習は一度もしなかった。ただイメージしつづけ、絶対にそのとおりにうまくできると自分に言い聞かせつづけた。

さんざんイメージしたあと、ついに実際に回し蹴りをやってみた。

すると、これがうまくいったのだ！　どれほど勇気づけられたことか！　見事な蹴りとまではいかなかったが上出来だった。

何度もやるうちに自信がついてきて、いつのまにか、師匠に言われてクラスのみんなの前で実演して見せるほどになった。一般の人たちの前での公開実演でも、師匠は私を実演者に指名した。

のちに、私は大けがをして足を悪くしたが、そのときも同じ方法を使った。きっとまた歩けるようになると、自分に肯定的な言葉を言い聞かせ、自分が歩く姿をイメージしつづけた。

法律家になるという目標を決めたのも、ちょうどそのころだ。私は、法廷映画に出演していたトム・クルーズを思い浮かべながら、法律家となった自分の姿をイメージしつづけた。大学へ行って法律の学位を取るという目標も療養期間中に立てて、やがて私は弁護士となった。

こうした経験から学んだのは、つねに目標を達成した自分の姿をイメージし、きっと目標を達成できると自分に言い聞かせつづければ、限界はない、ということである。

◉アファメーションを行うときに「使う言葉」とは？

アファメーションでは「肯定的な言葉」を使う。思い出してほしい。脳は目に見えるものしかイメージできない。存在しないものは思い描けない。

アファメーションは、肯定的な言葉を紙に書いてそれを自分に言い聞かせ、言葉の内容を脳がイメージできたとき、初めて効果を発揮する。「○○しない」「○○にならない」「○○できない」という否定的な言葉を聞いても、脳はその内容をイメージできない。

子どもに、**「自転車から落ちてはダメよ」**と、注意したとする。しかし、子どもの脳には**「自転車から落ちる」**という言葉が残ってしまい、その結果として本当に落ちてしまう。

そこで、自転車に乗る練習をするときは**「大丈夫、うまく乗れるようになる」**と、自分に言い聞かせるようにする。すると上手にバランスをとって乗れるようになる。

「○○しない」「○○にならない」「○○できない」という言葉を聞いても、脳はその内容をイメージできない。

肥満者が増えつづけている現代の世界では、人は、やせなければという強迫観念につきまとわれている。減量の目標を立てる人は、**「一〇キロ減らす」「もうこれ以上太らない」**と、自分に言い聞かせようとするかもしれない。だが、それでは効果はない。

脳は、否定的な言葉を言い聞かされても、その内容をイメージできないので、何も起こらない。RASは存在しないものを思い描けない。頭のなかにはすでに余分な肉をつけた自分のイメージが焼きついていて、そのイメージを目指そうとするRASの働きはとめられない。それが空腹感を生み出し、たくさん食べろという指示が脳から体に送られてしまう。太った自分の姿――自己イメージによって、RASはプログラミングされてしまっている。

だから、減量の目標は肯定的な言葉で書くとよいのだ。体重一〇〇キロの人が、一〇キロ落としたいなら、**「七月一日までに九〇キロになる」**と、自分に言い聞かせる。すると、RASは九〇キロになった自分のイメージを描き、脳は一〇〇キロを**落とした**自分ではなく、九〇キロに**やせた**自分をイメージできるようになる。

◉アファメーションの「手順」と「ポイント」

アファメーションは次のように行うとよい。

①「私は○○だ」「私は○○する」という言葉で始める

たとえば、「これからやせて体重九〇キロになる」「七月一日までに九〇キロになる」のような言葉にする。

②具体的な言葉にする

曖昧な言葉では効果が出ない。「私はやせる」という言い方は、「これからやせて体重九〇キロになる」という言い方より、脳に訴えかける力が弱い。

喫煙者は、**「私はタバコをやめる」**と言うことが多いが、それではほとんど成功しない。RASには、あるイメージから何かを消し去ったり、何かをしていないイメージを描いたりすることができない。

だが、**「私はノンスモーカーになる・ノンスモーカーだ」**と、肯定的な言い方をすれば、RASはノンスモーカーの姿や体臭、服装やふるまいをイメージすることができる。すると、体はそのイメージを目指して行動を開始する。

頭に描き出されたノンスモーカーはニコチンを欲していないので、まもなくタバコを吸いたいと思わなくなる。実に単純明快だ。つねに簡単に成功するとはかぎらないが、単純そのものだ。

RASは、正しくプログラミングすれば必ず効果を発揮してくれる。

肯定的なアファメーションは、どんな目標や仕事にも利用できる。

ミシガン大学で行われた研究によると、前向きな気持ちで生活し、自分に肯定的な言葉を言い聞かせている高齢者は、悲観的な高齢者よりも心不全のリスクが低いという結果が出ている。

［肯定的な言葉で具体的な目標を書く］

私は

私は

私は

私は

私は

私は

私は

私は

望む結果をイメージしよう。
望まない結果をイメージしてはならない。

◉「自分をだましているだけでは？」と思う人への助言

「言い聞かせるだけで、現実が変わるわけがない」と、考える人もいるかもしれない。たしかに、そういう印象も与えるだろう。

しかし、自分へのアファメーションを繰り返していると、人生に対するあなたのものの見方が

本当に変わってきて、いずれはその見方が現実になる。

あなたがつねに「**人前で話すことなんか絶対にできない**」という否定的な言葉を自分に言い聞かせていたとしよう。そこへ、ある団体に招かれてスピーチすることになったとする。

人前で話すというのは、人がもっとも不安を感じることの一つだという調査結果もあるように、スピーチを頼まれると、聴衆の前で縮み上がる自分の姿を想像してしまう人は実に多い。団体の人たちに「**演台の脇に水差しを用意しておきます**」「**うまくいくといいですね**」「**幸運を祈ります**」などと言われると、ますます不安がつのってしまう。

彼らはこういう言葉を善意からかけてくれているのだが、裏を返してみれば、これらは否定的なメッセージでもある。あなたが不安や緊張のあまり喉を渇かすのではないか、幸運の助けを借りなければ、うまくいかないのではないか、という予想を潜在的に秘めているからだ。

スピーチを頼まれると、あなたの脳は「人前で話すことなんか絶対にできない」という自分の言葉や、自分がスピーチに立ったときのイメージを映画のように繰り返し再生する。そのイメージとは、聴衆の前で汗をかき、震えたり、口ごもったり、言うべきことを忘れたりして、聞いている人たちをがっかりさせてしまうあなたの姿である。

脳のなかでこんなイメージが繰り返されていると、それが真実であるように思えてきて、あなたの体もこのとおりの反応を示すようになる。スピーチしている夢を見ただけでも、体は実際にその場面に立っているかのように反応する。

「人前で話すのはあまり好きじゃない」という程度の婉曲な表現でも、それをしつこく何度も自分に言い聞かせていると、驚くほどの影響が行動にあらわれる。たくさんの人たちの前で話すのはこわいと思っていれば、心のなかはこわいという気持ちでいっぱいになる。

しかし、自信たっぷりに話せると信じて、何度も自分にそう言い聞かせれば、だんだんと自信を持てるようになる。これがアファメーションの働きである。

人の一生は、その人が自分に言い聞かせてきた言葉の集大成にすぎない。

◉自分に言い聞かせる言葉も「望むもの」に変えていく

人が一生をどのように生きたか、一生のあいだに何をし、何をしなかったか。

それは、その人が自分に言い聞かせてきた言葉そのものだ。多くの人は、知らず知らずに、生涯を通じていろいろな言葉を自分に言い聞かせているが、それはたいてい、自分をおとしめる言葉である。

「僕はばかだなあ」「数学は得意じゃない」「友だちをつくるのは苦手だ」「テニス・ゴルフ・スカッシュは全然できない」「いつも道に迷ってしまう」「こんな年になってから始めても遅い」「これが私なんだからしかたない」などの言葉を自分に言い聞かせていると、現実にそんな自分になってしまう。

もとからそれが現実なのではなく、自分に繰り返し言い聞かせているうちに、現実になったのである。

幸いにも、あなたは今の自分になったのと同じプロセスで、自分が本当に望むものをこれから獲得していくことができる。婉曲な表現でも、しつこく繰り返せば、驚くほどの影響が行動にあらわれるのだから。

あなたが今日そこにいるのは、
あなたの考え方がそこにあなたを連れてきたからだ。
あなたが明日いるのも、あなたの考え方が連れていくところだろう。

ジェームズ・レーン・アレン（アメリカの作家）

◉「言い方」しだいで、「感じ方」は大きく変わる！

言葉をちょっと変えるだけで、そこから生まれるものには実に大きな違いが生まれる。

次の三つの文章を声に出して読んでみると、それぞれの言葉から感じるものがどのように違ってくるかがわかるだろう。

①「今夜のディナーが楽しいといいのだが」
②「今夜のディナーは楽しみたい」
③「今夜のディナーは楽しむぞ」

①のセリフからは、「それはどうかな」という疑いの響きを感じとった人が多いと思う。

②のセリフからは、ちょっと違う感じを受ける。「今夜のディナーは楽しみたい」と言うあなたは、そういう未来を望んではいるが、今はまだその楽しさを手に入れていない。

ところが、「今夜のディナーは楽しむぞ」という③のセリフを口にするあなたは、その瞬間からディナーを楽しんでいる。

何かが起こるように意志を働かせると、ＲＡＳは、その目標がもう達成されたかのような感覚を味わわせる。あなたの気持ちはすでに高揚して、ディナーの場面が心に浮かび、耳にはその場のにぎわいまで聞こえるような気がしてくるはずだ。

あなたは生きている磁石だ。
あなたの人生には、あなたを支配する考え方に共鳴するものが引き入れられる。

ブライアン・トレーシー（起業家）

◉アファメーションの働きは「置き換えの法則」

アファメーションの働きは、「置き換えの法則」によるものだ。

水でいっぱいのバケツにコップの砂を入れると、その砂の分量だけ水があふれる。もっと砂を入れると、さらに水があふれる。バケツが砂でいっぱいになったとき、水は残っていない。中身が砂に置き換わってしまったからだ。

同じように、**頭にいつも肯定的な考え方を言い聞かせていると、否定的な考え方は消えていく。**必要なのは、肯定的な言葉を自分に繰り返し言い聞かせること。それだけで、もともとあなたの頭を占めていた否定的な考え方、疑念、不安、ためらいは追いはらわれていく。

◉「自己イメージ」をガラッと置き換える方法

自己イメージとは、誰もが自分について抱いている明確なイメージを意味する。その大部分は言葉によってつくられたものだ。

友人や家族、社会、宗教などが「おまえはこうだ」と私たちに語りかけ、私たちのRASに浸透させてきた否定的な言葉、肯定的な言葉によって、私たちの自己イメージはつくられた。そうやって浸透させられた言葉を自分で自分に言い聞かせつづけていると、それが現実の自分になる。

もし、その自己イメージと目標が一致しなければ、いくら目標を立て、肯定的なメッセージを自分に吹きこもうとしても、RASはそれを潜在意識に伝えてくれない。

そこで「置き換えの法則」が大事になる。つねに肯定的なことを望み、自分に言い聞かせると、それがいずれは否定的な考えに取ってかわる新しい現実、新しい自己イメージになっていく。

実話　サムの場合

私が七歳のときのいちばんの友人はサムだった。

サムの母親は、いつもサムのことを人前で叱りつけた。「なんていけない子なの」「何をやってもダメなんだから」「大きくなればなるほど悪い子になるのね！」。そんな言葉ばかりサムに浴びせていた。「厄介ごとばかり起こすのよ」と、母親は友人や家族にこぼした。

しかし、父親は違っていた。父親は子煩悩で、サムを目に入れても痛くないほどかわいがった。「この子は小さな天使だよ」「将来はきっと成功するよ。本当に賢い子だからね」と、いつも自信たっぷりに断言していた。

気づいている人はほとんどいなかったが、父親といるときのサムは、父親の言葉どおりの完璧な天使で、とても礼儀正しい少年だった。だが、母親といるとき、サムは母親が言うとおりの厄介者だった。

サムは両親それぞれが言うどちらの面も備えもつ子どもとして育ち、それぞれの期待どおりに行動した。

サムが八歳のとき、父親が交通事故で亡くなった。その後は母親が一人でサムを育てた。

母親の否定的な言葉ばかり聞かされて育っていったサムは、その言葉の一つ一つを体現していった。やがて彼は、母親から聞かされる言葉を自分でも自分に言い聞かせるようになった。

一二歳のとき、サムは放校処分になった。彼の存在は「教育上、望ましくない」という理由だった。母親から聞かされつづけた否定的な言葉が現実になったのだ。

それ以後、十代はずっと少年院への出入りを繰り返し、母親の言葉どおりに「社会の厄介者」になった。

二一歳のときは薬物取引の罪で三年間、収監された。釈放後、彼はオーストラリアを出てアフリカで傭兵となり、「テロリスト」という自己イメージを実現させた。

二七歳のとき、ナイジェリアの銃撃戦で命を落とした。

実におそろしい話だ。

私たちがどう育つかは、これほどまでに、周囲の身近な人たちの言葉に左右される。言い聞かされる言葉が肯定的なものでも、否定的なものでも、私たちはそのとおりに育ってしまうわけだ。

両親や教師、友人、親戚、パートナー、そして社会に否定的なことを言われ、ＲＡＳがその言葉によってプログラミングされれば、それは私たちの人生に悪影響を与える。自分はそういう人間なのだと思いこみ、毎日意識的、無意識的に自分に語りかけていくうちに、そのとおりに行動するようになっていくというわけだ。

他人にアファメーションを説明する必要はない。おそらく、「効果なんかあるものか」とか、「そんなことをする暇があれば、まじめに人生を生きろ」と、みんなに言われるのが落ちである。

◉「夢想」と「アファメーション」はまったく別物

自分に何らかの言葉を言い聞かせるのは、「夢想する」のとはわけが違う。夢想家は自分の夢を信じていない。夢想家の夢は気まぐれや幻想であって、もしそれが実現可能な夢でも、おそらく夢想家は実現を望んでさえいない。

夢想家が夢をかなえようとして行動を起こすことは、絶対にない。現実的な計画を立てることはないし、期限も切らない。夢を視覚化する能力を身につけようとする人は、目的があるから、そうするのである。

アファメーションは、「意志の力」とは関係ない。意志の力とは、何かをしようとする人が発揮する精神的な力、肉体的な力だ。アファメーションは、目標達成に向けた計画を立てるとき、それを必ず達成するという信念を自分の内面に育てるための行為である。

自分の心に言い聞かせる言葉は、すべて自由に選べる。これこそは、あなたが自分に言い聞かせる言葉がそのまま実現する理由にほかならない。

ＲＡＳは現実と想像を区別できないから、あなたが自分に何かを言い聞かせれば、ＲＡＳはあなたの体にその言葉を実現させようとする。だから、期限つきで前向きな目標を立てれば、そのとたんに目標達成のチャンスがいたるところにあると気づくようになる。

行動の仕方や物事に対する姿勢が変わり、話し方まで別人のようになってくる。自分に言い聞かせた言葉どおりの成功者になる道を歩きはじめ、その言葉を実現させていく。言葉にしたものが手に入る。

アファメーションが「自己達成予言」とも言われるのは、そういう理由からだ。

口から飛び出した言葉があなたの人生を決めるのではない。
あなたが自分自身にささやきかけた言葉、それこそが最大の力を振るうのだ。

ロバート・キヨサキ（アメリカの実業家、自己啓発書の執筆者）

◉「できない」と言ったとき、脳では何が起こるのか？

何かを「できない」と言ったり、そう思ったりしたとき、あなたが「できない」と言ったことをするために使われる筋肉はエネルギーを必要としなくなるので、脳はその分のエネルギーを節約する指示を出し、全身のエネルギーが低下するという。

ここで簡単なテストをやってみてほしい。**腕を体の横に水平に上げて、そのまま保つ。握りこぶしをつくり、何か自信を持ってできることを考える。**そして、誰かに頼んで腕を押し下げてもらい、あなたはそれに抵抗してみよう。

次に、同じように腕を上げて握りこぶしをつくるが、今度は、何か**できない**と思うことを考えてほしい。すると、腕を押し下げてもらったとき、その力に抵抗しようとしても、さっきよりずいぶん力が出にくくなったのがわかるだろう。

脳は「○○できない」「○○にならない」「○○しない」などの言葉に結びつくイメージを描くことができない。

実話 スコットのアファメーション

スコットは、達成するのが難しそうな目標を何度か立てたことがあり、そのときにアファメーションをやってみた。「一日一回、望むことを視覚化し、その内容を紙に一五回書く。達成するまでそれを続ける」という方法を実践したのである。

「二、三週間もすると、身のまわりでいろいろな偶然が起こりはじめ、びっくりするような偶然が重なって、数か月も経ったころには、書いたとおりに目標が達成されてしまった」と、彼は言う。

あるとき、スコットは一つの目標を立てた。「株で少し儲ける」という目標だ。毎日、目標を紙に書きつづけた。ある日、夜中に目が覚めた。夢のなかで「クライスラーの株を買え」という言葉が聞こえ、それが頭のなかで何度も響いたのである。

クライスラー社は何度か大きな落ち目を経験していて、そのころもそんな時期だったが、彼は株を買った。すると、まもなく会社の業績が上がりはじめ、彼は大きな儲けを得た。

次の彼の目標は、競争率が高いカリフォルニア大学バークレー校のMBAプログラムを受講することだった。GMAT（大学卒業者を対象としたMBAプログラム履修資格試験）の模擬試験はすでに受けていたが、そのときの成績は77パーセンタイルだった。これは、全受験者のうち上位23パーセント以内に、やっと入れる程度の成績だ。

目指すプログラムに受け入れてもらうには、90パーセンタイル以上の成績を取らなければならない。そこでGMATの試験の本番では94パーセンタイルの成績を目標にして、ふたたび視覚化とアファメーションによる自分への言い聞かせを実践した。

その結果、見事に94パーセンタイルを取り、念願のバークレー校のプログラムを受講し、一九八六年にMBAを取得した。

その後すぐに、彼はまた新しい目標を立てた。今度の目標は友人たちに「あきれてものも言えない」と言われた。新聞に連載を持つ漫画家になって成功するという目標を立てたのだ。

一九九六年六月、スコット・アダムスの本『ディルバートの法則』（邦訳　アスキー刊）が『ニューヨーク・タイムズ』紙のベストセラーリストで第一位になった。一一月には、二作目の『ドグバートの極秘マネジメントハンドブック』（同　アスキー刊）も同じくベストセラー入りし、スコットは第一位と第二位を同時に獲得した。

ディルバートの成功に驚きましたかと、報道関係者によく聞かれる。アファメーションのすごい威力で成功した経験がなければ、きっと驚いただろうね。でも、その経験があったから、成功するだろうと思っていたよ。

スコット・アダムス

まとめ

アファメーションによって自分が望む結果に心を集中させ、未来の成功を視覚化して目標を達成した人たちの物語は、数えきれないほどある。

今日からは、自分が何か否定的なことを言うたびに、それを肯定的な言葉で言い直そう。

目標は達成されると**自分が信じないかぎり**、絶対に現実に達成されることはないし、自分で決めてしまった限界を超えられる人はいない。

視覚化とアファメーションを活用すれば、成功を妨げる障壁などなくなり、自分がこれまで夢見ていた以上に自由に創造性を発揮して、思いもかけなかった可能性が開けるようになる。

勇気を出したいと思ったら、「**私はどんな問題が起こっても、勇気を出して真正面からぶつかり、絶対に乗りこえられると信じて解決する**」と自分に言い聞かせれば、思いどおりに勇気を出せるようになる。

率先して行動できるようになりたいと思ったら、「**退屈するより疲れるほうがましだ。私にはいざとなれば、周囲の人たちを率いることができるだけの十分なエネルギーがある**」と自分に言い聞かせれば、本当にそうできるようになる。

誠実でありたいと考えるなら、「**私は、自分自身にも周囲の人たちにもつねに、どんな状況でも誠実に接する**」という言葉を自分に言い聞かせよう。

あなたの人生は、過去にあなたが自分に言い聞かせてきた言葉の集まりだ。アファメーションを実践するようになると、「引き寄せの法則」が働きはじめる。

どんな力が欲しいのか、どんなふうに変わりたいのかを自分に言い聞かせるようになると、現実の世界でも期待どおりのことが起こりはじめる。

前述のダリンにとっては、カンフーの後ろ回し蹴りがそうだったし、スコットにはディルバートがそうだった。サムには、自分の短かった生涯がそうだった。「こんな人になろう」と決心すると、行動がそういう人物を目指して変わりはじめる。
歩き方が変わる。しぐさまで変わってくる。話すときの調子が別人のようになる。人格も文字どおり変わっていく。そして、ダリンやスコットやサムのように、自分で自分に言い聞かせた言葉どおりに行動するようになっていく。

アスリートとして成功した人は誰もが、身体的に訓練を積み重ねると同時に、イメージトレーニングも実践している。強い短距離走選手は、日ごろの練習で筋肉を鍛えるだけではなく、競技で勝つ自分自身の姿をイメージしている。ほかの選手たちの先頭を切ってゴールする自分の姿を、頭のなかでイメージし、感じることができなければ、勝てる見込みはないに等しい。
あなたも、つねに勝利する自分の姿を想像しよう。自分に言い聞かせたことは、必ず本当になる。

「できます!」と言う人もいれば、「できません!」と言う人もいる。
どちらの人も、ほとんどつねに正しい。

ヘンリー・フォード

絶対に、起こって**ほしくない**ことを考えてはいけない。どんな状況のなかでどんな結果になってもほしいことだけを考えよう。
あなたが考えること、自分に言い聞かせることは、必ず実現するのだから。

老人が孫息子に言った。
「誰のなかでも二匹のオオカミが争っている。
一匹は悪いオオカミだ。
これは、怒り、嫉妬、貪欲、うらみ、劣等感、嘘、身勝手のこと。
もう一匹はいいオオカミだ。
これは、平和、希望、喜び、愛情、謙遜、親切、共感、真実のこと」
孫は、しばらく考えてから聞いた。
「おじいちゃん、どっちのオオカミが勝つの？」
老人は静かに答えた。「えさをやったほうだね」

第9章

新しい習慣を身につける

真実など本当は聞きたくもない人がほとんどだ。自分が信じようと決めたことこそ真実だという、安心感をつねに求めているだけだ。

大きなことを達成して成功するには、新たに身につけなければならない「習慣」がある。
もしあなたに、身の破滅につながるような習慣があるとわかれば、それを断ちきる必要もある。
ジャンクフードばかり食べている、留守中に受けた電話を返さない、人の名前をすぐ忘れる、健康維持のために定期的に運動する習慣がない、テレビばかり見ている、タバコを吸っている、ドラッグやお酒に頼っている、いつも遅刻する、屈辱的な目にあわされても黙って耐えている……。こんな悪癖があれば、まず成功はおぼつかない。

成功した人は、週に三日以上運動し、約束の時間は必ず守り、時間管理の計画を立て、目標を設定し、留守中に電話があれば必ず折り返し電話し、お金をしっかり管理し、他人に横柄な態度で接する人とはかかわらず、健康的な生活習慣を身につけている。

人の行動のうち、80パーセント以上は「習慣」によるものである。

習慣とは、何度も繰り返しているうちに、考えなくてもできるようになったこと。習慣はとても大切だ。もし、食事や歯磨き、着替え、車の運転、あるいは仕事など、どんなことをするときも意識的な決断を下すことが必要になれば、生活はストレスに満ちた大変な作業の連続になってしまう。

習慣があるからこそ、私たちは歩いたり、話したり、歯を磨いたりしながら、頭のなかでその日一日の計画を立て、着替えるという行為を同時にできる。

◉そもそも「習慣」は、どのように身につくのか？

サーカスでゾウを見たことがあるだろうか？

もしあれば、お気づきかもしれないが、ゾウは、脚に巻きつけられた一本の細い鎖かロープで、地面に刺さった長い釘につながれているだけだ。その気になれば何の苦もなく、釘を引きぬくなり、鎖を切るなりできるはずなのに、立派に大きく成長したゾウが、まったく逃げようともしない。なぜなのだろうか。

サーカスのゾウは、赤ん坊のころ、脚の一本に足かせをはめられ、頑丈な鎖で大きなコンクリートのブロックに毎日何時間もつながれる。どんなに鎖から逃れようとしても、引っぱっても、悲鳴を上げても、甲高い大きな声を張り上げても、鎖は切れない。

ゾウはやがて成長するにつれて、どんなに逃げようとしても逃げられないのだと悟るようになっていく。そのうち逃げようともしなくなる。すでに心理的にコントロールされていて、脚が鎖でつながれているかぎり逃げられないと、思いこむようになっている。

鎖がどれほど細くても、その先がどれほどいい加減に固定されていても関係ない。鎖さえつけられていれば、自分は「囚われの身」だということに、何の疑問も抱かなくなっている。

私たちも、生まれたその日からトレーナーに教育されたゾウのようなものだ。

生まれながらの本能を除けば、私たちは真っ白な心でこの世に生まれてきたはずだが、両親や兄弟姉妹、友人、教師、広告、社会、宗教、テレビ、メディア、そしてインターネットという名の「トレーナー」の教育を受けるうちに、教育されたとおりに物事を考え、行動するようになっていく。

こうした教育のほとんどは、それとはわからないほど巧妙に繰り返されていくうちに、RASに刷りこまれて潜在意識の奥底に浸透していき、やがて、成長して何かを決めようとしたときに、その決断を左右する。

私たちの身の安全を守ってくれる教育もあるが、個人としての成長の妨げになる教育のほうがずっと多い。気がついたときには、私たちは精神にも感情にも鎖を巻きつけられ、がんじがらめになっている。

両親には、**「子どもは黙って言うことを聞きなさい」**と言われ、
教師には、**「聞かれたときだけ、返事すればけっこう」**と言われ、

友人には、**「カタい仕事に就けたら、意地でもしがみつけ」**と言われ、社会には、**「住宅ローンはさっさと返済して、老後のために貯金しましょう」**と言われ、宗教には、**「規律を守りなさい。さもないと天罰が下りますよ」**と言われる。

わけもわからないうちに、こんな言葉を鵜呑みにさせられ、周囲に言われるままに人生を送る人が大半だ。

メディアは、あなたたちにはまだまだ足りないものがあると、つねに語りかけてくる。もっとやせなければ、もっときれいな肌でなければ、もっと髪につやがなければ、歯が白くなければ、いい香りを身にまとわなければ、出会い系サイトの会員にならなければ、ハンバーガーを食べなければ、お金を借りなければ、ラテを飲まなければ、幸せにはなれないと呼びかけてくる。それを少しずつ繰り返し聞かされているうちに、私たちはそれを信じるようになっていく。

成長期の子どもは、自分には何ができるかではなく、何ができないかということばかり聞かされる。ゾウが訓練によって決して逃げられないと思いこまされるように、人はいとも簡単に「自分には何もできない」と思いこむようになる。

こんなふうに人の可能性を閉ざす言葉ばかり聞かされて成長すれば、成功などできるはずがない。

あなたを閉じこめているのは、あなたが自分の周りにつくった壁だけだ。

◉「積極的な習慣」よりも「消極的な習慣」が多いワケ

人々が身につけている習慣には、「積極的」なものより「消極的」なもののほうが多い。だから、人生で遭遇するさまざまな状況に対応しようとしたとき、どうしても消極的な行動ばかり取ってしまうので、何の効果も上げることができず、ろくな結果にならない。

消極的な習慣や反応は、子どものころに身についてしまったものだ。無理もない。**平均的な五歳の子どもが何かをしようとしたとき、周囲の大人たちから「いいわよ」と言ってもらえるのは一二回のうち一回だけで、残りの一一回は「ダメ」としか言ってもらえないのだから。**

その結果、大人になるころには、周囲の反応を窺いながらこわごわと行動する習慣や姿勢しか身についておらず、「いいわよ」と言ってもらえなければ何もできなくなっているというわけだ。

平均的な五歳の子どもは、
一日のうちに「いいわよ」という言葉を一一回言ってもらえるが、
「ダメ」という言葉は一二一回聞かされる。

解決しなければならない状況には、毎日のように直面するのだから、積極的に行動する習慣を身につけて、いい結果を導き出せるようになる必要がある。どんな目標を設定しても結果を出すには、それが肝心だ。

どんな状況に対応するときも、きちんと答えが出る方法を考えれば、行動はおのずから積極的になっていく。それを積み重ねていけば、いろいろなできごとや状況に出合うたびに、うまく解決できるようになる。そのうち、何かが起こるたびに意識的な選択や決断をする必要はなくなる。

積極的な行動を繰り返すうちに、脳には、何が起こったときどんな対応を取れば解決できるのかという記憶が蓄積されて「自動的に」行動できるようになるからだ。するといい答えを考えようとして余分な時間やエネルギーを使わずにすむようになる。

◉「根本原因」に目を向ければ「考え方」は変えられる

考え方の習慣とは、物事をどのように受けとめるかという「姿勢」の習慣である。これを変えるのは、行動の習慣を変えるより難しい。自分の考え方を一つ一つ見きわめ、それを変えようとするのは大変な作業だからだ。

そこで、**自分が何をどのように考え、どんな姿勢で受けとめているかを、紙に書いていくととても役に立つ。**自分の内面でからまりあったスパゲティの塊をほぐして、考え方を一つずつ分析できるようになるからだ。

たとえばカンボジアでは、バッタや大きなクモ、芋虫といった虫がよく食べられていて、ごちそうだとさえ考えられている。ところが西洋人には、虫を食べようとする人などほとんどいない。きっぱり拒否する人が大半だろう。

西洋人がそうするのは、虫は病気を伝染させるものという観念で頭のなかが占められていて、虫の栄養学的価値などには考えが及ばないからだ。

私が息子のブランドンとシベリアに行ったとき、迎えてくれた現地の人たちは、雄牛の舌、豚足、乳牛の目玉、ヒツジの脳みそなど、見たこともないような食材でつくったごちそうで歓待してくれた。シベリア人でなければ、こんな料理を食べると考えただけで、驚いてしまう人がほとんどだろう。料理を口にする自分のイメージがＲＡＳに伝わっただけで、おそろしくて震え上がってしまうかもしれない。

だが、この食事の栄養学的価値だけを考えれば、食べることができる。そうやって、私とブランドンはそれを食べた。

自分が望む肯定的なイメージをＲＡＳに伝えれば、人生で何が起ころうと、人は対応できるようになる。

消極的な姿勢は、ぺしゃんこになったタイヤのようなものだ。交換しなければ、どこにも行けない。

消極的な習慣をあらためようとして苦労する人が多いのは、その習慣による行動を変えようとするばかりで、「根本原因」に目を向けようとしないからだ。つまり、考え方そのものを変える必要がある。

フォークでヒツジの脳みそをすくって食べるのは簡単にできる。だが、**まずは考え方を変えて、「なぜそうすべきなのか」を納得しなければ、すぐにもとの習慣に戻ってしまう。**

熱意や自尊心、決断力、自信は、すべて積極的な考え方から来る習慣である。物事を先に引き延ばしたり、否定的な見方をしたり、不平不満を言ったりするのも、同じように、消極的な考え方から来る習慣にほかならない。

◉もともと「自信がある人」など存在しない

「自信」というのも習慣として身についた考え方だ。

自信があるとは、「自分の行動が、きっといい結果をもたらすことを確信している」という意味である。そういう確信を持てるようになるには、何かをするために数えきれないほどの方法を試し、いちばんいい方法を見つけた経験がなければならない。

そして、新しいことに挑戦して、すぐにいい結果を出せることなど、ほとんどない。だから、成功には失敗が不可欠なのである。**失敗を重ねるうちに、最適な方法がわかるようになり、だんだん自信がついてくる。**

失敗したことがない人は、何かをやり遂げたことがない人だ。それなのに、失敗をおそれて、ろくに挑戦しようともしない人が多すぎる。

偉大な成功には失敗が不可欠である。
早く成功したければ、人の二倍失敗することだ。

ブライアン・トレーシー

◉何をやってもうまくいかない人がよく言うセリフとは？

何をやってもうまくいく生産性が高い人は、自分にとって大事なことに倦《う》まずたゆまず取り組む。

重量挙げの名手は、毎週、同じ時間にジムにいる。一流の作家は毎日キーボードの前に座っている。優秀なリーダーや管理職も、いい親も、一流の音楽家や医者も、みんな同じだ。

優れた仕事をする人たちは、華やかな業績を上げるつもりで仕事をしているのではない。いつもの仕事をしているだけだ。

「何をやってもうまくいかない人」には、こんな習慣が多い。

・周囲の人たちをいらいらさせる
・物事を先に引き延ばす
・日記をつけていない
・自分が話すばかりで人の話を聞かない
・いつも遅刻する
・ジャンクフードを食べる
・体力づくりのトレーニングメニューに従おうとしない
・人間関係に摩擦が絶えない
・金銭上の問題を抱えている
・不機嫌な顔をしている
・他人の楽しみを邪魔する
・好きでもない仕事をしている

生産性を高められるような習慣を新しく身につけるには、まず、今の自分に染みついている非生産的な習慣を全部リストアップする必要がある。

自分では確信が持てないときは、友人や同僚にも手助けしてもらおう。それでもはっきりしなければ、親戚に聞くとよい。すぐに長いリストをもらえるだろう。

「よく聞く消極的なセリフ」にはこんなものがある。

- **「やってはみますが……」「時間がないので」「やることが多すぎて」**といったセリフは、何をやってもうまくいかない人が習慣的に口にする言い訳だということに気づいている人は少ない。
- **「時間がないので」**というのは、子どもが宿題をしてこなかったときの典型的な言い訳「犬が宿題を食べちゃったんです」の大人版である。
- **「やってはみますが……」**は、いつもまともな成果を上げられない人が、今回も無理だと言いたいときの事前通告だ。
- **「やることが多すぎて」**は、自分がやるべきことをきちんと管理できていないこと、あるいは、頼まれたことが、その人にとって重要ではないことを意味する。

「やることが多すぎる」人などいない。すべては優先順位の問題である。習慣として身についてしまった消極的な考え方や姿勢は、次の簡単な三ステップ法で変えることができる。

- ステップ1　自分に消極的な習慣があることを認める。
- ステップ2　その習慣の根本原因を突きとめる。
- ステップ3　新しく身につけたい積極的な習慣を考え、「置き換えの法則」を使って、それまでの消極的な習慣と置き換える。

すでに身についてしまった消極的な習慣を一生懸命に考えれば、たいていの場合はその原因もわかる。

考え方の習慣をあらためるには、新しく身につけたい考え方を紙に書き、視覚化とアファメーションを使ってそれをＲＡＳに吹きこめば一生消えない習慣になる。一つの考え方を別の考え方に置き換えるだけだ。最初に悪い習慣を身につけてしまったときと同じ方法、すなわちＲＡＳへの刷りこみによって、新しい習慣を身につければいい。

◉「うまくいく人」と「うまくいかない人」の典型的な習慣

ご参考までに、何をやってもうまくいく人、うまくいかない人の典型的な習慣をいくつかお目にかけよう。

［うまくいく人の習慣］

- 人をほめる
- 人を許す
- 自分以外の人も成功するように励ます
- 物事のおもしろおかしい面を見る
- 感謝の気持ちを忘れない
- アイディアを話す
- よく本を読む
- 「やることリスト」をつくっている
- つねに学んでいる
- 人の功績を認める
- 失敗の責任を取る
- 情報やアイディアを共有する
- 変化を予測し、歓迎する
- 計画と目標を立てる

［うまくいかない人の習慣］

- 人を批判する
- 人をうらむ
- 自分以外の人は失敗すればいいいと思う
- 物事に動揺する
- 何をしてもらっても当然だと思っている
- 人のうわさ話をする
- 毎日テレビを見る
- 行きあたりばったりに行動する
- 自分は何でも知っていると思っている
- 功績を独り占めする
- 責任を人に押しつける
- 情報やアイディアを自分だけの秘密にする
- 変化をおそれる
- 計画も目標も立てない

「うまくいかない人」の習慣に、自分にも当てはまるものがあれば、その項目に対応する「うまくいく人」の習慣に置き換えてしまおう。

●あなたは「友人五人の平均的な存在」になっていく

よくいっしょに行動する友人が五人いると、好むと好まざるとにかかわらず、あなたは「その五人の平均的な存在」になる。

あなたが友人グループのなかでいちばん成功した人物だとすると、つねにグループの友人からの暗黙のプレッシャーにさらされて、いつのまにか、あなたの収入も、業績も、持ち物も、人生に対する姿勢も、グループの平均レベルになる。

一方、グループのなかでいちばんさえない人物は、徐々にグループの平均的存在に押し上げられていく。親はこの原理をよく知っているから、あなたが小さかったころ、つねにあなたの周囲から「悪い子」を排除して、わが子が「間違った道」に迷いこまないように神経をとがらせていたのだ。

だから、友人は注意深く選ばなければいけない。

自分が達成したいと思っていることを達成した人、自分と同じ方向を目指している人と交わろう。自分にとってマイナスになる友人とつきあっていては、いい人生を送れない。

昔からの友人を見捨てろと言っているのではない。自分にいい影響を与えてくれる人、自分のステップアップを手助けしてくれるような人を新たな友人にするといい。

向上したければ、優れた人たちと交わるのがいちばんだ。優れた人たちは、あなたを今より一段上に引き上げてくれる。

そのためにはどうすればいいか。

まず、**今の生活のなかで、あなたがいっしょに時間を過ごす人全員の名前を紙に書く。家族、同僚、近所の人たち、学生時代からの旧い友人も含めて全員の名前を書く。**

次に、あなたの人生にいい影響を与えてくれている人、最善を尽くすように励ましてくれる人、つねに自分自身が前進しようとしている人の名前の横にチェックマークを入れていく。

逆に、消極的な生き方をしている人、「そんなことはできない」と言う人、あなたをけなす人、何でも他人のせいにする人、あなたに嫉妬する人、何についても不満ばかり言う人の名前の横には×印を入れていく。

そして、名前に×印を入れた人とは、つきあわないようにする。それが難しい場合もあるだろうが（同居人など）、極力かかわらないようにしよう。

昔からの知りあいや親戚だというだけで、自分にとってマイナスになる人といっしょに時間を過ごす必要はない。その人たちに対する愛情まで捨てろという意味ではない。

その人たちの無駄話につきあって時間を浪費してはいけない。誰かにつきまとわれたり、うるさく電話をかけてこられたりして、それがストレスになっているなら、あるいは、誰かがあなたの目標や夢を土足で踏みにじろうとしているなら、そんな人といっしょに過ごして時間を無駄にすることはない。

消極的な人、足手まといになる人、夢を奪おうとする人、いっしょにいると気が滅入ってしまう人からは距離を置こう。

実話 ミシェルとゲイルの場合

ゲイルは以前、ミシェルによく電話をかけてきた。

ゲイルが話すことといえば、周囲の人たちのうわさ話や、自分の日常生活への不満、男の悪口、将来の暗い見通し、そんなことばかりだった。

そのたびにミシェルは「だったら、こうしてみたら?」とゲイルに言ってみるのだが、ゲイルはどんなアドバイスをもらっても実行しようとしなかった。

ゲイルからの電話はいつも一時間以上続き、ミシェルはいつも暗い気持ちになって疲れ果ててしまうのだった。そのせいで子どもに当たり散らしたり、電話を聞いてから何週間も気力が萎えてしまったりした。

ミシェルは、私たちが話したテクニックを使って友人のリストをつくり、ゲイルの名前の横に×印をつけた。

だが、ゲイルはいとこだったので、彼女との関係を絶つのは難しかった。ゲイルは「血のつながり」でミシェルをしばりつけ、都合のよい感情のはけ口にしていた。「親戚なんだから愚痴ぐらい聞いてくれたっていいでしょ」というわけだ。

ミシェルは、ゲイルから電話がかかってきそうな夜には夫に電話に出てもらい、不在だと言ってもらうことにした。ゲイルからの電話に、うっかり自分が出てしまったときは、ゲイルが不満を言いはじめるとアドバイスなどせず、すぐに話題を変えるようにした。

二か月もすると、ゲイルはミシェルへの電話攻撃をあきらめて、ほかの不運な親類縁者をターゲットにするようになった。

ミシェルとゲイルは、今でも家族行事などで顔を合わせるが、お互いの関係は以前よりも良好だ。ゲイルがどれほど愚痴を言ってミシェルに同情してもらおうとしても、ミシェルはもう取りあわないことにゲイルが納得したからである。

あなたのストレスになる人ではなく、あなたから最善の資質を引き出してくれる人とつきあおう。

◉「マイナスの人」から離れると「プラスの人」があらわれる

人生のパートナーに問題があっても、長くいっしょにいるというだけの理由で別れない人は多い。「長いつきあいなんだし」「子どももいるし」というわけだが、実のところ、そんな理由でいっしょにいつづけても、まったく子どものためにはならない。

単に家族だからという理由でプラスにならない人と暮らしている場合もある。しかし、つきあいの長さや血縁関係は、自分を抑えつける理由にはならない。「血のつながり」にしばられる必要などない。

自分の人生を向上させたいと思い、リストで名前の横に×印をつけた人がいるなら、それがどんな相手であろうがおかまいなく、つきあいを減らすなり、断ちきるなりしよう。

こんなことを言えば、一部の人からの非難を浴びるだろうことは承知している。しかし、もし、いちばんつきあいが深い五人が、よりよい人生を歩めるよう応援してくれないのなら、その人たちは、まず間違いなく、あなたの足かせになり、あなたの人生を後退させてしまう。

いろいろな友人がいるのはかまわない。だが、いちばんつきあいの深い友人が五人いれば、あなたは「その五人の平均的な存在」になる。それがいやなら状況を変えるしかない。

マイナスになる人たちから離れれば、プラスになる人たちがあらわれる。

五人の大金持ちと行動をともにしていれば、あなたは六人目の大金持ちになる。五人の一文無しと行動をともにしていれば、あなたは六人目の一文無しになる。

本当にこの言葉どおりに六人目の大金持ちになるか、一文無しになるかは、意見が分かれるところだろう。

しかし、悲観的な人をよく観察すると、彼らは一文無しの人たちと行動したから一文無しになったようなものだということがわかる。悲観的な人たちといっしょに行動していれば、人生で明るい結末など得られるわけがない。

自分を成長させて、よりよい状況を目指すつもりなら、他人から何を言われても淡々とやり過ごせるという十分な自信がつくまでは、懐疑的な人や、夢を奪おうとする人、被害者意識を抱えている人、可もなく不可もない人生に満足している人は避けるようにしよう。

積極的で向上心があり、望む場所に行こうとするあなたを応援してくれる人、そこにたどりつけば喝采してくれる人と、進んで交わるようにしよう。

木の枝にとまる鳥は、決して枝が折れることをおそれたりしない。枝を信頼しているからではなく、自分の翼を信頼しているからだ。

まとめ

いい習慣は、いい結果をもたらしてくれる。

悪い習慣は、これまでの人生であなたが手にしてきたものと同じような、悪い結果をもたらしつづける。

物事をどのように考え、どのような姿勢で受けとるかは、つねにほぼ完全に自分の意志で選べる。

簡単に言ってしまえば、「何をやってもうまくいく人の習慣」を意識的に身につければ、望みどおりの成功を手にすることができる。非生産的な習慣をいつまでも断ちきらないのは、自分の首にロープを巻いて石臼にしばりつけておくようなものだ。絶対に前へ進めない。

どんなことに挑戦しても、成功するかしないかは、自分がどのような考え方、姿勢を身につけているかによって決まる。

「非生産的な習慣」は、一度に一つずつ、「いい習慣」に置き換えていこう。

もう絶対にファストフードの店には行かないと、自分と約束しよう。その代わりに、もっと健康的なものが食べられて、いつでも行ける店をいくつか見つけておけば、どこかに入りたくなったときはそこへ行くことができる。

仕事の日記をつけることにしたら、つねに日記帳を持ち歩こう。人の名前をすぐに忘れてしまうなら、記憶術の本を買おう。タバコやお酒に頼っていたり、ドラッグに手を出したりしているなら、すぐにそれをやめるための手段を取ろう。


あなたの成功を妨げる人とは、つきあわないようにしよう。いちばんつきあいが深い五人の友人の生き方や行動に刺激を受けないなら、新たな友人を探そう。

そのためには、自分が求める新たな友人はどんな場所にいるかを考えてみよう。どんな集まりや団体、学校、組織にいるだろうか。そういう組織などに参加して、進んで活動を手伝わせてもらおう。するとすぐに、あなたが目指したいと思っている立場に、すでに立っている友人が新たに何人も見つかる。

これまでの友人とつきあっているだけでは、その友人グループの平均的な存在でしかいられない。学生時代の友人、かつての同僚、親戚などと、しかたなくつきあいつづけている人は多い。

自分がその人たちの平均的存在であることに満足できて、その人たちと同じぐらいの成果が手に入れば十分だと思えるなら、つきあいを続けるのもいいだろう。だが、今の友人たちの平均的存在でありたくないなら、新しい友人を見つけよう。

今の人生であなたが身につけている習慣や物事に対する姿勢は、両親や教師、同僚、社会、メディアによって満たされたバケツのなかの水のようなものだ。

そして、この本で覚えたテクニックや物事に対する積極的な姿勢は、それぞれがコップ一杯の砂である。この砂をバケツのなかに入れていけば、バケツのなかの水、すなわち今のあなたの悪い習慣は、いずれは置き換えられていく。

バケツのなかがこの本で覚えたことでいっぱいになったら、あなたはどこへでも行きたいところへ行ける。

毎週、本のなかから一つのテクニックを選んで、それを体得できるまで繰り返し実践してみよう。それが新しい習慣としてしっかり身につくまでには、三〇日間、繰り返す必要がある。

消極的な習慣は**たった今から**断ちきり、積極的な習慣に置き換えていこう。サーカスのゾウが、鎖からは逃げられないと繰り返し教えられるように、繰り返し学んでいけば身につけられる。「できます」と言える習慣が身につくまでは、つねに**積極的**な行動を実践しよう。

これからの人生では、毎日目標を立て、それを達成する習慣をつけよう。望むことに意識を集中し、望まないことを考えてはいけない。

第10章

数のゲームを楽しむ

ある会計士が飛行機に乗ることになった。神経質な彼は、統計局に電話でこう聞いた。

「シドニーからロンドンまでの飛行機に爆弾がしかけられている確率はどのくらいかね？」

統計局がはじき出した確率は二〇〇万分の一だった。

「もっと低くなる方法はないかね？」会計士は聞いた。そこで、統計局はコンピューターでいろいろと計算した。

「ご自分で爆弾を持って乗ってはどうでしょうか」それが統計局の提案だった。

「飛行機一機に二個の爆弾が同時にしかけられる確率は、たったの一五〇〇万分の一ですから」


「仕事や家族のことで忙しい」「いつもどおりに生活を維持するだけで精一杯だ」と、こぼす人は多い。だがその一方で、誰もが平等に与えられた時間のなかで、驚くほどの偉業を成し遂げる人がいる。

それは、その人たちが普通の人たちよりずっと大変な激務をこなしたからだろうか。あるいは運がよかったから、タイミングと場所に恵まれたからだろうか。一般的にはそんなふうに考えられがちだが、実はそうではない。

それでは、彼らはどうやったというのだろう。

人が人生で手がけることは、どんなことも「数字」の原理、法則、確率に支配されている。その数字や確率を見つけ出すのがコツだ。自分が手がけていることの裏にどんな数字が隠れているのかがわかれば、どんなことでもがんばりぬくことができる。

この章では、あなたに知っておいてほしい重要な「数字の法則」をお話しする。

◉人生を成功にみちびく「平均の法則」が存在する！

人生ではどんなことも、この法則が成功の鍵を握っている。

「平均の法則」とは、同じ条件で同じことを何度も繰り返せば、つねに一定の結果を出せるという法則である。この法則は、私たち夫婦のベストセラーとなった共著『Questions are the Answers（質問はそのまま答えになる）』（未邦訳）にも書いた。

いったいどんな法則か？　ポーカーゲームをたとえにして話そう。

あるゲーム機では、平均して「**10：1**」の確率で配当金を受けとれるとする。一回一ドルのゲーム機に一ドルを入れてハンドルを回す。これを一〇回繰り返すと、そのうち一回は勝てて、六〇セントから二〇ドルの配当金を受けとることができる。

しかし、同じゲーム機で二〇ドルから一〇〇ドルの配当金を受けとれる確率は、たったの「**18：1**」になる。

これはあなたの技術や能力にはまったく関係ない。どのゲーム機も、あらかじめ決められた確率に基づいて配当金を出すようプログラミングされているからだ。

人生であなたが手がけることにも、これと同じように、何回挑めばそのうち何回成功するかという確率がある。知らなければならないのは、この数字である。

◉生命保険の外交員のときに見つけた「数字」とは？

私は、生命保険の外交員だったころ、「1：56」という数字を覚えた。道で誰かに話しかけて「生命保険に加入しませんか？」と勧誘したとき、五六人に一人が「いいよ」という返事をくれたからだ。

つまり、**一日に一六八人に話しかけさえすれば、三件の契約が取れて、全保険外交員の上位五パーセントに入る営業成績を上げることができた。**

もし、あなたが道の角に立って、誰かが通りすぎるたびに、自分のアイディアの実現を助けてくれないかと頼んでみたら、五〇人に一人ぐらいは助けてくれるのではないだろうか。もっと多いかもしれないし、少ないかもしれないが。

一一歳のとき、私はゴムのスポンジを一個二〇セントで一軒一軒売り歩いた。このときに覚えた数字は「**10：7：4：2**」だった。

それはこういうことだ。放課後の午後四時から六時までのあいだに一〇軒の扉をノックすると、平均七軒が扉を開けてくれる。そのうち、四軒が私の売りこみを聞いてくれて、二軒がスポンジを買ってくれた。二軒が買ってくれれば、私は四〇セントを儲けることができた。

一時間あれば、たいていは三〇軒の扉をノックすることができたから、二時間で一二軒にスポンジを買ってもらえて、二ドル四〇セントの儲けになった。一九六二年のオーストラリアで一一歳の子どもだった私にとって、これは大金だった。

私の父は生命保険の外交員で、「平均の法則」を私に教えてくれたのは父だ。だから私は、放課後にスポンジを売りに出かけたとき、一〇軒の扉をノックすれば四〇セント儲かるという法則を覚えることができたのだった。

この法則を知っていたから、一〇軒の扉をノックして、三軒の扉が開かなかったときも、扉を開けてくれた七軒のうち、三軒には話も聞いてもらえなかったり、追いはらわれたりしたときも、残り四軒のうち二軒に「いらないわ」と断られたときも、私はまったく不安にならなかった。一〇軒の扉をノックすれば四〇セント儲かるという法則しか考えなかった。一軒の扉をノックするたびに四セント。次に何が起ころうが関係なかった。

この法則は、私に絶対にへこたれない力をくれた。一〇軒の扉をノックすれば四〇セント！それなら、いかにすばやく一〇軒の扉をノックし、話を持ちかけるかということに問題は尽きるわけで、それさえできれば成功だったわけだ。

ほとんどの人は「平均の法則」を知らないから、**次に何が起こるか**という期待を意欲の糧にする。

しかし、確率的に言って、あなたが何かを達成しようとして起こした行動のうち、80パーセントは**何も生み出さない**。

先ほどの「10：7：4：2」の法則では、二個のスポンジを売って四〇セントの儲けを得たが、残り80パーセントの行動はまったく何も生み出さなかった。だが、ポーカーゲーム機と同じように、一〇回ハンドルを回せば、そのハンドルを回すという行動がほとんど何も生み出さなくても、四〇セントは手に入った。

だからこそ、自分のアイディアや計画や目標はどんな人にも話し、手助けやアドバイスが欲しい、あるいは仲間になってほしいと頼まなければいけない。

数のゲームを楽しもう。

確率的に言えば、あなたの知りあいのうち五人に一人は喜んで助けてくれるはずだ。心の奥深くで自分の望みを温めるのも悪くはないが、助けてくれるかもしれない人には、そう頼んでみるべきだ。

心の奥深くで温めている目標や望みはあるだろうか？
もしあれば、いつまでそのまま温めておくつもりだろうか？

◉何回挑戦すれば、そのうち何回成功するか？

どんな目標にも、何回挑戦すれば、そのうち何回成功するという確率――数字のセットがある。

この数字が見つかるかどうか。問題はそれだけだ。

目標を目指して進もうとする人たちが途中でくじけてしまうのは、この法則を知らないからにほかならない。次に起こることへの期待によって、やる気を持続しようとしても、先ほど書いたように、一回や二回の挑戦では何の結果も出ない。販売員として成功した人なら、たいていはこの法則を知っているが、販売業にかぎらず、これはどんな目標にも当てはまる法則である。自分の場合はどんな数字になるのかを知る必要があるだけだ。

私が十代のとき放課後のアルバイトでしていたのは、鍋やフライパン、肌着やシーツや毛布といった商品を紹介や電話の勧誘で売る仕事だった。このときも私を助けてくれたのは「平均の法則」だった。

仕事を始めてから三〇日後、私は「5：3：2：1」という法則を割り出した。

説明しよう。

商品を見てもらうために訪問してもいいかという電話を五人にかけると、三人は「いい」と言ってくれる。そのうち実際に訪問できるのは二人。あとの一人には待ちぼうけを食わされたり、予定をキャンセルされたりした。

訪問できたとしても、話を聞いてくれなかったり、私にはどうにもならない事情（無職でお金がない、隣部屋での話し声がうるさい、犬に噛まれた、入った建物に雷が落ちたなど。どれも実話だ）で売りこめなかったりした。

訪問して売りこみを聞いてくれた二人のうち、一人が買ってくれれば四五ドルの儲けになった。電話を五人にかけるごとに四五ドルの委託販売料が手に入った。一人に電話をかければ、九ドル手に入ったわけだ。

訪問してもいいと言ってくれるか、実際に会ってくれるか、待ちぼうけを食わされるか、買ってくれるか、くれないかは関係ない。訪問の約束を取りつけようとして電話をかけ、その電話に誰かが出てくれさえすれば、九ドルの儲けになったのだ。

そこで私は紙に「九ドル」と大きく書いて電話の横に貼った。私がオーストラリアで鍋やフライパンの販売員としてナンバーワンになるまでに長くはかからなかった。

二〇歳になった私は、プロの販売員として絶好調の時期を迎えることになった——生命保険だ。私はすぐに「10：5：4：3：1」という法則を割り出した。

勧誘の電話を一〇人にかけると、五人が応じてくれる。そのうち一人はキャンセルするので、実際に会うのは四人。保険の話を聞いてくれるのは三人。そのうち一人が契約に応じてくれる。すると、三〇〇ドルの手数料が手に入った。

一人に勧誘の電話をかけるごとに、相手が会うことに応じてくれるか、実際に会ってくれるか、不満があって契約にこぎつけられないか、こぎつけられるかに関係なく、三〇ドルが手に入ったということになる。

相手が契約してくれるかどうかは、まったく気にしなかった。毎日一〇人に電話をかけることを何よりの優先事項にした。実に単純明快だった。

「数のゲーム」を楽しむのは、実際に契約を勝ち取る以上に大事なステップなのである。

販売員は、売れなかったらどうしようと考えるから失敗するのではない。買ってくれるかもしれない人に会おうともしないから失敗する。

二一歳になるころには、私はメルセデス・ベンツに乗り、家を建て、ぜいたくな暮らしをする保険外交員になっていた。年間成績が一〇〇万ドル以上の外交員だけが入れるアメリカの組織「一〇〇万ドル円卓会議」に入会する権利を、オーストラリアでは史上最年少で獲得していた。

私は「平均の法則」を活用して、二四歳のときには、オーストラリア最大手の国際的な保険会社で、世界のトップクラスの外交員二〇人のうちの一人に入っていた。

そして、二八歳のとき、オーストラリア一の大富豪であるケリー・パッカーと、伝説的なクリケット選手、トニー・グレイグの二人と提携を結び、オーストラリア最大の独立した保険仲介業を立ち上げて、テレビで大々的に宣伝した。

特段私が優秀だったわけではない。こうした成功すべての鍵は、「平均の法則」がどのように働くかを知っていたことにあった。

◉「80：20の法則」が教えてくれる大切なこと

これは、あなたが学ぶ統計的法則のなかでも、もっとも支配力が大きい法則である。ありがたいことに、この有名な法則は、とくに数字に強くない人にも十分に活用できる。

「80：20の法則」は、この法則を発見したイタリアの経済学者、ヴィルフレド・パレートにちなんで「パレートの法則」とも呼ばれている。

彼は、イタリア人の総収入のうち80パーセントは、イタリアの全人口のうち20パーセントが受けとっていることを発見した。つまり、ある状況での結果の大部分は、ごく一部の要因によって決まるという法則である。


あなたが手にする結果の80パーセントは、あなたの行動のうち20パーセントが生み出す。

ここで理解しなければならない重要なポイントは、あなたが味わう幸せ、受けとる結果や成果の大部分（80パーセント）は、あなたの行動のごく一部（20パーセント）によるという点だ。

だから、一週間を振り返って、どんな行動にどれだけの時間を使ったかを分析してみるといい。

大部分の行動は、そのあとのできごとに、ほとんど何の影響も及ぼしていないことがわかるだろう。

世界の富の80パーセント以上は、世界の人口の20パーセント以下の人々が所有している。

「80：20の法則」は、ほとんどどんなことにも当てはまる。

たとえば、ビジネスでは、手持ちの在庫品のうち20パーセントが倉庫のスペースの80パーセントを占領している。同じように、在庫品目の80パーセントを占めるのは取引先の20パーセントから購入したものだ。

会社の収益の80パーセントは営業スタッフの20パーセントが稼ぎ出したものだ。会社の業績の80パーセントに貢献したのは従業員の20パーセントであり、会社の収益の80パーセントは顧客の20パーセントのおかげだ。

会社の問題の80パーセントは従業員の20パーセントが引きおこしたものだし、会社の総製品の80パーセントは従業員の20パーセントが生産したものだ。製品の問題のうちの80パーセントは製品の欠陥のうちの20パーセントが原因だ。

プロジェクト管理担当者は、使える時間と予算のうち80パーセントを使ってしまうのは、プロジェクト全体の20パーセント（普通は最初の10パーセントと最後の10パーセント）だということを知っている。

そして、人々が毎週こなす仕事のうち、収入に結びつくのは、そのうちのわずか一部であることがほとんどだ。金銭的報酬の80パーセントを生み出すのは、こなした仕事のうちの20パーセントなのである。

世界の富と資源の配分を見てみると、わずかな割合の人口が恩恵の大部分にあずかっていて、明らかに「80：20の法則」どおりだということがわかる。あなたが人生のさまざまな状況で感じる幸せや満足感にも「80：20の法則」を当てはめることができる。

あなたがやることも、つねにだいたい「80：20の法則」どおりになる。あなたが出す結果の80パーセントは、あなたの努力の20パーセントによるものだ。これは、努力の80

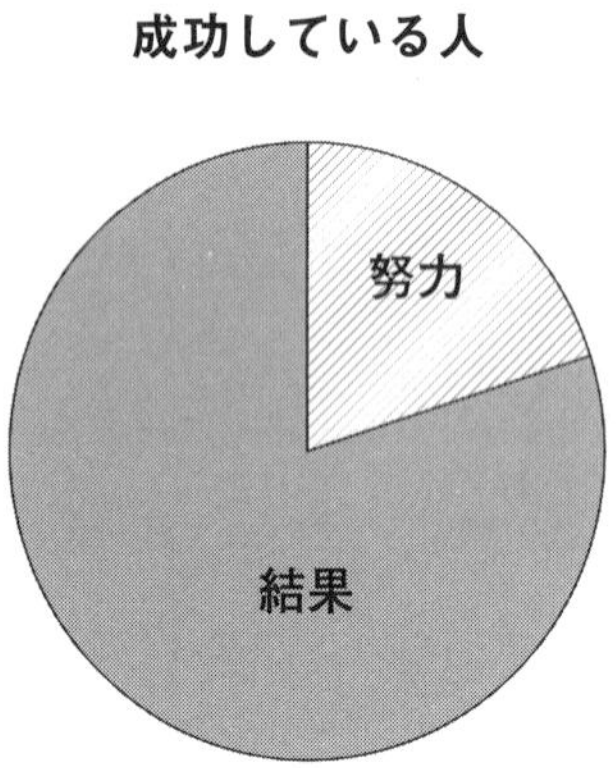

成功している人は
「80：20の法則」をこう使う

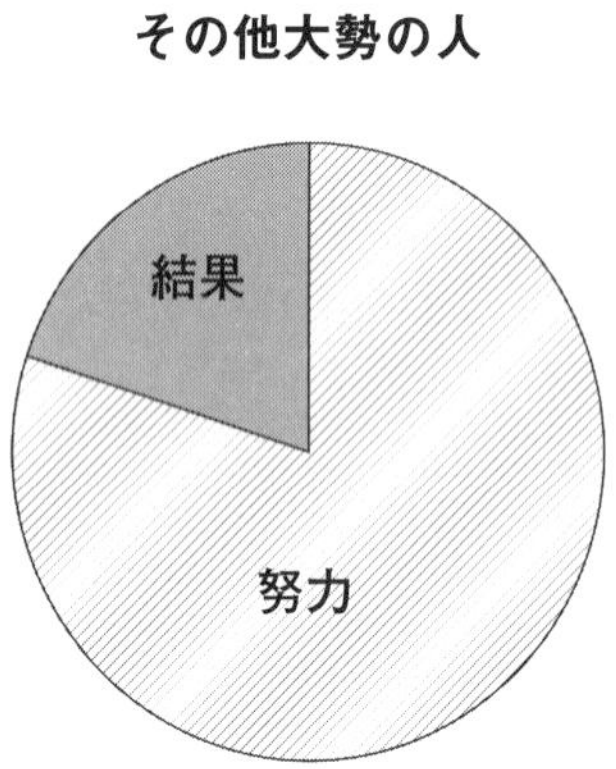

その他大勢の人は
「80：20の法則」をこう使う

パーセントが結果の20パーセントしか生み出していない人が大半を占めるということでもある。

それほど厳密な法則ではないから、どんなこともつねにきっちり「80：20」の割合になるということではない。しかし、いろいろな物事を観察してみると、結果の大部分を生み出しているのはいつでも、ごくわずかな要因である。

日々の行動を記録して、じっくりと振り返ってみれば、「80：20の法則」が当てはまることは、あなたの日常にもたくさんあるだろう。

たとえば、電話をよくかける相手は、電話番号を知っている人のうちわずか数人だろうし、いっしょに時間を過ごす相手も、ほとんどは知りあいのうち数人だけではないだろうか。支出の大部分は、家賃や住宅ローンと食料品といった少数の項目に消えているはずだ。

時間の使い方も同じである。大部分の時間は、ぐずぐずと能率が上がらない仕事や、何の利益も生み出さない行動に消えている人が、ほとんどではないだろうか。そして、好きでもない仕事をするために80パーセントの時間を使ってお金を稼ぎ、そのお金で残り20パーセントの時間を楽しむ人で世のなかはあふれている。

procaffeinating――まずはコーヒーを一杯飲んでからでなければ何事も始められない癖。この癖によって時間が消えている人は多い。

◉「大事な20パーセント」に集中しよう

ビジネスで最大限の業績を上げるためには、「80：20の法則」に支配されていることを見つけ出すのが不可欠となる。

収益の大部分を生み出している20パーセントの製品、サービス、行動を見きわめ、ろくに収益を上げていない残りの80パーセントを切りおとす。

自分がいちばんの売りにしたい技能をもっと伸ばせるようなことに時間を使い、残りの80パーセントは人に任せる。

いちばん大きな結果を出せることに、いちばん多くの力を使うようにする。いちばん能力の高い従業員に高い報酬を出し、ダメな従業員は徐々にやめさせる。たいした儲けにならない顧客は切り、いい顧客への販売を強化してサービスを向上させる。

一日の仕事を振り返るときは、つねに「80：20の法則」を頭に置いて、その日に成し遂げた仕事のうち本当に大事なのは、わずか20パーセントだということを考えるとよい。結果の80パーセントを生み出している20パーセントに集中するといい。

日常的な危機に振りまわされそうになったら、
自分が集中すべきは、
いちばん大事な20パーセントだということを思い出すとよい。

◉自分の人生の時間も「80：20の法則」で考える

本当に大事なことに集中できるように自分の行動を調整できれば、思いもかけないような人生が開ける。これまで一生懸命やっていた仕事のうち80パーセントを排除し、20パーセントに集中できれば、すばらしい結果を出せるようになる。偉大な成功を遂げた人は、みんなそうしている。

第2章と第3章で書いたように、まず、あなたがしなければならないのは、「自分が情熱を注ぎこめることは何なのかを、はっきりさせること」である。

本当に大事な20パーセントのことに集中し、残りの80パーセントを排除する生活を始めたいなら、情熱を注ぎこめることにエネルギーを集中させる必要がある。

自分の生活に明確な方向性がないと感じたり、気が滅入ったりするなら、心からの情熱を注ぎこめることは何なのかが、まだはっきりとつかめていないからだ。それができればすぐに、自分の人生にとっていちばん大事な20パーセントのことに集中できるようになる。

日中ずっと勤めに出て、それが終わったあとさらに別の仕事に取りかかったり、趣味や創造的な才能を発揮できる何かに時間を使ったりしている人は多い。もし、あなたもそうなら、あなたは切りすてるべきことに80パーセントの時間を使い、大事なことに20パーセントの時間しか使うことができていない。

好きでもない仕事に時間を使いすぎているのでは、やる気が起きないだろう。そんな状態では、会社から求められる20パーセントの「能力が高い従業員」には入れない。夜に帰宅するころには、あまりに疲れていて、本当に好きなことに時間を使う気にもなれず、このままではどうにもならないと、暗澹《あんたん》たる気分に襲われる。

何とかしなければ、80パーセントの行動が20パーセントの幸せしか生み出さない生活を続けることになってしまう。あなたは自分の人生からほとんど何も得られないし、あなたが働いて貢献しようとしている人々も、あなたからはほとんど何も得られない。誰のためにもならない。

もし、自分の時間の80パーセントを好きでもないことに使っているなら、そんなことはやめよう。

あなたがこのとおりの生活を送っているなら、使う時間の比率を変えていこう。好きでもないことに使う時間を減らし、好きなことに使う時間を増やそう。

お金が必要だから、そんなことはできないと、あなたは言うかもしれない。しかし、お金など、思っているほど必要としていない人がほとんどだと言える。

働く時間を少しぐらい減らしても、たいていの人は生活していける。それなのに一日の時間を仕事で埋めようとする生活を選ぶのは、ものをたくさん買える生活がしたいからだ。

貧乏に甘んじろと言っているのではない。本当に幸せになれるのは、いちばん楽しいと思えることをしたときである。

いちばん楽しいと思えるのは、家族や仲間といっしょに過ごすときなどであって、お金を稼ぐときではないだろう。お金を稼ぐことだけを目的としてお金を稼いでも、幸せにはなれない。

あなたは、本当にあなたらしい人生を送るのだろうか、それとも、死ぬまで請求書の支払いをするだけの人生を送るのだろうか。

◉いちばん夢中になれることに「時間」を使っているか？

好きなことを追求していると、入ってくるお金は増えていく。生み出せるものの質がずっと高いのだから当然だろう。**いちばん夢中になれることに時間をつぎこみ、増やすようにしていけば、報酬はついてくる。**

今の仕事に使っている週あたりの時間を減らし、余った時間を使って、次のビジネスの顧客開拓や、音楽のライブ活動、作家活動、発明やソフトウェア開発に励んだり、本当にしたい事業に出資してくれる人を探したりしてはどうだろうか。好きなことをお金に換える気がないとしても、ここに書いたようなことをしたほうがいいと思う。

もし、最大の関心がお金にあるのではなく、たとえば音楽にあるのなら、なぜ必要以上のお金を稼ぐために、それほどたくさんの時間を使うのだろう。

将来に備えて、ある程度のお金を蓄えるべきなのは確かだ。しかし、そのために、時間とエネルギーのすべてを消費することはない。そんなことをしたら、音楽を求める心の飢えを満たすことはできない。

海辺の豪邸に住めなくても、あなたは幸せになれるのだし、もし、もっと多くの時間を音楽に使えば、いつかはあなたの出すアルバムがヒットを飛ばすかもしれない。たとえそんな日が来なくても、お金を追いかけるよりも好きなことを追求するほうが、ずっと幸せになれる。

心に歌を眠らせたまま亡くなる人は多い。
いつまでも生きていられると思っているうちに、
気がつけば時間切れになってしまうのだ。

オリバー・ウェンデル・ホームズ・ジュニア（アメリカ合衆国最高裁判所陪席判事）

金銭的な自由が将来の計画を大きく左右する大事なことなら、すぐに好きなことをお金に換えられるビジネスを考えよう。ビジネスを立ち上げたら、少しずつ大きくしていこう。顧客を一人

ずつ増やし、ライブを一回ずつ重ね、コツコツと曲を発表する。あるいは商品を一つずつ売り歩く。

ビジネスが大きくなって安定し、好きでもない仕事からの収入が必要なくなってきたら、その仕事に使う時間と、好きなことに使う時間の比率を調節していけばいい。

自分の行動から、ほとんど結果を生み出していない80パーセントの行動と、結果の大部分を生み出している20パーセントの行動を見つけ出し、結果を生み出していない80パーセントの行動を切りおとそう。本当に大事なことに集中し、それ以外のことはやめてしまおう。

◉「宝くじに当選した人」が幸せになれないのはなぜ?

「数のゲーム」としていちばんポピュラーなのは、宝くじである。だが、当たる確率はあまりに低いから、裕福な人たちは参加しない。

どこでやっている宝くじも、もし当たれば、自分が抱えている問題はすべて解決されて、今よりずっと幸せになれるかのような幻想を抱かせ、それに誘われた人々がくじを買う。だが、統計の数字は、現実はまったくそうではないと語っている。

アメリカでは、宝くじに当選した八人のうち七人が七年以内に当選金を使い果たし、半数が四

年以内に破産を申したてる。当選者の自殺率はアメリカ国内平均の三倍にのぼる。いったいなぜ、このようなことが起こるのだろうか。

宝くじに当選するのは、多くが労働者階級の人たちだ。

当選した人たちの大半は、高級住宅街の大きな家に移って新車を買う。しかし悲しいことに、引っ越し先の隣人たちのほとんどに冷遇されて新しい友人ができない。もとの友人たちには拒絶される。手に入れたお金が壁になって、もう仲間と認めてくれないのである。

三年後には、当選者たちは世間の人たちより30〜40パーセントも太った肥満者となり、寿命が短くなる。

宝くじを買う人も、当選してお金をもらう人も、大金を持った経験がない人ばかり。だから無駄に使ってしまう。

アメリカの宝くじ当選者は、
八人のうち七人が七年以内に当選金を使い果たし、
半数が四年以内に破産を申したて、
自殺率は国内平均の三倍になる。

莫大な遺産を相続した人や、裁判で巨額の賠償金を獲得した人の末路も、統計的にはだいたい

同じになる。

ときどき、宝くじに当選して思いがけない大金を手にしたことが派手に報道されて、引っ越す羽目になる人がいる。慈善団体や詐欺師がしつこく群がってくるからだ。

調査によると、当選金がせいぜい五〇万ドルぐらいまでの少額だった人は、資産運用のプロから適切なアドバイスを受ければ、生活を向上させることができているという。

しかし、プロに相談する人はほとんどいない。たいていの人は気のいい友人や親戚に頼る。だが、その人たちにしてもそんなお金を手にしたことはない。だから、お金をむざむざ失う。

一千万ドル（約一〇億円）**以上の賞金に当選してしまった人には、先ほどの統計のとおり、みじめな生涯が待っている。**友人を失い、健康を損ない、寿命が短くなる。

裕福な人や、大きな成功を遂げた人は、宝くじなどまず買わない。当たる確率があまりに低いと考えるからだ。金銭面の物事を確率に任せるぐらいなら、自分で責任を持って結果を出そうとするのが彼らの考え方である。

金銭的な目標をはっきりと決めて、期限つきで行動計画を立てれば、それを達成できる確率は、宝くじに当たったり思いがけないお金が転がりこんだりする確率よりずっと高い。

何よりも大事なのは、人生の金銭管理についても自分で目標を立てれば、自ら運転席に座ることができるということだ。

医者がグラスの半分まで水を満たし、私の前に置いて、こう言った。

「水はまだ半分残っていると思う人は楽観的な人、もう半分なくなったと思う人は悲観的な人です」と。

私は水を飲みほして言った。

「私なら、おいしい水は残さず飲んでしまいます」

◉前立腺がんになった私が見つけた「数字のセット」

私は四七歳のとき、進行性の前立腺がんの診断を受けた。目の前が真っ暗になった。

二度目の手術後、私は病室のベッドで横になっていた。たっぷりとモルヒネを投与され、体には、薬を注入したり体液を排出したりするため一三本のチューブが取りつけられていた。

そこへ医者が入ってきて、静かにこう告げた。「切除片は断端陽性でした」

これは医学用語で、「がんは全部取りきれなくて、体内に一部が残ってしまいました」ということを意味する。

しばらくすると別の医者がやって来て、次に予定されている治療法を説明してくれた。放射線治療である。私の下半身を電磁波で焼きたいというのだ。どんなことにも「数字のセット」があるはずだと考えた私はこう尋ねた。「それを断ったら、あとどのくらい生きられますか?」

「約三年です」と、医者は言った。「二年は、まあ大丈夫だと思いますが、三年目はわかりません」

どういう意味かと聞くと、医者はこう答えた。

「もし、あなたと同じ年齢で、同じ病状の患者さんが一〇〇人いたとすると、だいたい20パーセントの人が二年以内に亡くなり、50パーセントの人が三年以内に亡くなります。残りの人も、そう長くは生きておられないでしょう」

「生き残る人はいますか？」私は聞いた。

「約3パーセントの人は、八〇歳過ぎまで生きて、がん以外の死因で亡くなると思います」医者は穏やかに答えた。

「じゃあ、先生、私はその3パーセントのグループに入ることにします！」私は言った。

医者はいぶかしげに私を見た。「私はその3パーセントに入って、八〇歳過ぎまで生きると言っているんです」と、私は宣言した。「そのためには、どうすればいいですか？」

「そういうことではありません」医者は言った。

「これは、あなたの年齢であなたと同じ病状の人たちに関する統計の話です。あなたがどのグループに入るのかを選ぶのではありません」

何だって？　なぜ、そう言える？　誰かが3パーセントに入るはずなら、なぜ私がそこに入ってはいけないのだろうか。

医者は言った。誰かが3パーセントに入るのは確かだが、そこに入るかどうかを自分で選ぶことはできない。これは単に統計上の数字なのだ、と。

私は、間違っているのは先生のほうだ、私じゃないと説明した。だって、そうじゃないか。生き残った3パーセントの人は、残りの97パーセントの人がしなかった何かをしているはずだ。それが何かを教えてほしかった。

医者は、3パーセントの人たちが何をしているのかを知らなかった。それればかりか、どのグループに入るかは自分で選べるという考え方も、理解できない様子だった。

まもなく、どうすれば3パーセントのグループに入れるのかは、どの医者も知らないことがわかった。私の質問を無視して、頭がおかしいんじゃないかという目で、こちらを見る医者ばかりだった。

だが、私にとっては単純明快な話だった。誰かが3パーセントに入るはずなら、私がそこに入ると決めたのだ。そのためにはどうすればいいかを知る必要がある。それだけの話だった。がんという命をおびやかす病気も、私にとっては、バーバラと私がやりたいことをしようとするのを妨げる障害物の一つにすぎなかった。

翌年、私は3パーセントの人々を探し出して、その人たちがどんなことをしたのか、なぜ生きのびることができたのかを尋ねてまわった。障害物を取りのぞくためだ。私は薬をやめ、酒をやめ、有機野菜を食べるベジタリアンとなり、この本に書いたことを一つ残らず実践した。今から一六年前のことである。

人生のどんなできごとにも「数字のセット」がある。それを見つけ出せばいいだけだ。

まとめ

人生では、どんなことをして、どんなことに挑戦しようが――完璧なパートナーを見つけようとするときも、病気を克服して生きのびようとするときも――それが成功するかどうかは確率という名の「数字のセット」によってあらわすことができる。

あなたが成功する確率も、あなた独自の数字によって支配されている。

この数字は、何に挑戦するときも、どんな能力を磨けば成功する確率がいちばん高いのかを教えてくれる。何に多くの時間を割き、どんなことをやめたほうがいいのかも、数字によって知ることができる。

その数字を知るためには、自分が毎日何をしているのかを、すべて記録するだけでいい。何をやろうとして、どのくらいの時間を使ったか。何回うまくいったか、いかなかったか。どの行動で結果を出せたか、出せなかったか。記録しつづけるうちに数字が浮かび上がってくる。

心からの情熱を注ぎこめることを見つけ出し、それを次のページのリストに具体的にはっきりと書こう。

とりあえず、お金のことは考えず、金銭的な問題は心配せずに、生活のなかで何に80パーセントの時間を使いたいか、何を20パーセントの時間に抑えたいかを計画してみよう。それをゆっくりと実現していくのである。

いちばん夢中になれることに、いちばん多くの時間を充てよう。仕事や私生活で最高の結果を出せるのは、どんなことなのかを見きわめ、いちばん努力が報われることにエネルギーを使おう。「一攫千金《いっかくせんきん》」の儲け話に乗って、時間を無駄にしてはいけない。苦労して稼いだお金を宝くじなどに使うのはやめよう。

自分の「数字」がわかれば、成功への道筋はくっきりと見えてくる。

［自分が毎日何をしているかの数字をすべて記録する］

- 睡眠（　　　）時間、朝食（　　　）分、通勤（　　　）分、仕事（　　　）時間、昼食（　　　）分、家事（　　　）分、夕食（　　　）分、趣味の時間（　　　）分、その他（　　　）分
- 何をやろうとして、どのくらいの時間を使ったか？　何回うまくいったか？
- どの行動で結果を出せたか、出せなかったか？

第11章

ストレスに打ち勝つ

「何をやってもうまくいく人」には、どこの国の人であろうと一つの共通点がある。困ったことが起こっても、おもしろおかしい面を見つけ出すコツを身につけているのだ。

生きていればつらいことも起こるが、どんなことにもプラスになる面や、こっけいな面がある。それを見つけ出すのである。ユーモアと笑いが人間の体に及ぼす影響については、心理学や生理学の観点から研究が進められていて、「笑い療法」と呼ばれる病気の治療にも応用されている。

最近、誰かにものすごくおもしろいジョークを聞かされて、腹がよじれるほど笑ってしまい、笑いがとまらなくなったことはないだろうか。笑ったあと、どんな気分になったかを思い出してほしい。全身が快い高揚感で満たされたのではないだろうか。

それは、**脳からエンドルフィンという化学物質が血液中に放出され、それが全身に行きわたって、いわゆる「ナチュラルハイ」の状態になったからだ。**長時間笑いすぎた人は、この物質の作用で実質的に「酔った」状態になる。

生活に疲れて笑いを失った人は、この「酔った」状態を求めてドラッグやお酒に走る。お酒は心理的抑制を取りはらう働きがあるから、飲むと人は笑う。すると、その人の脳からエンドルフィンが放出される。

精神的にバランスが取れた人がお酒やドラッグを体内に取り入れると、普段以上に笑いだす。逆に、不幸な境遇にある人はぐずぐずと泣きはじめ、暴力を振るいだすことさえある。どちらもエンドルフィンが原因である。

さんざん笑ったあと、「笑いすぎて涙が出たよ！」と、言うことがあるだろう。涙にはエンドルフィンが含まれている。エンドルフィンは天然の麻酔剤の一種でもあるから鎮痛効果がある。私たちは、けがなどで体に痛みを感じたり、心痛むできごとがあったりすると涙を流す。そのとき、エンドルフィンの作用によって痛みや心痛がやわらぐのだ。

最近の研究によると、よく泣く女性は、それをあざ笑う男性よりも長生きする。

◉「笑い」にかかわっているのは、扁桃体と海馬の二つ

人間と同じように、ゴリラやオランウータンを含めたサルの仲間も笑うため、人間をはじめとする霊長類の笑いには、何か共通の起源があるらしいことがわかっている。

生物学的には、危険が去ったあとの安心感を仲間同士で伝えあうための表情が、笑いの起源だと言われている。笑いの研究によると、脳のなかで笑いと感情にかかわっているのは大脳辺縁系（不安や喜び、怒りなどの基本的な感情をつかさどる原始的な部分）だという。この部分は、生きていくために必要な基本的機能を助ける働きも担っている。

笑うときに喉《のど》から出る音は、喉頭《こうとう》という気管の入口が喉頭蓋《こうとうがい》（気管に食べ物や飲み物が入らないようにするための蓋《ふた》）によって締めつけられたときに出る音だ。だから、笑い声は呼吸音の一種と言える。

大脳辺縁系のなかで笑いにかかわっているのは、感情をつかさどる扁桃体《へんとうたい》と、記憶をつかさどる海馬という二つの部分である。

笑いは、血管の機能にもいい影響を及ぼすことが確認されている。

血管の内側を覆う「内皮《ないひ》」という組織は、笑うと伸びて広がり、血管内をたくさんの血液が流れるようになる。血液には、脳の前頭前野腹内側部《ぜんとうぜんやふくないそくぶ》という部分から分泌されたエンドルフィンがどっと入りこみ、それが血管内をたっぷりと流れる。だから、笑うと幸せな気分になれる。

さあ、難しい専門的なことは、これぐらいにしよう。

脳内で笑いをつかさどる部分

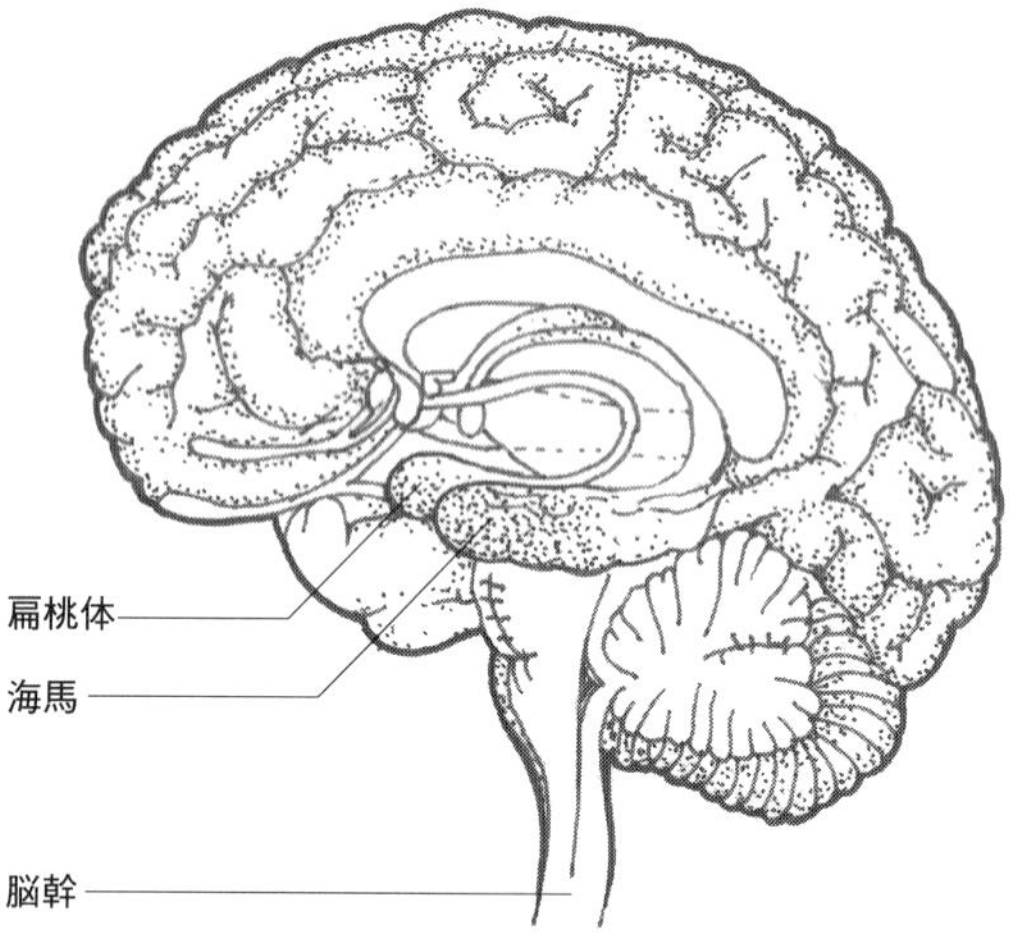

◉「二分間笑う」とストレスホルモンが減る

ジョークでは基本的に、自分以外の誰かが災難や痛い目にあう場面がコミカルに描かれる。ジョークのオチが現実のできごとではないと頭ではわかっていても、**ジョークがRASに伝わると私たちはつい笑ってしまい、天然の麻酔剤である「エンドルフィン」が脳から分泌されて体内に放出される。**すると笑ったあと、あのあたたかく快い感覚が全身を満たす。笑いの延長で涙が出ることも多い。

人の死に直面するなど、精神面の深刻な危機におちいると多くの人は泣くが、気持ちのうえで死を受け入れられない人は笑いだすことがある。ところが、死を現実として受け入れたとたん、一転して泣きだす。これは、笑いと涙が一続きだからだ。

肝心なのは、**笑いには鎮静作用で心身を落ち着かせて、免疫機能を活性化させる効果があるということである。**

免疫機能は、あなたが病気にならないように守ってくれる。笑いは健康によく、寿命を延ばすことも証明されている。

笑いは緊張を解きほぐし、「精神エネルギー」を放出する。
これは健康によい効果をもたらす。
笑いはあなたの動揺や怒り、悲しみをやわらげるための働きである。

ジークムント・フロイト

「二分間笑う」と血圧が下がり、ストレスホルモンが減り、筋肉がほぐれるなど、さまざまな効果があることが、笑いの研究からわかっている。免疫機能も高まって、体に入りこもうとする病原菌と闘うT細胞（インターフェロンガンマ）や、体内に入りこんだ病原菌やウイルスを攻撃するための抗体をつくるB細胞が増える。

気持ちが落ちこんだり、緊張したり、ストレスを感じたりすると体の調子まで悪くなり、逆に、とても楽しくて幸福感でいっぱいの日には、体に痛みがあっても感じなくなるという経験は、誰にでもあるだろう。ぐっすり眠れなかったときは、心や感情が不安定になり、体のエネルギーもわかなくなる。

感情は、基本的にあらゆる面で私たちの健康とつながっている。笑いは臓器を活発にし、脳に取りこまれる酸素を増やし、エンドルフィンを放出させ、免疫機能を高め、気分を明るくし、人生も明るいと思わせてくれる。

◉手術直後に笑った女性は、妊娠率がアップした

心と感情と体の健康の関係に、人々が一気に注目するきっかけとなったのは、ルイーズ・ヘイの二冊の著作、『こころがやすらぐ本――自分のちからを信じよう』（邦訳　大和書房刊）と『改訂新訳ライフヒーリング』（邦訳　たま出版刊）だ。

この二冊は、心と体のつながりを医療に取り入れようとするホリスティック医学の基礎となった。ヘイの著書には、私たちの健康や病気、さらに体型は、心や感情のパターンと結びつき、その結びつきが長い時間をかけて、私たちの体の現実に大きくかかわってくると書かれている。

ものの考え方とがんとのあいだに関係があることは、一九七一年にアーサー・シュメールとハワード・イカーという二人の研究者が、子宮頸がんと絶望感との関係をまとめた論文によって広く知られるようになった。

一九七七年には、キース・ペティゲールという医師が、怒りを習慣的に抑えてしまう人の血液中では血清IgAというタンパク質が少ないことを報告した。血清IgAが減ると転移性乳がんにかかりやすくなる。

D・P・スペンス、H・S・スカボロー、E・H・ギンズバーグは一九七八年、感情と子宮頸がんには相関関係があるという研究結果をまとめている。

オーストラリアのニューサウスウェールズ大学の准教授、ロジャー・バルトロは、肉親の死に

直面した人はT細胞という免疫細胞の機能が弱まってしまうことを発見している。

体外受精の専門医で、パリのジャック・ルコック国際演劇学校の卒業生でもあるシェヴァッシュ・フリードラーは、あるユニークな実験を行った。演劇学校で学んだピエロのパフォーマンスを生かした体外受精の実験だ。

フリードラー医師のチームは、イスラエルのツリフィンにあるアサフ・ハロフェ医療センターで一年間に体外受精を受けた直後の女性二一九人のうち半数に、ピエロのかっこうをして二〇分間、奇術やジョーク、手品やコメディーを演じて見せた。残り半数の女性には、何もしなかった。

その結果、**ピエロを演じて見せた女性は36パーセントが妊娠したのに対して、ピエロを演じて見せなかった女性の妊娠率は20パーセントにとどまった。**

妊娠を望んで体外受精の手術を受けた女性が、手術直後の大事な時期にユーモアに接して笑うと、体にいい効果があらわれて妊娠率が上がることが実験で証明されたわけだ。

コメディーは、多くの患者が手術で感じるストレスを軽減させる。体外受精の手術を受けたあとの大事な時期を過ごす女性にも、コメディーは有益なことがわかった。

ピエロのパフォーマンスによって医療現場に笑いを届ける活動は、最初は小児科やがん治療の現場で取り入れられ、やがて大人の患者の治療にも急速に広がっていった。

人生はとても短い。深刻な顔ばかりしていてはいけない。
自分で自分を笑いの種にできないのなら、私を呼んでくれ。
私があなたを笑いの種にしてあげよう。

◉「笑いのない生活を送る人」は早く老けこむ

全米医師会（AMA）の推定によると、**病院で治療される病気の80パーセント以上はストレスによるものだという。**また、がんやその他の大きな病気の85パーセント以上はストレスが引き金になることがわかっている。

あくまでも引き金であって原因ではないが、「笑いとユーモア」は、二一世紀のストレスに対して薬を使うことなく安上がりに対処できるもっとも効果的な方法だ。**笑いのない生活を送る人、物事のユーモラスな側面を見つけられない人は、病気になり、早く老けこみ、私生活で失敗を重ね、早死にしてしまう傾向が非常に高くなる。**

誰もがストレスを抱えながら生活しているが、ストレスは免疫機能を弱める。

人の体は進化の過程で、ストレスが生まれてもそれに対処できるようになっていったが、古代の人類が抱えるストレスは、おおむね短時間で終わるものだった。オオカミや剣歯虎《けんしこ》（約八千年前に絶滅したネコ科の食肉獣）に追いかけられたときには、さぞかし大きなストレスにさらされただろうが、それが続く時間はわずかだった。敵と戦ったとしても、ストレスが続くのは、せいぜい戦いが終わるまでの一時間ぐらいだっただろう。

もし、気に入らない誰かの存在がストレスになったら、相手をさっさと殺してしまい、その後はいやなことを忘れて生きることができた。すばやく決着をつけて、すっと正常に戻る。人の体はそんなふうにストレスに対処するようにできている。

ところが、二一世紀に生きる現代人がストレスに対処するには、古代の人類とは別の対処法が必要だ。大きな住宅ローンを抱えている不安、クビになる恐怖、離婚される恐怖、深刻な病気に対する不安、金銭的な問題は、どれも何十年も続くストレスだ。

私たちは、このように長く続く不安や恐怖と、それらによるストレスを苦手とする。

◉慢性的なストレスがあると、がんになりやすい

「ストレスが有害である」ことは、シアトルのワシントン大学で「C3Hマウス」という実験用のマウスを使って画期的な実験を行ったヴァーノン・ライリーによって証明された。

このマウスは、がん研究のために育てられたマウスだった。

一定の月齢まで育てると、多くのマウスが乳がんになる。ライリーは、マウスに与えるストレスの量を変えると、がんの発生率も変わることを発見した。

ストレスが少ないマウスでは、がんになるマウスは7パーセントだったが、ストレスが多いマウスでは、90パーセントががんになった。

その原因は、慢性的にストレスを与えたマウスの体内では、ステロイドホルモンの分泌量が増えることだった。マウスの体内のがんウイルスは、大量のステロイドホルモンにさらされると、がんを引きおこしやすくなる。ライリーはそれを発見したのだ。

人間でも、慢性的なストレスにさらされている人は、増えたステロイドホルモンによって免疫の働きが抑えられてしまうため、乳がんと肺がんは経過が悪くなりやすいことがわかっている。

オーストラリアのがんの権威で、オーストラリア勲章を受章したフィリップ・ストリッカー教授の話によると、がんと診断された彼の患者はほとんどの場合、過去二、三年以内に大きなストレスを感じるできごとを経験しているという。たいていは、別居、離婚、肉親の死、失業、事故、破産、深刻な金銭的問題である。

シドニーのがん専門医、ジョアン・デールは、彼女のもとに新しい患者が来たとき、「あなたは独立の経営者ですか、それとも会社で重役の立場にいらっしゃる方ですか？」と聞くことにしている。大きな野心を持つ人や、いつもストレスを抱えている人は、大きな病気にかかりやすいからである。

このように、慢性的なストレスや大きなストレスは、がんのような大きな病気の引き金になることが数々の研究から知られている。

人生でつねに気持ちを引きしめて前進するには、少しぐらいのストレスは必要だが、慢性的なストレスは人体に害になる。もし、Ｃ３Ｈマウスが会社の重役になったり、巨額の住宅ローンを抱えたり、起業したり、離婚や破産の憂き目にあったりしたら、大きな病気にかかる確率は天井知らずに高くなることだろう。

怒りの感情を持ちつづけるのは、毒を飲んで他人が死ぬのを期待するようなものだ。

◉「笑い療法」の創始者・カズンズが教えてくれたこと

ノーマン・カズンズは、笑い療法の創始者であり、パッチ・アダムスの研究（二八二ページ）のきっかけになった人物として知られる。

カズンズは、強直性脊椎炎《きょうちょくせいせきついえん》という難病と診断された。体内の細胞を結びつけるコラーゲンという線維《せんい》が分解されて、しだいに体が動かなくなる病気である。

ほとんど全身が動かなくなって、あとわずか数か月の命を残すばかりとなったカズンズは、ある日、病院を出てホテルの部屋に引っ越した。

そこで、彼はおもしろいビデオをどっさり借りた。一九六〇～六七年にCBS放送で放映された「どっきりカメラ」のオリジナル版や、マルクス兄弟（一九三〇～四〇年代のアメリカのコメディー俳優）の古い映画、三ばか大将（一九三〇～七〇年代のアメリカで活躍したコメディーグループ）の映画、そのほか、テレビの連続ホームコメディー、風刺コメディーから、度が過ぎた強烈なコメディーにいたるまで、見つけられるかぎりのものをすべて借りた。

ホテルに泊まった最初の夜、ビデオを見つづけて大いに笑ったカズンズは、体内に放出されたエンドルフィンのおかげで、まったく体の痛みを感じずに数時間眠ることができたという。痛みがよみがえると、別のビデオを見て、笑うとまた眠ることができた。

カズンズは体の変化を赤血球沈降速度《せっけっきゅうちんこうそくど》で記録した。速度が速いのは、病気による炎症が起きているか、何かの感染症にかかっているという印だ。ところが、カズンズがビデオを見るたびに、この速度は五ポイント以上上下がっていた。

こうして、**ビデオを何度も見ながら、できるだけ大きな声を上げて笑う「笑い療法」を自分で考案して実践したカズンズは、六か月後、医師たちを驚かせることになった。**病気はすっかり治っていた。消えてしまったのだ！

カズンズがこのことを『笑いと治癒力』（邦訳　岩波書店刊）という本に書くと、エンドルフィンの作用について多くの研究が進められるようになった。

すでに書いたとおり、「エンドルフィン」は私たちが笑うと脳内で分泌される。この物質はモルヒネやヘロインに似た構造を持つ。カズンズは、笑いには体を落ち着かせる鎮静効果と、免疫機能を活性化して体を病気から守る効果があることを発見した。**大笑いを一〇分間続けると、体の痛みが薬を飲まなくても二時間治まったという。**

カズンズが本に書いた体験によって、なぜ幸せな人はめったに病気にかからず、不運に苦しむ人はいつも病気がちなのかがわかったことは、その後の医学の進展に大きく役立った。

ノーマン・カズンズの実験とその後の研究は、一〇分間大笑いすれば、薬など飲まなくても、体は痛みから解放されることを明らかにした。

一九八〇年一二月、カズンズはカリフォルニアで教壇に立っていたとき、心臓発作を起こしたが一命を取りとめた。

このときも、彼は強直性脊椎炎のときと同じように、自分の体を実験台にして自己流の治療を実践することにした。モルヒネを断り、たっぷりと休養をとり、ひたすら笑うようにしたのだ。徐々に回復した彼は、このときの体験も『私は自力で心臓病を治した』（邦訳　角川書店刊）に書いた。

一九九〇年に亡くなるまでに、ノーマン・カズンズは国際連合から平和維持活動に対してメダルを贈られたほか、数々の栄誉を讃えられた。また、それ以外にも、型にはまらない独創的な発想でさまざまな挑戦を成功させた功績で、四九の名誉博士号を授与された。

笑いには、病気を治す力がある。彼は最後に笑う男となったのだった。

◉さあ、「ストレス・テスト」をやってみよう

人生で起こる大きなできごとは、それがどんなできごとでも、ある程度のストレスになる。それで病気になってしまうか、健康を保っていられるかは、そうしたできごとに順応できるかどうかにかかっている。

トーマス・ホームズとリチャード・レイという二人の精神科医が、ストレスで病気になる可能性を調べた研究がある。二人は、**「人生で起こりうる四四のできごと」**のリストをつくり、そのできごとを過去二年以内に経験したかどうかを五千人以上の患者に尋ねた。

このリストは「社会的再適応評価尺度」と呼ばれるもので、いろいろなできごとによるストレスが、それぞれどのくらい大きいかを点数であらわしている。点数が大きいほど、ストレスは大きい。

リストは次のとおり。これを見て、ストレスで病気になる危険性がどのくらいあるかを自己採点してみてほしい。当てはまる項目をチェックし、合計点を計算してみよう。

[できごと]	[点数]
・配偶者やパートナーが死亡した	100点
・死の脅威にさらされた	100点

・離婚した……73点
・別居した……65点
・拘留された・刑務所に入った……63点
・近親者が死亡した……63点
・けがや病気をした……53点
・結婚した……50点
・解雇された……47点
・夫婦間での和解調停があった……45点
・退職した……45点
・家族の健康状態に変化があった……44点
・妊娠した……40点
・性的障害が生じた……39点
・家族が増えた……39点
・勤務先の組織再編成があった……39点
・経済状態に変化があった……38点
・親しい友人が死亡した……37点
・業種や職種が変更になった……36点

・夫婦間での言い争いが増えた・減った……36点
・大きな住宅ローンや借金を抱えた（国内平均額より大きい額）……31点
・担保物や抵当物件が流れた……30点
・仕事上の責任が変化した……29点
・息子・娘が家を出た……29点
・親戚とのトラブルがあった……29点
・個人的に大きなことを達成した……28点
・配偶者が仕事を始めた・やめた……26点
・学校に行きはじめた・終えた……26点
・生活状態が変化した……25点
・個人的な習慣をあらためた……24点
・上司とのトラブルがあった……23点
・勤務時間、条件が変更になった……20点
・住居が変わった……20点
・学校が変わった……20点
・余暇の過ごし方が変わった……19点
・教会での活動が変わった……19点

・社会活動が変わった……18点
・住宅ローンや借金が国内平均額に近くなった……17点
・睡眠の習慣が変わった……16点
・親族が集まる回数が変わった……15点
・食習慣が変わった……15点
・休暇を取った……13点
・クリスマス行事をした……12点
・ささいな違法行為をした……11点

合計点＝［　　］点

＊近い将来、あなたが病気になる確率

・11〜150点　　低い〜中ぐらい
・150〜299点　中ぐらい〜高い
・300〜600点　近い将来に病気になる確率が高い〜とても高い

リストを見ると、結婚や退職のようなうれしいできごとでも、解雇や親しい友人の死といった苦しいできごとと同等のストレスになることがわかる。

ホームズとレイは、**一年間のストレスの合計が「300点以上」の人は、その後の一年以内に50パーセントの確率で病気になると言う。**「200点以下」だと、病気になる確率は10パーセント以下だそうだ。

◉「感情」は体内で「ペプチド」という物質に変わる

人は、検査機器につながれて体温を測定し、そこに表示された数字を見ると、その情報をもとにして自分の意志の力だけで手の温度を華氏5～10度（摂氏2・5～5・5度）ほど上げることができる。

このように、外部からの情報をもとにして意識的に体内状態を制御できる仕組みはバイオフィードバックと呼ばれている。この能力は誰にでも備わっている。

キャンディス・パートは、『感情の分子――なぜあなたはそんなふうに感じるのか』（未邦訳）という著書のなかで、感情は私たちの体内で「ペプチド」という具体的な物質に形を変えると書いている。エンドルフィンもペプチドである。

彼女によると、**笑いによって分泌されたエンドルフィンは、体内を循環し、免疫機能をはじめとする体のいろいろな機能に直接いい影響を与えるという。**私たちの健康は感情の影響をまともに受けるというわけだ。ペプチドは、私たちの感情が形を変えてつねに免疫機能や内分泌機能や神経に働きかけているということを医学的に証明している。

感情の状態（幸せ、悲しみ、怒りなど）に応じて、それぞれに種類が異なるペプチドが放出され、ペプチドごとに異なるメッセージが全身に伝えられる。

無上の幸福感や、深い絆で結ばれているという一体感を感じると、エンドルフィンが分泌されて全身に送られる。利己心やうぬぼれといった自己愛の感情が生まれると、血管作用性小腸ペプチドというペプチドが放出される。あなたが味わう感情のトーンや気分によって分泌されるペプチドは異なる。

感情の変化に応じて異なるペプチドが放出され、それぞれ異なるメッセージを体に伝える。

私たちはストレスを感じると、ストレスの原因となった問題に意識が向いて不快感をおぼえ、自尊心を失う。そんなときに笑うと、エンドルフィンが放出されて、体内のペプチドの流れが変化する。

すると、感情も明るく変化して、いいことを思い出したり、自尊心や他人を思いやる感情を取り戻したりする。その結果、人生そのものやストレスを感じた状況に対して別の見方ができるようになる。だからこそ、物事を明るく考え、ユーモラスな面を見るようにするのはとても大事なことなのだ。

つらいできごとがあっても、おもしろおかしい面を見つけ出すようにしていると、ストレスが減り、病気にかかりにくくなり、何をやってもうまくいくことが多くなり、長生きできる。

そうなれるかどうかは、あなたの選択しだい。RASをプログラミングすれば、そういう自分になることができる。

◉病院に「笑いの部屋」を設置しよう

アメリカでは、前述のカズンズの経験から、一九八〇年代に「笑いの部屋」を設置する病院があらわれはじめた。

この部屋には、ジョーク集のような本やコメディー映画のビデオ、そのほかにもユーモラスなものがたくさん置かれ、コメディアンや道化師がこの部屋を頻繁に訪れるようになった。

その結果、**笑った患者は健康状態がよくなり、免疫機能が活性化され、平均入院期間も短くなることがわかった。**笑うと脈拍が安定し、呼吸が深くなり、筋肉の緊張がほぐれるおかげで病気が治っていったのだ。入院期間が短くなった以外にも、「笑いの部屋」をつくった病院では鎮痛剤を使う回数も減り、患者への対応がしやすくなったという。

だから、笑いのことはもっと真剣に考えたほうがいい。

自分のことを深刻にとらえる人が多すぎる。人生のさまざまな場面で自分のことを重要視しすぎる。社会のなかで重要な立場を占め、人間関係で重要な役割を果たし、職場では自分がいなくては何も始まらないと考えてしまう。自分のことをむやみに重要視してストレスを抱えこんだせいで、胃潰瘍や痔や高血圧になり、心臓の調子も悪くなり、大きな病気にかかってしまっては目も当てられない。

職場や、あなたが所属している地域の場、社会の場を離れたとき、周囲の人がどれほど困るかを知りたければ、次のようなことをしてみるといい。

バケツを水でいっぱいにして、腕をひじまで水に入れ、できるだけすばやく引っぱり出す。そこでバケツを見てみよう。バケツの水は一瞬波立つが、すぐに波は消える。あなたが離れたとき周囲に及ぼす影響も、そんなものだ。

実話　ハンター・キャンベルの場合

ハンター・キャンベルには、家族や大切な友人が何人も亡くなるなど、たくさんの悲しいできごとによって心の病となり、自殺未遂をしたために精神科病院に入れられてしまった経験がある。

そんな彼は、病院を退院したあと、医科大学に入学した。

医学を学ぶかたわら、彼は病院の入院患者を慰めるため、おもしろい手品などで楽しませ、笑わせる活動を始めた。その活動で、よく笑う患者は健康状態が劇的に回復することに気がついた。医科大学を修了して医師になったキャンベルは、「パッチ・アダムス」と名前を変えた。医師となったあとも、彼は治療のなかで患者を笑わせ、楽しませる活動に取り組みつづけた。

治療に笑いの効果を取り入れただけではなく、彼は自分の病院も設立した。ゲズントハイト・インスティテュートというその病院では、医師は利益を求めずに働き、患者は無料で治療を受けることができた。一九八〇年代以後、アダムスは彼独自の笑い療法を五〇か国以上に広めていった。

戦争で荒廃したボスニアやアフガニスタンへも出かけた。ボランティアで来てくれるピエロたちを引きつれて毎年ロシアへも出かけている。ロシアでは、病院や児童養護施設や高齢者施設を訪問して希望と楽しみを届けているほか、にぎやかでカラフルな衣装、青い髪のポニーテールというピエロの扮装で、大きなニワトリの風船を持ったボランティア集団とともに、子どものがん患者のグループを定期的に訪問する活動もしている。モスクワの小児がん病院の医師たちは、ピエロが訪問すると子どもたちの健康状態が目に見えてよくなると言う。

イェフゲニア・モイセイェンコ医師によると、パッチ・アダムスの笑い療法を受けた子どもは、病気と闘う気力がわいて、明らかに健康状態がよくなるそうだ。

パッチ・アダムスは、幸せな人は不幸な人と比べて免疫機能が高く、病気や体の不調もずっと少なく、ストレスの症状も出にくいことをはっきりと認識した最初の医者だった。
彼の功績は、ロビン・ウィリアムズの主演による映画「パッチ・アダムス トゥルー・ストーリー」（一九九八年、アメリカ）にもなり、一九九九年のアカデミー賞とゴールデングローブ賞を受賞した。

ユーモアや笑い、明るい気分が病気の回復に結びつくことは、今では数えきれないほどの研究によって証明されている……あまり笑わない人、いつも暗い気分でいる人は、心理学者のアイゼンクが言う「疾病誘発パーソナリティ」の持ち主である。こういう人は、楽観的な人より病気にかかりやすく、病気にかかると、ほかの人が同じ病気になったときより治りにくい。こういう言い方もできる。病気になったとき、その病気をどう受けとめるかによって、病気は治りやすくも治りにくくもなるし、治る早さも違ってくる。

パッチ・アダムス

◉幸せを壊す「四つの感情」を選んでいませんか？

怒りや嫉妬、悔恨などの感情は、人が生き残るうえで役に立つ。
嫉妬は、競争相手を追いはらって仲間を守ろうとする感情で、おそらくは本能的なものだろう。

何かを後悔するような状況におちいったときに悔恨の情がわけば、他者と密接につながることができる。

だが、**人には、幸せを壊し、対立をつくり出す感情が四つある。「罪悪感」「狼狽《ろうばい》」「羞恥心《しゅうち》」「他人に対するひがみ」である。**

赤ん坊がこの四つの感情を抱くことはない。どれも成長して大人になるうちに身につく。

「狼狽」を感じるのは、あなたが自分自身について、自分の考えよりも他人の考えのほうが正しいと感じるとき。たとえば、あなたが下着姿で家から閉め出されたところを隣人に見られたとする。なぜ下着で外に出ているのかを、どう思われようと――おそらく変態だと思われるだろうが――あなたは狼狽するばかりだろう。なぜそんな姿で外にいるのかという真実なんかどうでもいい、隣人にどう思われるかのほうがよほど大問題だという感情にとらわれるだろう。

このように、狼狽するのは、自分がどう思うかより、他人にどう思われるかを問題にするときに限られる。

「罪悪感」と「羞恥心」も同じである。他人の意見や期待、人が決めたルールによる判断をそのまま受け入れるときしか、こうした感情は生まれない。

罪悪感と羞恥心は、宗教で信者をコントロールするための二大感情である。信者がどんなことを選択するべきか、できごとに対してどのように反応するべきかを教えこもうとするとき、指導者はこの二つの感情を持ち出す。規律を破れば、あなたは恥じ入って、指導者に命じられるままに行動するようになる。

罪悪感、狼狽、羞恥心、他人に対するひがみは、成長するうちに身につき、人生での成功を妨げる。

「ひがみ」も、自分で選択する感情である。

ひがむかどうかは自分だけの問題であって、他人にはどうすることもできない。誰があなたに何をしたかは関係ない。あなたが他人をどう受けとるかの問題だ。

誰かをひがむという感情を選んだとき、あなたは自分が、人生の問題を潔く引きうけることができない人間であることを世界に宣言している。穏やかで何をやってもうまくいく人は、誰のこともひがんだりしない。誰が何をどう思おうが、それはその人の意見だという立場を貫く。

この「四つの感情」を選ぶかどうかは、すべてあなたしだいである。だが、わざわざ選ぶ意味はない。選んでも成功から遠ざかるだけだ。どの感情を選んでも、それはあなたが自分自身の感情をコントロールできない人間であること、自尊心が低い人間であることを他人に知らせるようなものである。

なお、ここに書いた否定的な四つの感情を抱かない病気がある。たとえば、ＡＤＨＤ、自閉症、アスペルガー症候群。これらの障害がある人は他人の感情を読みとることができない傾向にあるため、周囲の人がどう感じているのかに気づけない。

しかし、これはそれぞれの障害のせいであって、自ら選んでいるわけではない。また、この人たちの多くは、他人のしぐさからその人の本音の感情を読みとることもできないので、周囲を気づかわない鈍感な人だと思われてしまうことになる。

◉どんな状況でも「ユーモラスな面」を探そう

人生でストレスを感じる状況におちいったときは、その状況からどれだけユーモラスな面を拾い上げることができるかを考えてみよう。**ユーモラスな面がない状況など、人の死も含めてほとんど存在しない。だから、それを探すだけだ。**

バーバラと私はイギリスに一一年間住んだが、そのあいだ、地元の人たちからいつもオーストラリア人をネタにしたジョークを聞かされた。たとえば、

「オーストラリアの人はショートパンツばかり穿いているから、頭のなかまで風通しがよくてスカスカなんだね」

「オーストラリア人だって話しかければ理解はできるよ――あんまりたくさんは無理だけど」

「オーストラリアとヨーグルトは、どこが違うと思う？　オーストラリアにはカルチャーがない

けど、ヨーグルトには善玉菌《カルチャー》が入ってるのさ！」

「オーストラリア人は、ずいぶん頭を水平に保っていられるんだね（英語で「頭が水平＝穏やか」という意味）。口の両端からよだれが垂れているよ」

こんな皮肉を言われたとき、相手をひがむのは簡単だ。だが、私たちはおもしろい面だけを見ようと決めていたので、地元の人たちといっしょに笑った。

侮辱されたと感じるか感じないかは、つねにそれを選択するかどうかの問題なのである。


私は前立腺がんの治療を受けていたとき、日が当たらない体の暗部に見知らぬ男たちが指で触れてくるストレスに耐えようと、いくつものジョークをつくった。ほかの前立腺がん患者たちにもこのジョークを教えると、みんな大喜びで使ってくれたものだ。少し紹介する。

「僕たちは婚約したのかな？　そうだよね、先生。だって先生は僕のリング（肛門のこと）を指にはめてるんだもの」

「先生はまるでスター・トレックのエンタープライズ号だね。どんな男もそこまでやったことはないよ、大胆だね！」

「えー、ただ今、聞こえますか、先生？」

「なーるほど、カエルのカーミット（アメリカの子ども向けテレビ番組『セサミストリート』のキャラクター）は、こんなふうに感じたんだな」

「先生、うちの妻にちょっと聞いてもらえませんか。私の頭がそっちに帰ってないか？　って」

こんなジョークには誰もが笑ったからエンドルフィンが血液中に流れた。先生たちも楽しんでくれたし、私たちも不愉快な状況を乗りこえることができた。

まとめ

人生ではつらいことも起きるが、どんなできごとにも、おもしろおかしい面はある。それを探そうと決めるだけでいい。深刻なできごとほど、楽しいことにできるはずだ。

交通渋滞に引っかかったとき、腹を立てたからといって渋滞が解消するわけではない。ストレスがたまるだけだ。だが、もし、交通渋滞という問題を穏やかに観察しようと決め、ＲＡＳにそう言い聞かせれば、もっといい気分で過ごせる方法が見つかるかもしれない。

ユーモアと笑いのセンスを持って生きると、健康状態がぐっとよくなり、ストレスから解放され、いろいろな人とつながりを持てるようになり、思った以上の成功を収めることができる。

ノーマン・カズンズの物語は、その後、多くの新しい考え方を生み出すきっかけとなり、笑いをテーマとする団体が設立されたり、コメディーのビデオ専門店ができたり、病院で笑い部屋が設置されたりするようになった。笑いは結局のところ、人の精神が活気づいていることのあらわれだ。だから、人は笑うと健康を取り戻せる。

私たちには意識的に体内の状態を変える力がある。ユーモアを理解するには意識の働きを使うが、それと同時にRASのおかげで、ユーモアや笑いに体が反応する。すると、体内の物質の流れが変化して健康状態がよくなる。

自然療法はたいていそうだが、笑いは病気を完全に治せるわけではない。しかし、驚くほど多くの病気に対して強力な効果があり、痛みをやわらげたり、緊張をほぐしたりするのに役立つことが確かめられている。

だから、いつか風邪で寝こむことがあれば、そのときはチキンスープや咳どめシロップに頼るのではなく、カズンズが実験したように、一日休んで好きなコメディーでも見ながら笑ってみるといい。自分のことを深刻にとらえすぎるのは健康によくないのだから。

現実感覚がどういうものかを知りたければ、あなたの葬儀のことを考えてみるといい。葬儀が盛大なものになるかどうかを決めるのは、そのときの天気である。

これからは人生で何が起ころうと、なるべくおもしろい面を探すようにしよう。つらいことなら、なおさらだ。

あなたと同じ職業の人、あなたと同郷の人をからかうジョークを聞かされたとき、侮辱されたと感じて相手をひがむのは自由である。しかし、ジョークはあくまでもジョークであって、あなたの仲間が本当に馬鹿だというわけではない。たとえジョークが真を突いていたとしても、ジョークを言った相手を罵倒したところで、あなたの仲間が賢くなるわけではない。

あなたのバースデーパーティーの日に雨が降ったら、がっかりしてしまうかもしれない。だが、雨は、あなたがどう思おうが関係なく降りつづける。

罪悪感、羞恥心、狼狽、他人をひがむ感情は、二度と持たないと決めよう。変えられない物事に腹を立てるようなことは、絶対にしないと決心しよう。

誰かをうらむのは、賃貸料を取らずにその人を頭のなかに住まわせるようなものだ。

人生で何をするべきかについては真剣に考えよう。だが、あなた自身のことを深刻にとらえすぎてはいけない。それは健康によくないし、自分自身をそんなふうに考えたところで、誰もあなたをディナーに招いたりはしない。

いつもできるだけ笑っていよう。笑いは薬より安くつく。

第12章

恐怖と不安を克服する

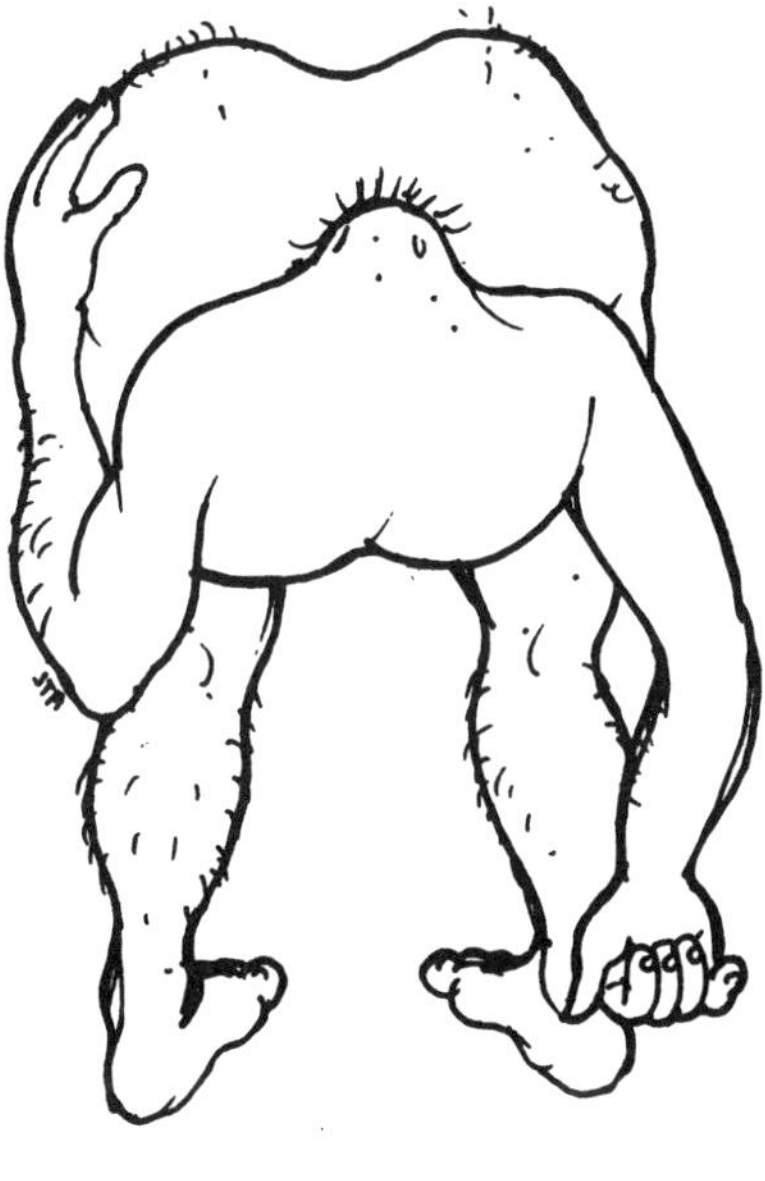

「頭隠して尻隠さず」
これでは絶対うまくいかない

ある日、農民のロバが井戸に落ちた。

ロバが何時間も鳴きつづけるあいだ、農民はどうしたものかと考えあぐねた。やがて農民は決心した。ロバはもう年よりだ。井戸はいずれ蓋をしてしまわなければいけない。苦労してロバを助ける甲斐はない。

農民は、近所の人たちに手助けに来てくれと頼んだ。みんなは家からシャベルを持ってきて、泥をすくって井戸に投げこみはじめた。何が起こっているのかがわかったロバは、最初は恐怖のためいなないていたが、そのうち突然、静かになった。

しばらく泥をシャベルで投げこんでから、農民は井戸をのぞいた。そのとき見たものに、農民は息をのんだ。

ロバは、背中に落ちてきた泥を使って、思いもかけなかったことをしていた。泥を背中からふるいおとし、積み上げ、踏みかためて階段をつくっていたのだ。

やがて、井戸のふちからトコトコと下りてきたロバに、誰もが驚嘆したのだった。

教訓

人生は、好むと好まざるとにかかわらず、あなたの上にあらゆる種類の泥をシャベルで落としてくる。穴から出たければ、降ってくる泥をふるいおとし、踏みかためた台をつくってステップアップするしかない。

あなたにふりかかってくるトラブルは、実はそれを踏み台にして外へ出るための石である。どんなに深い井戸の底に落ちようと、とまらずあきらめずに石の踏み台を上りつづければ必ず外へ出ることができる。上から何が落ちてきても、それをふりおとしてつくった階段を上っていこう。

戻ってきたロバは次の日、泥で自分を埋めようとした人たちを、こてんぱんにやっつけた。このことを覚えておくといい。ロバを埋めてしまえば手っ取り早く解決できると思っても、必ずロバに仕返しをされる。

成功したい、幸せになりたい、物事をやりぬいて達成したい、心の平和を得たいと思っても、その道のりに立ちふさがる大きな障害物が二つある。「恐怖」と「不安」である。

人類は遠い昔から、この二つの心理を感じさせるできごとに遭遇すると、死の危険を避けるために、そのできごとと「闘うか」そのできごとから「逃げるか」を選んできた。

恐怖や不安は心を占めるさまざまな感情となって、体の臓器を傷つけることがわかっている。怒りは肝臓を衰弱させ、不安は胃の働きを弱め、ストレスは心臓を、悲しみは肺を、恐怖は腎臓を痛めつける。

恐怖とは、望まない結果を考えることによって起こる身体的反応である。それ以外の何ものででもない。望まない結果を考えると、脳からその情報が体に送られ、「恐怖」という反応が起こる。どんな恐怖もストレスから来るものであり、恐怖を感じると免疫機能が一気に弱まってしまう。恐怖におびえながら生きている人が、つねに病気がちで憔悴しているのはそのせいである。

人生でいろいろなことを成功させるには、どんなことにも打ち勝てる精神を獲得し、不安や恐怖におびえるのではなく、自分の意志でこれらの感情をコントロールできるようになる必要がある。

不安におびえるのは、
望まない物事が起こりますようにと祈るのと変わらない。

◉「恐怖」と「不安」の感情はどうやって生まれるのか?

恐怖と不安は、脳のなかに眠る「記憶」によって生み出される感情である。

脳には記憶が貯蔵されている部分があり、日々のさまざまなできごとがきっかけとなって、この部分から記憶が呼び覚まされる。記憶とは過去の経験や印象であり、自分が見た事実や細部などであって、それは自分の意志で思い出せるものだと、私たちは考えがちだ。

しかし、脳科学者によれば、記憶は何種類かに分かれており、脳内から呼び覚まされるときの経路も、種類によって別々であることがわかっているという。

ニューヨーク大学の心理学者・脳科学者であるエリザベス・フェルプス教授は、記憶に関する神経系の働きを専門的に研究してきた。彼女は認知神経科学の手法を使って感情と記憶の関係を調べている。

フェルプス教授は、記憶には大きく分けて二種類あると言う。「顕在記憶」と「潜在記憶」である。

「顕在記憶」とは、過去に見聞きした事実や細部、印象の記憶だ。

たとえば、レストランに入り、メニューを見て口のなかに唾がわくのは、過去に食べたものの記憶が呼び覚まされるからであり、歌を聞いて感情を揺さぶられ、涙までこぼれそうになるのも、歌が過去の記憶を呼び覚ましたからだ。

「顕在記憶」は脳の海馬という部分に貯蔵され、ここから引き出される。「顕在記憶」は、私たちが思い出そうとすれば思い出すことができる記憶である。

もう一つの「潜在記憶」は、学習による記憶である。

過去のできごとや経験によって生み出された感情が記憶として貯蔵され、その記憶が呼び覚まされると体が無意識のうちに反応を起こす。

「潜在記憶」は、脳のなかで警戒心をつかさどる扁桃体という部分に潜在意識レベルで貯蔵されている。恐怖の感情も潜在記憶の一つであり、この記憶がよみがえると、体は生き残るために必要と感じたとき、瞬時に反応を起こす。

◉恐怖は「短い経路」か「長い経路」で伝えられる

人の進化の過程で脳に「潜在記憶」が貯蔵されるようになったのは、危険な状況が起こったとき、考えなくてもすばやく反応できるようにするためだと、科学者たちは考えている。たとえば、大きな物音が聞こえると人は恐怖を感じ、危険なできごとに備えてとっさに反応する。

ニューヨーク大学のジョゼフ・ルドゥー教授は、脳内には恐怖のシグナルを伝えるために、長さが異なる二つの経路があると言う。彼の実験の結果、体の感覚器がとらえたシグナルは脳の視床に伝えられたのち、二通りの経路を通って伝えられることがわかった。

「短いほうの経路」を通ったシグナルはすばやく扁桃体に伝わって警戒心を呼び起こす。この信号が伝わった時点では、私たちはまだ状況の認識ができていない。

「長いほうの経路」を通ったシグナルは、先に伝わったシグナルより数分の一秒遅れて大脳皮質の感覚野（感覚器からの情報を受けとる部分）に届き、警戒すべき状況について、もっとはっきりとした情報を伝える。この二番手のシグナルによって、恐怖に対する警戒を強めるべきか、それとも警戒を解いてもいいかがわかる。

たとえば、あなたのほうに走ってきた人が路上であなたを襲ったとする。すると、次に路上で誰かがあなたのほうに走ってきたとき、あなたは恐怖の感情を覚えるに違いない。

この恐怖は、専門的には「古典的条件づけ」と呼ばれるプロセスによって扁桃体が学習した記憶である。

◉わけもなく恐怖を感じるのは、なぜなのか

「顕在記憶」と「潜在記憶」。この二種類の記憶がどのような働きをするのかを最初に発見したのは、スイスの心理学者、エドゥアルド・クレパレード。彼は一九一一年、脳に傷を負って新しいことを記憶できなくなった患者についての研究を行っていた。

クレパレードと何度面会しても、患者はまったく彼のことを思い出すことができなかった。そのため、彼は毎回、初めて会うように自己紹介して患者と握手していた。

やがて、彼はあることを思いついた。自分の手に画鋲を隠し持ち、その手で患者と握手してみたのである。画鋲が手に触れると、当然、患者は手を引っこめた。

その次に面会したとき、患者はやはり彼のことを思い出せなかったが、握手を拒否した。だが、自分ではその理由がわからなかったという。

このクレパレードの実験によって、「恐怖による逃避反応は、無意識のうちに学習される」ことがわかった。私たちが理由もなく恐怖を感じることがあるのは、そういうわけだ。

「顕在記憶」と「潜在記憶」の両方として記憶されることもある。

歯医者に行くと、消毒薬のにおいに反応して、意識のうえではそれと気づかないうちに「潜在記憶」がよみがえる。これによって「顕在記憶」から針の映像が呼び覚まされる。そして、ドリルの音が聞こえれば、以前に歯医者に来たときの「顕在記憶」がどっとあふれ出すだろう。

人生とはジェットコースターのようなもの。ガクンと揺れるたびに泣きわめく人もいれば、バンザイとばかりに両手を上げて喜ぶ人もいる。

出典不詳

恐怖を感じると、「ストレスホルモン」が分泌される。このホルモンは脳内の記憶を呼び覚ましやすくするので、私たちは感情を伴う記憶をさっと思い出すことができる。

強烈な感情を伴う記憶のことを「フラッシュバルブ記憶」という。

ベビーブーマー世代の人たちは、ジョン・F・ケネディが銃で撃たれる音を聞いたとき、自分が何をしていたかをありありと思い出せるし、ジェネレーションXの世代の人たちは、イギリスのダイアナ元妃が事故死したと聞いたとき、自分がどこにいたかをよく覚えている。

記憶にまつわる感情が心に傷を負わせるほど強いと、記憶がゆがめられる場合があることも、研究によってわかっている。フラッシュバルブ記憶は小さなことまで鮮明に思い出せるが、実は事実とは異なっていることも多い。

◉「恐怖映画」が人気なのにはワケがある

「こわいもの知らず」の動物は、危険な状況から逃げ出そうとしないため進化の過程で生き残れなくなる確率が高い。だから、恐怖は人間にとっても重要な反応である。

しかし、二一世紀ともなると、恐怖は人を単なる臆病者に見せてしまうことがある。内気で自信がなく、不安にさいなまれ、失敗をおそれ、今いるところからどう進めばいいかがわからない人間だと思われてしまう。

恐怖は基本的に、危険で身体的危害を負いかねない状況から自分を救い出すという大事な機能を持つが、**人気のある娯楽やアトラクションには、恐怖に魅せられる私たちの心理を利用したものも多い。**恐怖映画、バンジージャンプ、お化け屋敷、過激な極限的スポーツ、ジェットコースターなどは、みんなそうだ。

スリルを求める大胆な人は、恐怖を引きおこす娯楽を楽しむ。恐怖を感じると神経伝達物質の一種である「ドーパミン」の分泌が劇的に増えるからだ。ドーパミンが分泌されると、人は喜びの感情や大きな快楽を味わう。これは薬物使用障害患者が感じる快楽とよく似ている。

脳は、本当におそろしい経験と、わざと恐怖を感じるように仕組まれたことを区別できない。だから、恐怖心をあおる娯楽は、私たちに身体的危険を伴わない恐怖を体験させることができる。

たとえば恐怖映画を見ると、体内では、実際の恐怖を感じたときと同じように大量のストレスホルモンが分泌される。このホルモンもドラッグを打ったときのような感覚を生み出す。

ちなみに、これまでに製作された恐怖映画のトップファイブは、次の五つだと思う。

1「エクソシスト」（一九七三年、アメリカ）
2「シャイニング」（一九八〇年、アメリカ）
3「サイコ」（一九六〇年、アメリカ）
4「羊たちの沈黙」（一九九一年、アメリカ）
5「ジョーズ」（一九七五年、アメリカ）

◉「過度の恐怖」は、不安障害を引きおこす

「適度な恐怖」は身の安全を守るために有効だが、**「過度の恐怖」は、心的外傷後ストレス障害（PTSD）、パニック障害、社会不安障害、強迫性障害などの不安障害を引きおこすことがある。**不安障害とは、脳内で恐怖をコントロールする部分から「逃避」の指示が出されている状態である。

不安障害の症状によって心や体が痛めつけられると、通常の生活を送ることが困難になる。年齢や性別には関係ない。

アメリカでは毎年、成人人口の約18パーセントに当たる四千万人以上もの人々が何らかの不安障害に苦しめられている。

入ろうとしたとき、もっとも大きな恐怖を感じる洞窟には、もっとも偉大な宝が眠っている。

ブライアン・トレーシー

恐怖のうちでも、多くの人が感じるのは「社会的な恐怖」だろう。他人の厳しい評価にさらされる状況に置かれるのは、恐怖にほかならない。

たとえば、公の場でスピーチすることに深刻な恐怖を覚える人は約50パーセントにものぼる。スピーチの前には胸がどきどきして、見知らぬ人だらけの部屋に入っていくとき、それだけでおじけづいてしまう人はとても多い。

もっとも恐怖を感じることは何かと聞かれたとき、多くの人が第一位に挙げるのは「人前でのスピーチ」だということがわかっている。「死の恐怖」は第七位。葬儀のときは弔辞を読むより、棺桶に入っていたほうがましだということだろうか？

演壇に登るのは、飢えたライオンに追いかけられるのとはわけが違うはずなのに、体は同じように反応する。

これは、社会に対する恐怖は、その社会のなかで生き残れるかどうかに関係しているからだと科学者は指摘する。私たちは社会集団のなかで助けあって生存しているため、人は、集団から排斥されるような状況をおそれるのだという。

◉「新しい記憶」をつくって脳内の状態を変える方法

絶えまない恐怖や不安は、生きる気力を奪い、人が自分を癒す力や自己保存本能がうまく働かないようにしてしまう。

恐怖や不安にさらされる時間が長くなるほど、健康も損なわれていく。そんな**絶えまない恐怖**

や不安を感じさせるのは「記憶」である。

脳内には数十億、数百億もの神経細胞が信号や化学物質をやりとりするネットワークが形づくられており、あなたの今の記憶はそのネットワークの奥深くにしまいこまれている。何かのきっかけによってそんな記憶が呼び覚まされたとき、あなたは絶えまない恐怖や不安におとしいれられてしまう。

だが、だからといって、あなたの命が今、危機的な状況にあるわけではない。あなたが感じているのは、いわば擬似的な恐怖や不安である。これを乗りこえるには、新しい記憶をつくって今の脳内の状態を変える必要がある。そこで解決法を提案しよう。

もし自分が、「起こってほしくない状況」のことばかり考えているのに気づいたら、頭を切り替えて、「起こってほしい状況」のことだけを考える。それだけでいい。

◉拒絶された人の脳からは「麻薬」が放出される

まず、理解しておかなければならないのは、あなたが前に進もうとすれば、つねに周囲からの拒絶にあうということだ。

偉大な成功を達成したことがある人は、誰でもその過程で、人に何かを断られたときの対処法を学んでいる。断られるような状況は、いくらでもある。

誰かに結婚を申し込んで「ノー」と断られる。給料を上げてくれという要求を却下される。大学を受験して落ちる。顧客に商品を買ってもらえない。誰かに予定をキャンセルされる。すごいアイディアだと思うのに、誰にも気に入ってもらえない。

だが、断られても、あなたの状況が悪くなるわけではない。

たとえば、警察官を志願したのに、条件を満たしていないために採用してもらえなかったとしても、あなたは何も失っていない。志願する前は警察官ではなかったし、今もそうではないというだけだ。

誰かをデートに誘って「ノー」と断られても、何も変わらない。上司に企画書を提出して却下されても、提出前と比べて状況が悪くなったわけではない。むしろ、アイディアやアプローチをどのように修正したらいいかがわかったから、次の機会には採用してもらえるかもしれないという意味では、状況はよくなったと言える。

もっとも大きな成功を達成するのは、ほとんどの場合、最悪の失敗だと思うことを経験してから一歩前に進んだときだ。

ブライアン・トレーシー

科学的には、断られたときに私たちががっかりしてしまうのは、それが「本能的な反応」だからではないかと考えられている。

大昔の人々にとって、自分が属する部族から除け者にされるのは、生き残れる確率が低くなるということだったからだ。そのなごりで、**現代の私たちも、集団から仲間はずれにされ、恋人にそっぽを向かれ、求人応募に落ちるとパニックになったり恐怖を感じたりしてしまう。**

古代の社会で部族から追われるほどの深刻な状況ではなくても——別の仕事を獲得し、新たなパートナーや別の集団と巡りあえるチャンスはいくらでもある——誰かに背を向けられると、脳と体は、生きるか死ぬかの危機的状況におちいったかのように反応する。

けがをしたときのこと（火傷を負ったとか、足首を捻挫したとか）を思い出してみてほしい。痛かったことは思い出せるだろうが、実際に痛みは感じない。

しかし、何かを拒絶されたときのことを思い出すと、そのときの心の痛みが、今もそのままよみがえってくるだろう。

拒絶されたときの記憶は、けがをしたときの記憶よりも強く心に焼きついている。このため、拒絶された人の脳からは「麻薬」が放出されるようになっている。体の痛みを感じたときにエンドルフィンが分泌されるのとまったく同じ仕組みである。

この麻薬は、拒絶によって「どん底」まで落ちこんだ気分を一気に「最高」まで引き上げてくれる。ただし、副作用として、一時的に知能が低下して意志決定力が落ちたり、怒りっぽくなったりする。

パートナーに極端な身体的暴力を振るったり、学校を銃で襲撃したりする行動の背景にも、この「麻薬」の副作用がからんでいることがある。

●拒絶されてしまったときに効く「簡単な対処法」

拒絶された側に立ったときは、次のような簡単な方法で対処できる。

①落ちこむのは自分だけと思わない

拒絶されて気持ちが傷つくのは本能なので、気持ちの落ちこみは避けられないものだと理解する。

②自分に落ちこむことを許す

拒絶されたら、心ゆくまで落ちこむことを自分に許す。

③期限を決める

拒絶されたことを思い悩むのは「いつまで」にするという明確な期限を自分の意志で決める。今夜の八時まで、あるいは、明日の正午までは落ちこんでもいいが、そのあとはきっぱり立ち直ると決意する。そのあとは、起こってほしいこと、自分にできることだけを考える。つまり、前に進むのだ。

期限を決めなければ、いつまでもぐずぐずと落ちこんだままの状態になり、抗うつ薬に頼ることになりかねない。それだけですめばいいが、もっとひどい状態になっては大変だ。

◉相手を傷つけることなく「効果的に断る方法」とは？

何かを断らなければならない立場になったとき、相手の気持ちを傷つけることなく、しかも効果的に断るには、次のようにするとよい。

①感謝する

「求人にご応募いただき、ありがとうございます」
「デートに誘ってくれてありがとう」
「企画をご提出いただき感謝いたします」

②断らなければならない理由を説明する

「当社で求めているのは、より経験豊富な・より高い技能を修得した・出張可能な人材でございまして……」
「今ちょっと複雑な事情があって、食事のお誘いを受けるわけにはいかないの」
「まずはもっと幅広い企画を集めて検討する必要があります」

③ 積極的に申し出てくれたことをほめる

「あなたのようにすばらしい技能・資格・資質をお持ちなら、必ずふさわしい職場が見つかるものと確信しております」

「あなたのお誘いに喜んで応じる人なら、いくらでもいると思うわ」

「あなたの企画を待ち望んでいるビジネスは、きっとあります」

◉恐怖を簡単に克服できる「三つの方法」

恐怖を簡単に克服できる三つの方法をお伝えしよう。

① 休憩する

こわくなったり、おじけづいたりしたときは、まずはちょっと休憩すれば体の調子を落ち着かせることができる。心臓がどきどきし、手のひらが汗ばみ、無力感に襲われて気持ちが混乱するのはアドレナリンのせいである。少なくとも一五分ほど休憩をとって、散歩に出かけ、シャワーを浴びて、コーヒーか紅茶を飲もう。恐怖や不安の真っただなかでは、ものをはっきりと考えることもできない。

② 現実的になる

何かに失敗すると思いこんでしまう人が多いのは、過去に別のことで失敗したからだ。だが、その人たちはたいてい、現実以上に悪い事態を想像して不安におびえている。ビーチへ出かけてサメを見たことがある人は、ビーチを訪れるたびに、サメがいるような気になる。夜道で襲われたことがある人は、暗い道を歩くたびに、襲われるかもしれないと思うようになる。

あなたにも過去に恐怖を乗りこえた経験があるはずだ。それを思い出そう。一度は乗りこえられたのだから、今度も乗りこえられるはずだ。

③ 基本に戻る

不安が解消されるだろう、気分が晴れるだろうと期待して、お酒に頼ったり、ドラッグに手を出したりする人は多いが、そんなことをしても不安は高まるだけだ。不安から抜け出して緊張をやわらげるには、よく眠り、食事や散歩を楽しむのがいちばん。

＋そのほかの方法

- よく食べる。おなかが満たされて体が満足し、幸せな気分になる。
- 心に響くような、本を読む、映画を見る、音楽を聞く。

・話が通じる友人、楽しい気持ちになれる友人に、電話する。
・YouTubeにアクセスする。励まされて元気が出る動画が無料でたくさん公開されている。
・アンソニー・ロビンズ、ブライアン・トレーシー、そしてアラン・ピーズの自己啓発ＤＶＤを見る。

まとめ

「恐怖」は、人の脳に不可欠の重要な感情と言える。恐怖を感じたり、自分の人生が不安になったりするのは人として当たり前だ。どんな動物でも、こわいもの知らずの個体は長く生きられないのが普通だし、こわいもの知らずの動物種は絶滅する。

恐怖や不安を感じてしまうのは、自分より優れた誰かを見て劣等感を抱いてしまったときが多い。しかし、自分より優れた人と自分を比べるのは、その人の存在を自分の成長の糧にするときだけにしたほうがいい。そうでなければ健全な精神を保っていられない。

勇気は、恐怖を乗りこえたときに手に入る。
恐怖から逃げても獲得できない。
勇気とは、恐怖を感じたとき、何か行動を起こすことにほかならない。

結婚の失敗、破産、解雇、何か大事なものを失ったなど、失敗したときの記憶とともに毎日を

生きている人は多い。だが、そんなできごとの記憶ばかりよみがえらせて、相手かまわず無意味な愚痴をこぼしつづけている人は、いつのまにか誰からも遊びや交流の場に誘われなくなってしまう。

終わったことは、きっぱりとあきらめよう。そのことを話したり考えたりするのは、何日の何時までにして、それ以後はやめるという期限を決めよう。

簡単にできることではないが、やることとしては単純明快だ。ドラッグは無用である。前向きで積極的な考え方をしていれば、脳からはセロトニンやドーパミンなど、気持ちを高揚させてくれるホルモンがたっぷりと出る。薬はこれらのホルモンの代用品としてつくられたのだから、飲んでも無駄だ。

人生ではつらいことも起こるが、その経験は、人生で最高のできごとが待っている道へ私たちをまっすぐに連れていってくれることを忘れてはいけない。

私たちは人生でさまざまなできごとを不安に思う。しかし、調査によれば、その大部分は決して起こらず、残りはほとんど防ぎようもなく必ず起こると言われている。

数字にしてみよう。

・87パーセントは、絶対に起こらない。
・7パーセントは、必ず起こる。
・6パーセントは、少しは防ぎようがある。

だから、不安に思うできごとのことばかり心配して過ごすのは損になる。その心配のほとんどは、結局は無駄になる「根も葉もない幻想」以上の何物でもない。

あるいは、自分にこんなふうに問いかけてみよう。**「最悪の事態が起こるとしたら、それはどんなことだ？」**

何かに恐怖を感じたり、不安になったりしたときは、「最悪の結果」になった場合のことを考えてみよう。

プレゼンテーションや電話や話しあいが救いがたいほどみじめな結果に終わり、人間関係にとんでもない行き違いが起こってしまったとしても、翌日の朝には太陽が昇り、人生は続く。そんなときは、ちょっと人助けをして、ものの見方を変えてみるという手がある。

誰か助けを求めている人、不運な人に手を貸してみよう。そうすれば、自分はまだしも運がいいと思えるようになるし、少しは明るい気分で問題解決に取り組めるようになるだろう。

沈んだ気持ちで生きている人は、過去に生きている。
不安を抱えて生きている人は、未来に生きている。
平和のうちに生きている人は、現在に生きている。

老子

恐怖を感じたとき、できることは二つある。

- すべてを忘れ、尻尾を巻いて逃げる。
- すべてに向きあうため、立ち上がる。

どちらを選ぶかは、あなたしだい。

恐怖にとらわれていても、死の妨げにはならない。
生きる妨げになるだけだ。

第13章

絶対にあきらめない

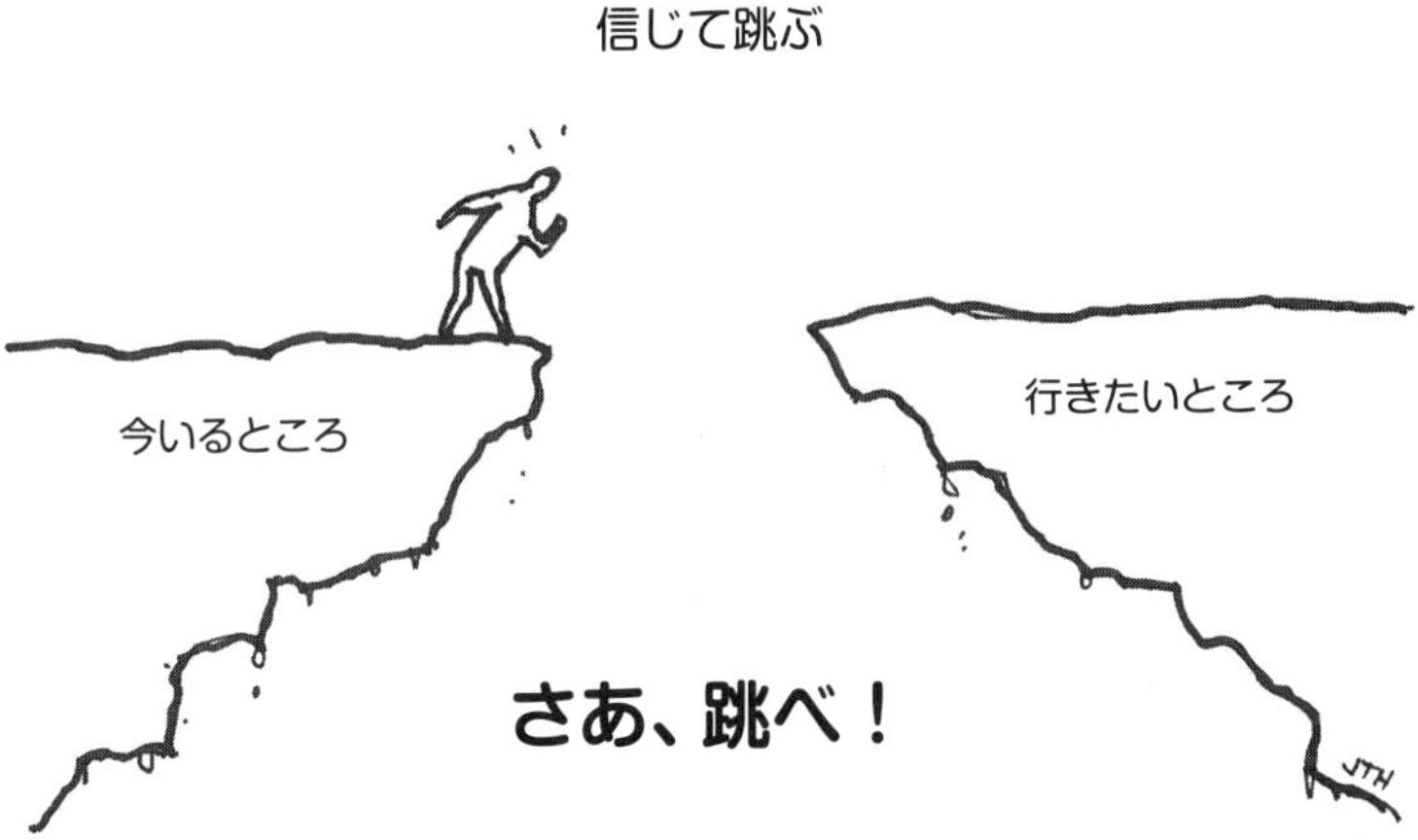

何かに成功した人は必ず、周囲から拒絶されたり、自分のことを否定されたりした経験が山のようにある。成果が上がらず、お金がほとんど底をつき、昇進できず、気持ちが傷つき、非難の的となり、ろくな評価を受けられず、落ちこみ、愚痴をこぼし、孤独感を味わった経験には事欠かないだろう。

しかし、そのような経験は、自分がどこを改善しなければならないのか、どうすればもっと高く評価してもらえて幸せになり、お金が手に入り、昇進でき、いい成果を出せるのかについて得がたいヒントをくれる。

すでに書いたが、「拒絶される」とは、自分が何をすべきでは**ない**のかを厳しく教えてくれるフィードバックにすぎない。どうすれば正しい軌道に乗って、望みどおりの成功が手に入るのかを教えてくれる大事な情報源なのだから、むしろ歓迎すべきだ。

自分のビジョンを正しいと信じ、何度断られても、断った相手の意見を糧にして前進しつづけた人々の物語は、歴史を振り返ればいくらでも見つかる。

勝者とは、決して失敗しない人ではない。決してあきらめない人だ。

ウォルト・ディズニーは、新聞社から**「創造性に欠け、オリジナルな発想がない」**という理由で解雇された。彼が最終的にディズニーランドの建設にこぎつけたのは、銀行、審議会、融資会社、地方当局などから三〇〇回以上も出資を断られたすえのことだった。

スティーブ・ジョブズは三〇歳のとき、自分が設立したアップルコンピュータ社の取締役会から解任を申しわたされるという憂《う》き目にあった。

人気司会者オプラ・ウィンフリーは、「**テレビに向いていない**」という理由でニュース番組のキャスターを降板させられた。

ビートルズは、デッカ・レコードのオーディションを受けたとき、「**彼らのサウンドは気に入らない。ショービジネスで彼らの将来は見込めない**」という理由で落とされている。

アルバート・アインシュタインでさえ、学校時代の成績表に「**大人物にはなれそうもありません**」と書かれている。

これらの人たちが、ほかの大勢の人たちと違うのは、周囲の人たちに何を言われ、何と思われ、どんな扱いを受けようが、自分の目標を貫きとおしたことだ。

あきらめてしまえば、自分のどこが間違っていたのかは、決してわからない。何か思いついたことや考えていることがあり、それがほかの人たちに役立つと信じるなら、あくまでもやりぬくべきである。

あっさりとあきらめてはいけない。あなたが目標へ向かって進もうとすれば、石を投げてくる人もいるだろうが、そんなときは、その石を使って防壁をつくったり、橋をかけたりすればいい。

あっさりとあきらめてしまう97パーセントの人は、絶対にあきらめない3パーセントの人に使われる。

◉まずは「経験者」に相談に乗ってほしいと頼みこもう

あなたが達成しようとしていることを、すでに経験した人を探してみよう。がんを克服する、エベレストに登る、馬に乗る、外国語を学ぶ、富を蓄積する、体重を落とす、有機野菜を栽培する……。どんなことにも多くの経験者がいるはずだ。

本を書いた人もいるだろうし、講座を開いている人、ビデオやマニュアルを製作した人もいるだろう。YouTubeにも、たくさんのノウハウが公開されている。そういう人がどこの誰なのかは、インターネットで調べればわかる。ランチかコーヒーに誘って、指導してほしい、相談に乗ってほしいと頼んでみるのもいいだろう。

一度頼んで断られても、もう一度頼んでみよう。また断られたら、さらにもう一度頼んでみる。彼ら自身もそうやって成功したのだ。どんな経験者も、最初は右も左もわからず、どちらへ行けばいいのかと、誰かに教えを乞うた初心者だったのだから。

彼らは、目標達成の道のりにどんな近道があり、落とし穴があるのかを教えてくれる。

それをしっかり聞いて、二の舞を演じてはいけない。そのときの経験を話してもらうとよい。あなたがやろうとしていることを、やったこともない人に、アドバイスや意見を求めてはいけない。その人たちに話せるのは、なぜそれができないかということだけだ。

子どものころのあなたは、何かを欲しいと思えば、それが手に入るまで何度も何度もねだったに違いない。最初にねだった人がくれなければ、別の人にねだり、その人もダメなら、また別の人にねだっただろう。子どもは、両親が根負けして自分が欲しいものを与えてくれるまで、ねだることにかけては名人だ。

何かが欲しいのなら、何度でもあきらめずに頼んでみよう。たいていの人は、その日によって感じ方や考え方が違う。だから、相手に「いいよ」と言ってもらえるタイミングをつかまえられれば、あなたの勝ちだ。

望みを心にしまっておくことはない。黙って待っていれば、誰かが何とかしてくれる、ひょいと与えてくれるなどということは、絶対にない。

「そんなに簡単に言われても」と思うかもしれないが、誰かに頼んでみるという簡単なことをしてみるだけで、得られるものはとても大きい。それなのに、ずいぶんと難しく考えこんで、なかなか実行に踏みきれない人が多い。

給料を上げてほしい、寄付してほしい、デートしてほしい、いい席を取りたい、飛行機の座席をアップグレードしてほしい、学校で子どもの担任教師を変えてほしい。そんな望みは誰にでもあるはずだ。しかし、断られるのではないかと考えてしまって頼まない。

何よりも大事なのは、頼みつづけること。しつこく頼みつづけよう。どうしてほしいのかを、何度でも言いつづけることだ。

うるさく責めたてろという意味ではない。積極的に、工夫をこらしながら、決定権のある人に自分の望みを伝えつづけなければならない。

たしかに、統計的には断られる確率のほうが高い。「ダメです」と言われる確率は、「いいですよ」と言ってもらえる確率の、ざっと一〇倍。だが、きっといつかは「いいですよ」と、言ってもらえる。

「ダメ」と断られたとしても、頼む前より事態が悪くなることはない。立っている場所は、まったく同じである。

◉「あいまい」な言い方ではなく、「はっきりと」伝える

望みを伝えるときは、何を望んでいるのかをはっきりと伝えよう。

デートを申し込むなら、「いつかいっしょに出かけないか……」などという言い方ではいけない。「土曜の夜、いっしょに食事してから映画に行こうよ。迎えに行くのは何時がいい？　七時かな、それとも八時のほうがいい?」という言い方で誘おう。

誰かにアプローチするときは、それがもう決まったこと、当然のことのように言う。「月給を六〇〇ドル上げて下さい」と言ったほうが、「給料を上げてもらえませんか?」と言うよりは、「わかった」という返事をもらいやすい。


何かに一生懸命に取り組んでいる人のことを「取りつかれてるんじゃないの」などと茶化すのは、たいていの場合、ぐうたらな人たちである。


あなたも目標があるなら、さっそく周囲の人に助けを求めてみよう。

給料を上げてほしい、デートしてほしい、推薦してほしい、人を紹介してほしい、お金を貸してほしい、アドバイスしてほしいなど、目標を達成するために必要なことがあれば、どんなことでも助けを求めてみよう。

決してあきらめてはいけない。あなたのアイディアを待っていたように、「いいね」と言ってくれる誰か、求めてくれる場所は必ずある。一〇人、二〇人、あるいは一〇〇人に頼まなければならないかもしれない。しかし、きっと誰かがあなたを待っている。

もうご存じだろうが、それは「数の問題」だ。「ノー」と言われても、落ちこんだり弱気になったりしてはいけない。次の誰かに頼めばいい。

実話『ボディ・ランゲージ』の場合

『ボディ・ランゲージ』の原稿を完成させたのは、一九七八年だった。

私はオーストラリアの大手出版社に片っぱしから電話をかけたが、どこからも原稿を突き返された。興味を持ってくれるところも、まったくなかった。誰も聞いたことがないテーマだったし、私は無名だったし、どこへ持ちこんでもだいたいは「ずいぶんアメリカっぽいね」と軽蔑された。

そこで私は、自費出版することにした。本の出版についてはまるで知らなかったが、絶対に出版すると決めていた。それがいちばん大事なことだった。

三五社から断られたとき、友人の一人が自費出版の方法を書いた本をくれた。出版するには七千ドル（約七八万円）必要だった。

そこで私は、それから六か月間、聞いてくれる人さえいればどこへでも出かけて『ボディ・ランゲージ』の話をした。そして、集まってくれた人たちに、出版したらサイン本を送るから前払いで買ってほしいと頼んで一〇ドルで予約販売した。

こうして六か月で七千ドルを集めることに成功し、『ボディ・ランゲージ』の出版にこぎつけた。

書店への販売は、小さな委託販売代理店に任せた。大きな新聞社や放送局には、自分で宣伝文を書いて（友人の名前で）送った。

著者プロフィールには、こう書いた。「ユーモアにあふれ、人を楽しませる話術を心得たアラン・ピーズ氏の話は、実に刺激的な内容に満ちている」

この宣伝文を送った二日後、オーストラリア最大のテレビトーク番組「マイク・ウォルシュ・ショー」から電話がかかってきた。その日のメインゲストが急に出演できなくなったので、「すぐに代わりに出演できないか？」と、問いあわせてきたのだ。

私はシャワーを浴び、ひげを剃り、正装して、記録的な早さで「チャンネル9」のスタジオに到着した。番組は私に一八分の放送時間を割り当ててくれた。

その後、二週間と経たないうちに、『ボディ・ランゲージ』はオーストラリア第一位のベストセラーとなった。

川の流れは岩をも砕く――力があるからではなく、とまることなく流れつづけるからだ。

◉本の出版依頼で「五三」の出版社に手紙を書いた

オーストラリアでの成功を武器に、今度はアメリカとイギリスの出版社に私の本を出版するチャンスを提供しようと、何日もかかって住所を調べ上げた、五三の一流出版社に手紙を書いた。それだけ手紙を書けば、確率的に、どこかから出版の申し出が来るはずだと思ったからだ。

これは、私が手紙を出した出版社の一部である（写真①）。

出した手紙の一通を公開する（写真②）。

出版社から受けとった返事は、ほとんど全部、手元にとってある。その一部をお目

［ 写真① ］

rey, R., *The Territorial Imperative*, Collins, London, 1967
yle, M., *The Psychology of Interpersonal Behaviour*, Penguin Books, 1967
yle, M., *Bodily Communication*, Methuen, London, 1975
yle, M., *Skills with People: A Guide for Managers*, Hutchinson, London, 1973
yle, M., *Training Managers*, The Acton Society Trust, London, 1962
yle, M., *Social Interaction*, Methuen, London, 1968
on, A.M., *A Manual of Gestures*, Griggs, Chicago, 1875
thall, J. and Polhemus, T., *The Body as a Medium of Expression*, Allen Lane, London, 1975
e, E., *Games People Play*, Grove Press, New York, 1964
whistell, R.L., *Introduction to Kinesics*, University of Louisville Press, Louisville, Kentucky, 1952
whistell, R.L., *Kinesics and Context*, Allen Lane, London, 1971
king, J., *Anthropology of the Body*, Academic Press, London, New York, 1977
n, W.J., *The Psychology of Jury Selection*, Vantage Press, New York, 1971
T., *The International Dictionary of Sign Language*, Wolfe Publishing, London, 1969
, H., *Winning the Negotiation*, Hawthorn Books, New York, 1979
Hess, E., *The Tell-Tale Eye*, Van Nostrand Reinhold, New York, 1975
Hind, R., *Non-Verbal Communication*, Cambridge University Press, London, 1972
Hore, T. *Non-Verbal Behaviour*, Australian Council for Educational Research, 1976
James, W., *Principles of Psychology*, Holt, Rinehart, New York, 1892
Jung, C., *Man and his Symbols*, Aldus, London, 1964
Kahn, R.I., and Cannell, C.F., *The Dynamics of Interviewing*, Wiley, New York, 1957
Kendon, A., *Organisation of Behaviour in Face-to-Face Interaction*, Mouton, The Hague, 1975

Carnegie, D., *How to Win Friends and Influence People*, Angus and Robertson, Sydney, 1965
Collett, P., *Social Rules and Social Behaviour*, Blackwell, Oxford, 1977
Critchley, M., *The Language of Gesture*, Arnold, London, 1939
Critchley, M., *Silent Language*, Butterworth, London, 1975
Cundiff, M., *Kinesics*, Parker Publishing, New York, 1972
Dale-Guthrie, R., *Body Hot-Spots*, Van Nostrand Reinhold, New York, 1976
Darwin, C., *The Expression of Emotion in Man and Animals*, Appleton-Century-Crofts, New York, 1872
Davitz, J.R., *The Communication of Emotional Meaning*, McGraw-Hill, New York, 1964
Duncan, S., and Fiske, D.W., *Face-to-Face Interaction*, Erlbaum, Hillsdale, New Jersey, 1977
Dunkell, S., *Sleep Positions*, Heinemann, London, 1977
Effron, D., *Gesture, Race and Culture*, Mouton, The Hague, 1972
Eibl-Eibesfeldt, I., *Ethology: The Biology of Behaviour*, Holt, Rinehart and Winston, New York, 1970
Eibl-Eibesfeldt, I., *Love and Hate: The Natural History of Behaviour Patterns*, Holt, Rinehart and Winston, New York, 1971
Ekman, P., *Darwin and Facial Expression*, Academic Press, New York, 1973
Mallery, G., *The Gesture Speech of M* Salem, 1881
Masters, W.H. and Johnson, V.E., *Hum Sexual Response*, Little, Brown, Bost 1966
Mehrabian, A., *Tactics in Social Influen* Prentice-Hall, Englewood Cliffs, N Jersey, 1969
Mehrabian, A., *Silent Messages*, Wadswor Belmont, California, 1971
Mitchell, M.E., *How to Read the Language the Face*, Macmillan, New York, 1968
Morris, D., *The Naked Ape*, Cape, Lond 1967

Morris, D., *The Human Zoo*, Cape, London, 1969
Morris, D., *Intimate Behaviour*, Cape, London, 1971
Morris, D., *Manwatching*, Cape, London, 1977
Morris, D., with Collett, Marsh and O'Shaughnessy, *Gestures, their Origins and Distribution*, Cape, London, 1979
Nierenberg, G., *The Art of Negotiating*, Hawthorn Books, New York, 1968
Nierenberg, G., and Calero, H., *How to Read a Person like a Book*, Hawthorn Books, New York, 1971
Pease, A.V., *The Hot Button Selling System*, Elvis & Co, Sydney, 1976
Pliner, O., Kramer, L., Alloway, T., *Non-Verbal Communication*, Plenum Press, New York, 1973
Reik, T., *Listening with the Third Ear*, Farrar, Straus and Giroux, New York, 1948
Saitz, R.L. and Cervenka, E.C., *Handbook of Gestures: Columbia and the United States*, Mouton, The Hague, 1972
Sathre, F., Olson, R., and Whitney, C., *Let's Talk*, Scott Foresman, Glenview, Illinois, 1973
Feldman, S., *Mannerisms of Speech and Gesture in Everyday Life*, International University Press, 1959
Gayle, W., *Power Selling*, Prentice-Hall, New York, 1959
Goffman, E., *Interaction Ritual*, Allen Lane, London, 1972
Goffman, E., *The Presentation of Self in Everyday Life*, Edinburgh University Press, Edinburgh, 1956
Goffman, E., *Behaviour in Public Places*, Free Press, Illinois, 1963
Gordon, R.L., *Interviewing Strategy, Techniques and Tactics*, Dorsey, Homewood, Illinois, 1976
Hall, E.T., *Silent Language*, Doubleday & Co., New York, 1959
Hall, E.T., *The Hidden Dimension*, Doubleday & Co., New York, 1966
Harper, R.G., *Non-Verbal Communication: the State of the Art*, Wiley, New York, 1978
Henley, N.M., *Body Politics: Power, Sex and Non-Verbal Communication*, Prentice-Hall, New Jersey, 1977

Scheflen, A.E., *Body Langua Order*, Prentice-Hall, New
Scheflen, A.E., *Human Terr* Hall, New Jersey, 1976
Schutz, W.C., *A Three-Dimer Interpersonal Behaviour*, and Winston, New York,
Siddons, H., *Practical Illustr cal Gestures*, London, 18
Sommer, R., *Personal Space al Basis of Design*, Pre wood Cliffs, New Jersey,
Szasz, S., *Body Language of* New York, 1978
Whiteside, R.L., *Face L* Books, New York, 1975
Whitney, Hubin and Mu *Psychology of Persuasio in Selling*, Prentice-Hall,
Wolfe, C., *A Psychology of C* London, 1948
Von Cranach, M., *Social Co Movement: Studies of Expression in Man a* Academic Press, London,
Korda, M., *Power! How To Use It*, Weidenfeld & N 1975
Korda, M., *Power in the Of* & Nicolson, London, 197
Korman, B., *Hands: The Pow* Sunridge Press, New York,
Lamb, W., *Posture and Gest* London, 1965
Lamb, W., *Body Code*, Rout Paul, London, 1979
Lewis, D., *The Secret Languag* Souvenir Press, London, 1
Liggett, J., *The Human F* London, 1974
Lorenz, K., *On Aggression*, Me 1967
Lorenz, K., *King Solomon's* Reprint Society, 1953
McCroskey, Larson and Knap *tion to Interpersonal Beha* Hall, Englewood Cliffs, 1971
MacHovec, F.J., *Body Talk*, Press, New York, 1975

[写真②]

Prentice Hall Inc.
U.S. Highway
9 Englewood Cliffs
NEW YORK
U.S.A.

Dear Sir

Enclosed is a copy of the book "Body Language ... How To Read Others Thoughts By Their Gestures" published by Allan Pease in Sydney Australia. This book was released on 15th December 1981 in this country and has become an overnight success and is currently in it's fourth printing. The fourth printing takes the total numbers of books in this country to 27,000 which in relation to population is exceptional.

Mr Pease is a very personable Management Consultant from North Sydney who has the unique ability to present this subject in a rather remarkable way. He has appeared on every National network in this country in addition to appearing in practically every newspaper and magazine. (see news articles enclosed)

He plans to come to the United States this year to promote the book and is interested in seeking a publisher with the view to publishing the book there. Could you please contact us at your earliest convenience if you are interested in considering publishing this book in America.

Regards

プレンティスホール出版社　御中
国道9号線沿い　イングルウッド・クリフス　アメリカ

前略
同封しましたのは、アラン・ピーズ氏がオーストラリアのシドニーで出版した『ボディ・ランゲージ——他人のしぐさから本音を読みとる方法』です。

本書は1981年12月15日に出版されたのち、たちまち大成功を収め、現在は第四刷まで発行されています。累計発行部数は27000冊にのぼり、これはオーストラリアの国内総人口を考えると桁はずれの売れゆきと言えます。

ピーズ氏は、シドニー北部で経営コンサルタント業を営んでおり、職業柄、人と円満に接するすべを心得ているため、本書のテーマについては、普通の人が気づかないようなことを独自の視点で語ることができると自負しています。国内では全国ネットのテレビ番組に出演したこともありますし、そのほかにも、ほぼすべての新聞、雑誌で取り上げられました（記事を同封します）。

今年は訪米して出版社各社を訪問し、本書出版の意向を伺いたいと考えています。もし、貴国での本書出版に関心がおありでしたら、ご都合のよいとき、できれば早めにご連絡いただければ幸いです。

草々

にかける（写真③）。

返信は二三社から受けとった。

「貴書は、弊社向きの出版物ではありません・弊社の出版方針にはそぐいません」

「おもしろく拝読しましたが、米国の市場では通用しないと思います」

「すでに同じような書籍は何冊もあり、とくに目新しい点を見つけられませんでした」

「ありがとうございました。しかし、弊社で出版する意向はありません」

「よい機会がありますように、お祈りしています」

もっとも印象深かったのは、こんな返信だった。

「『ボディ・ランゲージ』の内容は、オーストラリア人には当てはまるかもしれませんが、イギリス人にはちょっと当てはまらないと思います」

一五社からは、「連絡は当方より致しますので、

［写真③］

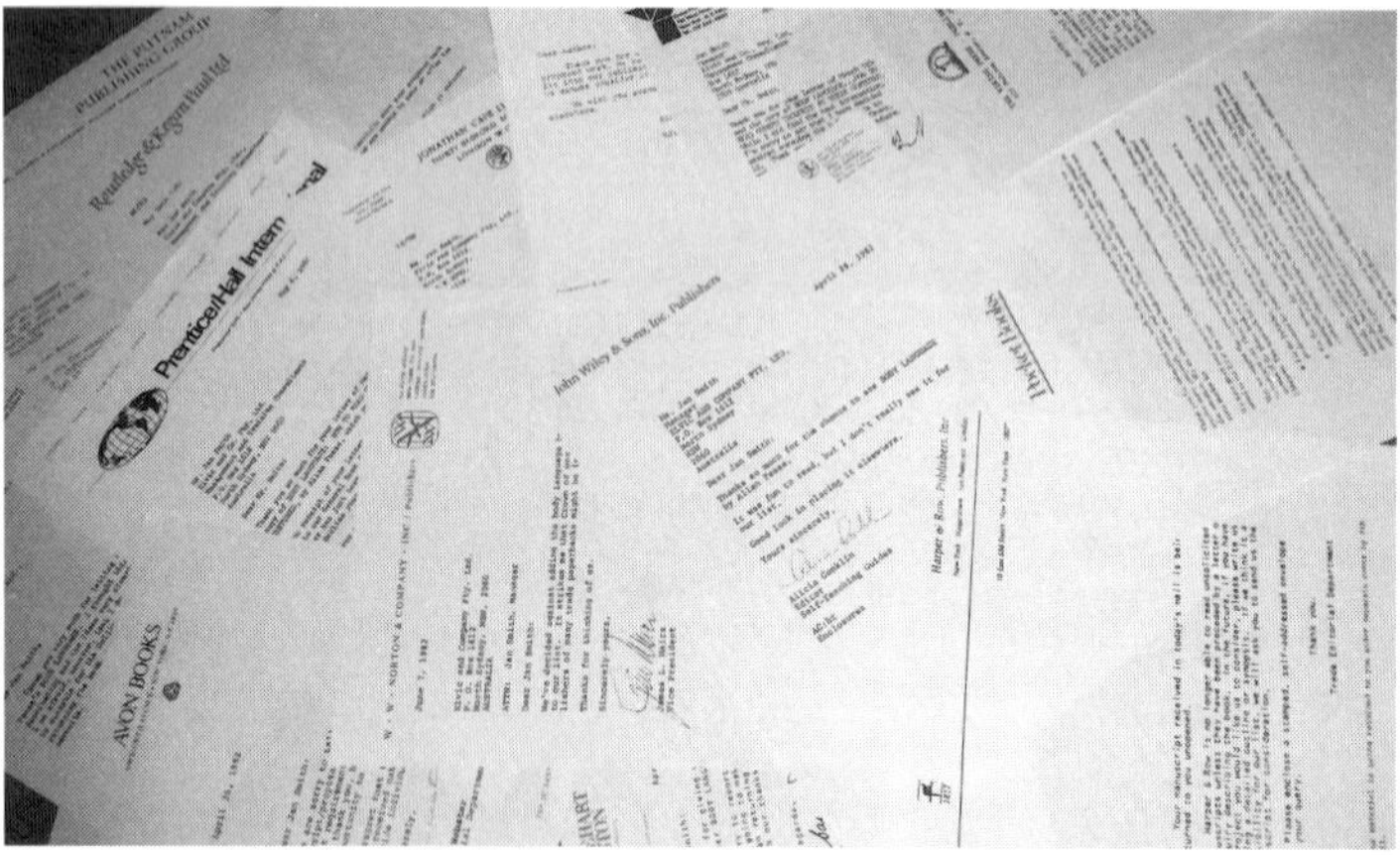

ご遠慮願います」と、印刷されたカードが送られてきた。残りの会社からは返信さえなかった。

私はすっかり落胆したが、誰に何と言われ、どう思われ、どんな扱いを受けようが、やりぬくと決めていた。

そこで、ニューヨークに行こうと決心した。出版社の扉を一軒一軒ノックして、『ボディ・ランゲージ』を買ってもらえませんかと、売りこんで回ることにしたのだ。

私は三日間、出版社へ電話し、扉をノックしつづけた。しかし、何の成果も得られなかった。たいていは会ってもらえず、会ってもらえたとしても、ほとんどまったく興味を示してもらえなかった。八方塞がりだった。

一三社から門前払いにあい、六社は会ってもいいとは言ってくれたが、実際に編集者が姿をあらわしたのは三社だった。二九社目の小さな出版社に電話したとき、電話に出た男が哀れんでくれたのか、著作権代理人を雇うように言ってくれた。アメリカでは代理人が必要なのだという。そして、五人の代理人の名前を教えてくれた。

どん底まで落ちこんでいた私の気持ちはようやく救われた。やっと、「数のゲーム」が報われたのだ。もう少し早く教えてもらえればと、それだけが残念だった。

五人のうち二人には断られた。あとの二人は、約束は取りつけたが、あらわれなかった。

最後の一人、アーロン・プリーストという代理人は、私が自分の本に粘り強く情熱を傾けていることも、私のことも気に入ってくれて、できるかぎりやってみると言ってくれた。そして、話を持ちかけた七社目の出版社から契約を勝ちとってくれた。

世界最大の出版社の一つであるバンタム・ブックスが、一万米ドルで契約に応じたのだ！


一度の敗北で目標をあきらめるのは、一つのタイヤがぺしゃんこになったからという理由で、残りの三つを切ってしまうようなものである。

◉何回でもあきらめずに挑戦すれば、確率的に成功する

その後、『ボディ・ランゲージ』は七〇〇万部以上売れ、五一か国語に翻訳された。

イギリスでは、BBCの九つの科学番組と、チャンネル4というテレビ番組の九回連続シリーズ（バーバラと私が司会した）で取り上げられた。ナショナル・ジオグラフィック・チャンネルとディスカバリー・チャンネルで特集テレビ番組が組まれ、各国の大学や専門学校の商学・経営学課程でボディ・ランゲージの講座が設置された（これは今でも存続している）。ボディ・ランゲージに関する自分のテレビ番組を持たせてもらえるようになり、これは私自身が監修、司会を務めて高視聴率を獲得した。

そして、ついにはクレムリンに招待され、新生ロシア政府の上層部の政治家三〇〇人を前に講

演することにまでなった。

三三歳になるころには、私は三五か国でボディ・ランゲージに関するテレビ番組に出演し、イギリスその他のヨーロッパ諸国と、アメリカ二六州を訪問していた。二〇年後には、数々の賞や勲章を授与され、三つの国際大学で名誉教授の地位ももらっていた。

私が言いたいのは、最初の一回や五回や一〇回であきらめていれば——だいたいの人はそれであきらめてしまうのだが——『ボディ・ランゲージ』のヒットも、それに続く成功も決してなかったということだ。

何回でもあきらめずに挑戦すれば、確率的にきっと成功することを私は知っていた。問題は、いつ成功するか。成し遂げたいことがあるなら、すぐにあきらめてはいけない。


人生の失敗の多くは、成功にどれほど近づいているか知らずに、それを目前にしながらあきらめてしまうときに起こるのだ。

トーマス・エジソン

◉「幸運」だからではなく、「ＲＡＳ」の働きでベストセラーになった

私の本がベストセラー第一位になったのは、偶然のチャンスが積み重なった結果にすぎないと思う人もいるかもしれない。

しかし、それは違う。誰に何と言われても、どう思われようと、どんな扱いを受けようと、絶対に『ボディ・ランゲージ』を自費出版すると決心し、それをRASに伝えたから、RASが稼働して引き寄せの法則を起こしたのだ。ここに書いたような一連のできごとが起きなければ、まったく別の一連のできごとが起きただろう。

いずれにしても、本が成功したのは、私がまず**何を**すると決めたからであって、**どうすれば**それを達成できるのかと考えたからではない。**目標を書き、期限を切り、最初の一歩を踏み出したからだ。**

もし私が「ろくなことにはならないよ」という周囲の意見を聞き入れていたら、あるいは「おまえは文章のことも出版のことも何も知らないじゃないか」「出版市場は厳しいよ」「七千ドルもあるならゴージャスな休暇を過ごせるのに」「子どもの教育費に回すか、新車を買ったらどうだい？」「自分がよく知っていることに専念すべきだよ」などと言われて、そのとおりにしていたら、『ボディ・ランゲージ』は決して生まれなかっただろう。

だが、私のRASはそんな意見を無視して、成功した作家や出版業界の人たちがどこにいるかを教えてくれたので、私はその人たちに、どうすればいいのか、その人たち自身はどうしたのかを聞くことができたのだ。

反対意見を聞かせてくれた友人や親戚には、心配してくれたこと、関心を持ってくれたことに感謝したが、あくまでも自分の計画を貫きとおした。

そんなことは不可能だと言う人が、同じことをやろうとする人の邪魔をしてはいけない。

中国のことわざ

それから二五年のあいだに、さらに八冊の本でベストセラー第一位を獲得したあと、バーバラと私は『ボディ・ランゲージ決定版』を出した（日本では、この決定版が翻訳され、主婦の友社より『本音は顔に書いてある』として出版されている）。「専門家」には「もう古い」し「とっくにすたれている」と言われたが、どこの国でもふたたびベストセラー入りして、今でも売れつづけている。

まとめ

人生での成功を求めてあがきながら、たいていの人は自分の望みを口に出して誰かに助けを求めることもせず、早々にあきらめてしまう。

「これはきっと成功する」と思うアイディアが浮かんだら、できることをすべてやりつくすまで、とことんやりぬこう。次に何をやるかを考えるのは、そのあとだ。自分のアイディアや計画は、ありとあらゆる人に話して協力を求めよう。

あきらめてはいけない。どんなことも、最初はいちばんつらい。やめたくなったら、目標のリストを見直して、自分が何をやりたかったのか、どんな結果を望むのかだけを考えよう。「心からやりたい」と思ったことは、成功する確率が低いというだけでやめてしまってはいけない。

スタート時点で見えた場所まで来たら、そこからは、もっと先の風景まで見わたせるようになる。そうしたら、また先へ進もう。そのころには、野次馬に悩まされることはなくなっているはずだ。

成功を運命づけられている人もいるが、ほとんどの人は、成功すると決心したから成功したのである。

どんなことに挑み、どんな道に進むことを決めたとしても、誰かの意見を聞きたいと思ったときは、あなたと同じ状況を経験したことがある人、あなたが目指している立場にすでに立っている人、あなたがしたいことを熟知している人だけに聞こう。

あなたが達成しようとしている目標をすでに達成した人や、達成しようと奮闘している人だけにアドバイスを求めよう。それ以外の人の意見は聞くだけにとどめておこう。希望を打ちくだかれたり、救いのない気持ちになったりするだけだ。

・求めるものは追いかけよう。そうしなければ、絶対に手に入らない。
・何度でも頼んでみよう。そうしなければ、いつまでたっても「ノー」と断られるだけだ。
・前に進まなければ、今と同じところにしかいられない。
・転ぶから失敗するのではない。立ち上がらないから失敗するのである。

絶対に負けてはいけない。それが偉大なことでもささやかなことでも、大きなことでも小さなことでも、絶対に、絶対に、絶対に、絶対に負けてはいけない。名誉と良識に従って負けるのだという確信がなければ、絶対に負けてはいけない。力に屈服してはいけない。敵が圧倒的な力を持っているように見えても、絶対に力に屈服してはいけない。

ウィンストン・チャーチル

第14章

どん底から再出発する

はた目から見た
成功への道

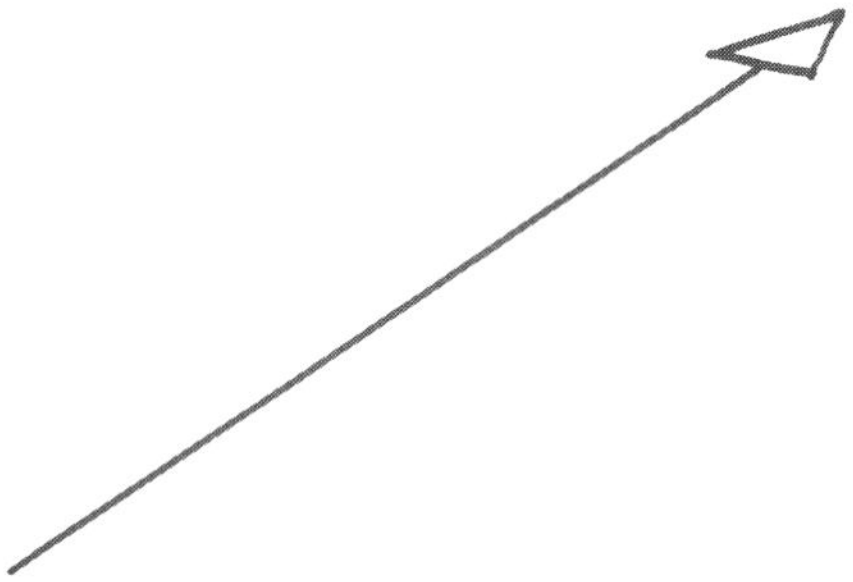

実際の成功への道

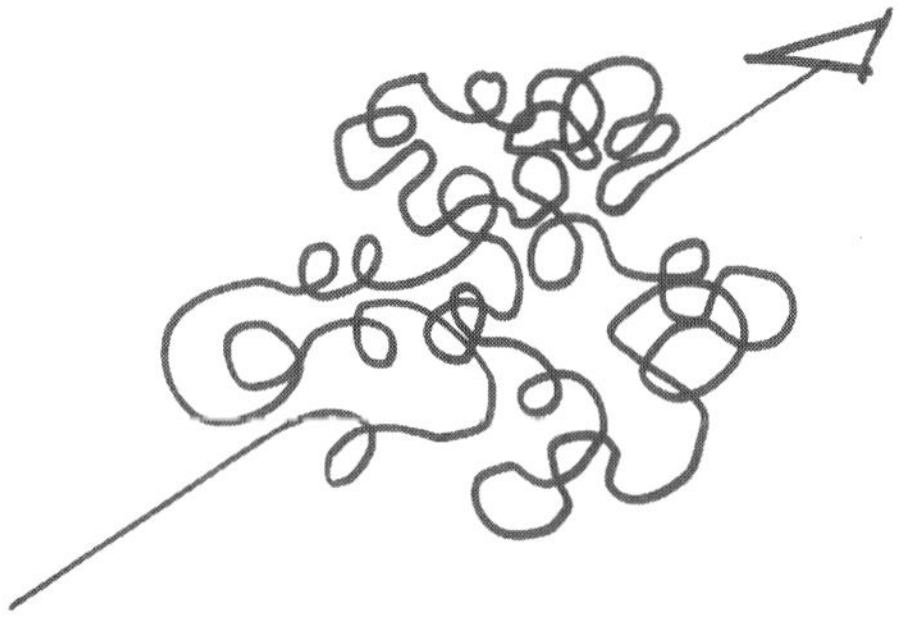

この章を本書に入れるべきかどうかについては、バーバラと私は何度も話しあった。私たち個人のことを書いた自伝的な内容になるため、躊躇《ちゅうちょ》したのである。

だが、結局は入れようと決心した。そうすれば、この本に書いたことを私たちがどんなふうに自分たちの人生に応用し、実践したかをお見せできると思ったからだ。

◉あらゆるものを一夜にして失い、莫大な借金が残った

『ボディ・ランゲージ』の本をはじめとするテレビ番組やドキュメンタリーで成功を収めてから一五年間、私たちは順風満帆の人生を送っていた。高級車や大きなクルーザー、海辺の美しい家、田舎の別荘を手に入れ、エキゾティックな外国に旅し、あふれるほどの名声と栄誉をほしいままにした。

一九九四年、私たちは間違った判断の犠牲になった――私たち自身の判断の過ちによって、すべてを失った。家も、投資していた資産も、現金も預貯金も自尊心も、ありとあらゆるものを失った。何年も華々しい成功を味わったあとに、ほぼ一夜にしてすべてが消え失せ、莫大《ばくだい》な借金が残された。

その後、何人もの弁護士や会計士との相談を繰り返し、苦悩のどん底に落ち、うつ病になり、借金の返済に明けくれ、ストレスのせいで甲状腺に腫瘍まで見つかるという二年間を過ごしたのちに、私たちは再出発を決意した。

見通しは暗かった。『ボディ・ランゲージ』の本や関連製品で築き上げた市場はすっかり失っていたし、私は四五歳、バーバラは三四歳になっていた。そして破産している。

だが、以前よりももっともっと大きな成功を収めてやるという抑えきれない気持ちがわき上がってきたのは、このときである。

私たちは、友人の一人が貸してくれた安物のテーブルの前に座り、新しい目標を紙に手書きしていった。どんな生活がしたいのか、どんな成功を収めたいのかということを具体的に書いていった。

どうすればそれが可能になるのかは、わからなかったが、**何を**したいのかを決めていった。

それがいちばん大事なことだということを知っていた。

ほかの方法などない。前に進むしかなかった。

正しい判断は苦しい経験から生まれる。
そして、苦しい経験の大半は間違った判断から生まれたものである。

●「新しいベストセラー本を書く」と決心する

その後、数か月かけて自己分析を重ねたのち、私たちは新しい本を書こうと決めた。それも以前のように数万冊、数十万冊ではなく、数百万冊と売れるような本を。

これほどの飛躍を目指してはっきりとした目標をかかげるからには、本を書くということについて、以前とはまったく考え方を変えなければならなかった。**私たちは、何の説明を聞かなくてもぱっと衝動的に買いたくなるような本、著者がどんな人かを知らなくても読みたくなるような本だけを書くという決意を固めた。**

『ボディ・ランゲージ』が国際的に成功を収めてからの一九七〇〜八〇年代に私たちが書いていた本は、どの本も、人が実生活で必要としそうなことをテーマとしたものだった。

私は『いい返事をもらえる手紙と電子メールの書き方』（未邦訳）という本を書いたし、バーバラには『名前と顔を思い出すための記憶術』（未邦訳）という著書がある。

どちらの本もベストセラーのトップテン入りを果たし、数十万冊が売れた。しかし、破産した私たちが金銭面での再起を果たすには、この種の本ではどうしても限界があった。

人の名前を思い出す能力を高めるのはたしかに役に立つ。そのことに異議を唱える人はいない。だが、そのためにわざわざ本を買おうとまでする人はいない。文章によるコミュニケーション能力が不可欠だということには、誰もが賛成するだろう。しかし、そのために文章術の本を探しまわることはない。買いたいと思わせるところから始めなければいけない。

だが、お金の儲け方、恋愛、力、セックスのことを書いた本なら買うだろう。だったら、そういう本を書こう。

それが私たちの答えだった。

私たちが書いていたのは、人が実生活で必要とする本であって、心底求められる本ではなかった。

お金を払ってでも読みたいと思うようなことを書いた本――私たちは、そういう本だけを書くことにした。**私たち**が書きたいことではなく、**読者**が読みたいことを優先したのである。**この新しい目標を紙にはっきりと書くと、RASが検索モードに入った。**新しく書くべき本のタイトルや、どんな書き方をしたらいいかについて、これまで考えもしなかったようなヒントが頭に浮かぶようになるまでに、長くはかからなかった。

ベストセラーのトップテンに入るような本だけを書くという大それた目標を立ててRASをプログラミングするのが、いかに図々しいことかは自分たちにもわかっていた。

だが、そうしなければならなかった。私は四五歳だった。七〇歳になってもまだ住宅ローンを払っているなどという事態は避けたかった。あれほど追いつめられた状況でなければ、あんなに貪欲な目標は絶対に立てなかったと思う。だが、やるしかなかった。

その結果、RASを正しくプログラミングすると、どれほどの威力を発揮するかを知ることになった。

作家には、ビジネスとしての決断が得意な人がほとんどいない。だからこそ、私たちは、これからはありとあらゆる物事を、まずはビジネスの観点から決断することにした。金銭面で意味のある決断をするためである。

また、作家はたいてい、自分の個人的な経験や、自分が書きたいと思ったことを書く。だが、私たちは、何よりもまずビジネスマンであろうと決めた。それ以外のことは、すべて二の次にした。

◉「相手の我慢できないところ」をリストに書く

破産して何もかも失うと、自分が「人生で本当に望んでいること」は何なのかを見つめるしかなくなる。

どん底から這い上がろうと、あがきつづけた三年近くのあいだに、バーバラと私の関係は、どんよりと重苦しい空気に包まれるようになっていった。長いあいだ誰かといっしょにいつづければ、「あいつといっしょに生きていくのは、もううんざりだが、あいつなしでは生きていけない」という境地に達する。

私たちの大きな問題は、どこの夫婦でも経験することだった。生活における男と女の考え方の違いである。この問題を解決しなければ、別居や離婚にいたるかもしれない。それは避けたかった。

そこで私たちは、同居生活をしていくうえで相手のどんなところが我慢できないかをリストに

書くことにした。これで問題を解決し、歩みより、話しあいによって妥協点を見出せれば、いっしょに楽しく暮らしていけるだろうと考えたのだ。

こういうとき、相手について不満に思う点を挙げるとしたら、男はだいたい六つから八つぐらいの項目を挙げる。私の場合は六つだった。ところが、バーバラのリストときたら四ページにも達した！　私が途中でとめなければ、もっと続いただろう。

私がリストに書いた不満は、バーバラが地図を読めないこと、要点を言えないこと、黙っていてほしいときに話しかけてくること、どっちつかずのことを言うこと、私がしたいと思うほどセックスしてくれないこと——男なら不満に思いそうなことばかりである。

バーバラが挙げたのは、私が彼女の希望を聞かないこと、話を聞いてほしいだけなのに「問題」を解決しようとすること、どう考えればいいかを教えようとすること、セックスしたがりすぎること、トイレの便座を上げっぱなしにすることなどだった。

当時は、まだそんなつもりはなかったのだが、とりあえず「夫婦関係救済リスト」と名づけたこのリストが下敷きとなって、やがて次のベストセラーが生まれることになった。

女同士の友情――ある夜、妻が帰ってこない。次の日、妻は夫に、女友だちの家に泊まったのだと言った。夫は、妻の親友一〇人に電話した。しかし、誰も妻を泊めていなかった。

男同士の友情――ある夜、夫が帰ってこない。次の日、夫は妻に、友だちの家に泊まったのだと言った。妻は、夫の親友一〇人に電話した。すると、そのうち八人がたしかに泊めたと言い、あとの二人は、まだここにいるよと言った。

新しい目標と計画を立てて紙に書き、その輪郭をはっきりさせると、わかったことがあった。オーストラリアでは市場が小さすぎて目標を達成できない。ふたたびかつてのような成功を狙うには、もっと大きな市場を見つけなければならなかった。

本を大量に売り、大きな会議で話す仕事を見つけるには、人口が多い国々へ行く必要があった。それから、この野心的な計画を完成させるには、勇気を振りしぼって決めなければいけないことがあった――期限である。

私たちは、一二か月以内にヨーロッパで足場を固めて、仕事を軌道に乗せると決心した。

◉行き先は、「世界地図」を広げて、こうして決めた

私たちは大きな世界地図を一五ドルで買い、居間の床に広げて、その上に立った。**世界には、私たちにふさわしい大きな市場は、二つしかなかった。アメリカか、ヨーロッパだ。**ヨーロッパのほうがいいのではないかと思った。アメリカより人口が多い。ロシアと東欧諸国を含めれば、ヨーロッパの総人口は約一〇億人だが、アメリカには三億人しかいない。それにヨーロッパのほうが動きまわりやすいし、ミステリアスでわくわくした。ベルリンの壁は崩壊し、東欧の共産主義は終わりに近づいていた。この新しい市場で未知のことに挑戦し、名を上げて成功しようと、私たちは決心した。

拠点として理にかなっているのは、言葉がわかるイギリスである。イギリスのなかでも、高速道路が近く、国際空港にも近く、どこへでも行きやすい中心地に住みたい。**ピンを持ってきて、イギリスの地図の真ん中に突き刺した。**そこは、ウォリックシャー州のヘンリー＝イン＝アーデンという小さな町だった。

いちばん暗い部屋には、往々にしてもっとも偉大な宝が隠されている。

ヘンリー＝イン＝アーデンという町は聞いたことがなく、どんな町なのかはまったく知らなかった。住んでいる知りあいもいなかった。ここに行ったらどんなことが待っているか、まるで予

想がつかなかった。

私たちにわかっていたのは、自分たちが何をしたいかということと、ヘンリー＝イン＝アーデンがイギリスのほぼ真ん中にある町だということだけだった。

だが、**何を**したいかを決め、それをＲＡＳに言い聞かせたのだから、**どうすれば**いいかは、そのうち見えてくると信じるしかなかった。


目標と根拠のない確信だけを胸にイギリスへ行くのは、こわくもあったが、わくわくすることでもあった。

イギリスでの営業活動は、バーバラに任せることにした。彼女が大きな会社に電話をかけまくり、私を会議やセミナーの講演者として売りこむ。

思い返してみれば、よくあれだけ無鉄砲なことができたと思う。だが、ほかに選択肢はなかった。後ろに壁がそそりたち、手に剣があり、逃げることなどできなければ、前に進むしかない。

成功以外のことは、考えようとさえしなかった。以前に持っていたものを取り戻し、さらに大きなものを手に入れるつもりだった。誰に何を言われ、どう思われ、どんな扱いを受けようが、自分たちの計画を進めると決めていた。

◉一回会った人に「来週行く」といきなり電話をする

その二年前、私たちは香港の会議に出かけたとき、ジョン・フェントンという講演家に会っていた。彼はウォリックシャー州に住んでいて、こう言ってくれていた。「もし、ウォリックシャー州に来ることがあれば、ぜひ、うちに泊まってくれ」

社交辞令にすぎないことはわかっていた。たまたま知りあった相手と意気投合すれば、こんな招待の一つもするだろう。だが、本当に相手が来るなどとは思っていない。

しかし、彼はヘンリー＝イン＝アーデンの近くに住んでいた。私たちは彼の招待を受けることにした。まずは電話して、事前に行くと伝えておくのが礼儀というものだろう。

私は彼に電話した。「やあ、ジョン。僕たちのこと、覚えてるかい？　以前に招待してくれたよね。お茶の時間に伺うことにしたよ。来週、行くからね！」

電話の向こうはしばらく静まり返っていたが、やがてジョンは、こう返事してくれた。「ああ、わかった……待ってるよ！」

はっきりと目標を決めて助けを求めれば、応じてくれる人は案外いるものだ。私たちは、望むことを明確に伝えて「いいよ」という返事をもらった。ジョンに断る隙も与えないほど、直接的にアプローチしたのがよかった。とにかく泊まれるところが必要だった。

もし、ジョンに「ノー」と断られていれば、「計画B」に変更していただろう。それがどんな計画だったのか、今となっては知るよしもないが。

◉イギリスの小さな町、ヘンリー＝イン＝アーデンに到着する

何とか手元に残っていた二千ドルでイギリス行きの格安航空券を二人分手に入れ、一週間後の一九九七年五月一〇日にシドニーを発ち、午前五時にヒースロー空港に到着した。小さな車をレンタルし、そこから二時間かけて、私たちの新しい本拠地になるシェイクスピアゆかりの小さな町、ウォリックシャー州ヘンリー＝イン＝アーデンにたどりついた。

ジョン・フェントンは、もう引退して徐々に仕事を減らしているということだったが、会ってみると陽気ではつらつとしていた。

彼はビジネス書を何冊か出版していて、自己啓発セミナーを運営し、不動産開発業者としても成功していた。実にエネルギッシュで、一時間もいっしょに過ごせば、こちらは体力を回復するために一週間ほど休養しなければならないタイプの男だった。面倒見がよく、度量の大きい男でもあった。

ウォリックシャー州のジョンの家に着いた私たちは、ディナーのテーブル越しに、自分たちに何が起こったのか、なぜここに来たのかを話した。ジョンは驚き、感じいったようだった。

「じゃあ、君は、誰一人として君のことを知らず、頼れる人もいない地球の裏側にやってきて、今は破産しているけど、これからベストセラーになる本だけを書いて大儲けをすると決めたわけかい？　そういうことなんだね？」と、彼は聞いてきた。

「見事な要約だよ、ジョン！」私は言った。

ジョンはガクリとうなだれて両手で顔を覆ったかと思うと、やがて顔を上げて首を振り、笑いながらこう言った。

「だったら、お祝いのために乾杯しなくちゃな！」

彼はシャンペンのボトルを開けてくれた。**やがて誰からともなく笑いはじめ、そうこうするうちに三人とも、ことのすべてのあまりのばかばかしさに腹を抱えて笑いころげた。**

◉住むところが見つからない！

次の日の朝、ヘンリー＝イン＝アーデンに昇る太陽を見つめながら、バーバラと私は目の前の現実とことの大きさにあらためて打ちのめされ、不安に胸をおののかせていた。

「それで……これからどんな本を書いて、どうやって売るつもりなんだい？」ジョンは朝食のテーブル越しに聞いてきた。

「そんな細かいことはどうにでもなるさ、ジョン。だが、これからぼちぼち考えていくし、やるからには、誰よりもうまくやり遂げてみせる！　いちばん大事なのは何を目指すかであって、それはもう決めてあるんだから、あとは何とでもなるよ」私はそう言った。

「住むところはどうするんだい？」と、ジョンは続けた。

「それも細かいことさ、どうにでもなるよ、ジョン」私は笑った。「何かいい考えはないかい？」

おもしろいとしか言いようがないが、大きな目標を決めて、それを人に話すと、たくさんの人

が喜んで手助けしようとしてくれる。ジョン・フェントンもそうだった。どう見ても実現は無理だと思われてもしかたないような私たちの夢に、大はしゃぎで協力してくれた。

まずは住むところが必要だ。ジョンは私たちにトニー・アールという人を紹介してくれた。温厚そうな、ツイードのジャケットを着た六〇歳の男性である。トニーは、父親が一九二〇年にヘンリー＝イン＝アーデンで開業した不動産代理店の経営者だった。

私たちはトニーと店の従業員に、それまでの事情とこの店に来たいきさつを話した。トニーは座って話を聞きながら、動物園でチンパンジーを見るように、興味深そうに私たちを見ていた。

「ははあ、地図にピンを刺して……ここに来られた……で、これからこの土地で仕事を始めるから、住むところが必要というわけですね？　でも、お金はない、泊まるところもない、仕事もない、と……？」と、トニーは言った。

「そのとおり！」私は答えた。「でも、そういうものは、そのうち揃います、トニー。そのためにここに来たんです。何とかお願いできませんか？」

トニーは笑った。いや、その場にいた全員が笑った。トニーは私たちに昼食をごちそうしてくれて、これが「最後の晩餐《ばんさん》」になるかもしれませんねと、ジョークを言った。

全員が笑ったというものの、トニーも店の人たちもみんな、私たちの決意に感心してくれた。大変な目にあい、それを乗りこえ、野心的で無謀とも言える計画を胸に未知の土地にやって来たことを、たいしたものだと言ってくれた。

それから二日間、私たちと仲よくなったトニーは、ヘンリー＝イン＝アーデンの町を案内しながら、いろいろな売り物件や賃貸物件を見せてくれた。

いちばんいいと思った貸し物件は、月に八〇〇ポンド（約一一万七千円）だった。そのうえ家具も買わなければならなかったし、仕事を始めるにはオフィス用品や電話も必要だった。車もどうにかして手に入れなければならない。

先立つものがない私たちには、どうしようもないのではないかと思われたが、目標を決めてRASに任せれば、答えは目の前にあらわれるはずだ。

とはいえ、三日目、途方にくれた私たちの肩に、トニーは父親のように心配そうな顔で手を置き、こう尋ねてきた。「これが本当に、人生でやり遂げたいことなのかい？」

「もちろんですよ、トニー！　私たちは、したいからこうすると決めたんです……ただ、どうしたらいいのかが、まだわからないだけなんです」

きっと何とかなると楽観してはいたが、住むところが見つからない私たちは、さすがに気落ちしながらジョンの家に戻った。

「大丈夫、何か方法はあるさ」

私はバーバラを慰めた。「いつも何とかなるんだから」

◉星は暗闇のなかでしか輝かない

バーバラは、「どうするかはこれから考える」という私の決意に絶対的な信頼を寄せてくれてはいたが、私のことを、ちょっとまぬけだと思っていたのも間違いない。

彼女は私と出会ってから、お金をすっかり失っただけではなく、住むところもない地球の裏側で、お金がない男を背負って、夢だけを胸に新しいビジネスを立ち上げなければならなかった。だが、彼女が助けてくれて、お互いに愛しあっているなら、紆余曲折はあっても絶対に成功すると私は考えていた。

最悪の事態が起こるとしたら、どんなことだろう？

家畜小屋で動物たちに囲まれて眠らなければならなくなるかもしれない。だが、たとえそうなったとしても、バーバラならいつでも、それぐらいの心の準備はできていることを私は知っていた。おしまいにはすべてを失って、お互いしかいなくなったとしても、生きてきた価値はあると思えるに違いない。

それに、私はそれまでの人生で決めた目標は、必ずやり遂げてきたし、いつでも未知のことに挑戦してきた。イギリスに来たのだって、今までと比べればちょっと大きな賭けではあったが、同じことだった。きっと方法は見つかるはずだという確信があった。それを「引き寄せの法則」と言う人もいれば、「宇宙の法則」「神の導き」と言う人もいる。私たちは、ＲＡＳが助けてくれると信じるだけだった。

ある日の朝早く、トニーが電話をかけてきて、すぐに来てくれと言った。ジョンと同じように、トニーも「ピーズ夫妻のクレージーな冒険」に加わり、嬉々として仲間の役割を演じてくれていた。

トニーの話は、こうだった。ヘンリー＝イン＝アーデンの町境のすぐ外側に、一七世紀の水車小屋があって、今は誰も使っていない。水車小屋には、住居としての設備が一通り揃っている。地下室もあり、そこは――ちょっと掃除しなければいけないが――オフィスとして使える。家賃は名目上、月に五〇〇ポンド（約七万三千円）を請求するが、それは出世払いでいい。

願ってもない話だった。私たちは月を飛びこえんばかりに狂喜乱舞した。いよいよスタートを切ることができる！

頼めば必ず、助けてくれる人はあらわれる。

自分の望みをはっきりとさせて、誰かに助けを求めれば、会ったことがなかった人のなかからも、必ず助けてくれる人はあらわれる。

◉「幸運」はあてにしない、「計画」を進めるだけ

トニーとジョンは、二人のおかしなオーストラリア人の話を町じゅうの人たちに広めていた。破産して、地図にピンを刺して、着の身着のままでヘンリー＝イン＝アーデンにやって来て、今はトニーの水車小屋に住んでいるという、無謀な夫婦の物語である。

ジョンは、二千人の聴衆が来る会議の仕事を譲ってくれた。プログラムの講演者として私を推薦してくれたのだ。車まで貸してくれた。

七日前にシドニーで飛行機に乗ったとき、私たちには、ジョン以外に誰一人としてイギリスに知りあいなどいなかった。目標と期限を決め、決意だけを固めてやってきた。バーバラと私はお互いだけを頼りにして、小さなレンタカーを借りてやってきた。

それなのに今は、住居設備の整った家があり、オフィスになる場所もあり、二人の新しい親友ができたうえに、車と仕事まである！　ＲＡＳはいつでも望みをかなえてくれるのだ。

私たちは単に幸運だったから、ジョンとトニーのような人たちに出会えたのだと言う人もいるかもしれないが、そうではない。私たちは、はっきりと目標を決め、成功することだけを考えた。もしジョンとトニーに出会わなければ、別の町で別の誰か二人に出会い、何か別の幸運なできごとが起こっていただろう。それは幸運とは言わない。幸運とは、明確な目標がなく、何も期待していないときに降ってくる。

私たちは計画を進めただけである。幸運をあてにして計画を進めることなどできない。

何を望むかには気をつけろ。それはいつか必ず起こるのだから。

ユリウス・カエサル

◉ヨーロッパでのビジネスがスタートした瞬間

トニーの水車小屋は、ヘンリー＝イン＝アーデンと町境を接するウートン・ウォーウェンという、人口一八六人の小さな町の墓地の隣に建っていた。小屋の裏手に水路があり、もともとはこの水路が水車を回して穀物をひいていた。

トニーは四階の寝室一部屋を使っていいと言ってくれた。私たちは面積二五平方メートルの地下室をオフィスとして整えた。

そこは一九世紀から使われていない、かびくさい部屋だったが、私たちにとっては、すばらしい部屋だった。湿気や寒さやかびくささなど、たいした問題ではなかった。どんなにおいだろうが、家と呼べる場所と仕事場を持てたことに、私たちは興奮していた。

私たちは、どうにか残っていた八〇〇ドルを持って、町はずれのがらんとした小屋で倒産会社の整理品を売っているリサイクルショップへ行った。そこで店と交渉して、机二台、椅子三脚とファイル用キャビネットを買った。店のオーナーに自分たちの話をして、助けてほしいと頼んだのだ。

するとオーナー夫妻も、お金のことではずいぶんひどい目にあったのだが、ようやく立ち直ったとかで、私たちの挑戦に共感してくれて、卓上カレンダーとフロアマットとオフィスの備品をおまけしてくれたうえに、開業祝いだと言って、ただで配達までしてくれた。

これまで何度も書いたことだが、目標をはっきりと決めて、助けてくれと頼めば、それまで会ったことがなかった人でも、喜んで助けてくれるものなのである。

ノートパソコンはオーストラリアから持ってきていたし、ジョンが車のほかに、電話二台とイエローページの電話帳も貸してくれた。準備完了だ！

思い返せば、一〇日前まではウートン・ウォーウェンという地名さえ知らなかった。私たちは、はっきりと目標を決めた手書きした紙をバーバラのバッグに入れて、誰に何と言われ、どう思われ、どんな扱いを受けようが絶対にやり遂げるという決意でここまで来たのだった。

その夜、私たちはかびくさい地下室で、スーパーマーケットで買ったワインを開けて、ピーズ・インターナショナル・UK開業の祝杯を挙げた。

夢ではないだろうか。故郷の友人や家族は、私たちがどこにいて、何をしているか、想像もつかないだろう。地球の裏側にいることだって知らせていない。別の惑星にいるかのようだった。

翌朝九時、バーバラは中古品の机の前に座り、イエローページの電話帳のAの項目――保険会社（assurance companies）――を開いた。そして、受話器を取り上げ、ダイヤルを回しはじめた。

◉ゆっくりと少しずつ売り込みながら「突破口」を開く

バーバラは大きな保険会社の研修担当者に電話をかけ、私のことを話し、次の研修会議での講演を任せてくれないかという売りこみをかけまくったが、最初の二か月間は、何の手応えもないまま容赦なく過ぎていくばかりだった。そのあいだ、私は次の本の構想を練ることにした。

外国で自分たちを売りこむのは、思っていたよりはるかに大変だった。

オーストラリアには、イギリスからの移民の子孫が多いが、イギリス人はオーストラリア人のことを、自分たちとはまったく別だと考えていたし、ビジネスのやり方も、バーバラと私が知っていた方法とは違っていた。何を知っているかではなく、誰を知っているかで話が決まるようなところがあった。私たちが知っているのは、ジョンとトニーと、オフィス用品を買った店のオーナーだけだった。**まさに一度死んだつもりからの再出発だった。**

イギリスとともに、ヨーロッパも大きな市場として狙っていたが、そのためには新しい言語を習得するか、何か国語も話せる従業員を雇わなければならなかった。

私たちはドイツ語を習うことにした。いずれはフランス語もマスターして、フランス人の聴衆を相手に講演できるようになるという目標も立てた。

三か月後、バーバラはイギリスの会議場での仕事二件を獲得した。そのあと、私たちはいったんオーストラリアへ戻った。約束していたことをやり遂げるためと、未解決だったことを整理するために。それから、依頼主の一人が手付金を払ってくれるまで、オーストラリアで一か月待ち、そのお金でようやく航空券を買って、ウートン・ウォーウェンに戻った。

矢を放つには、弓の弦を引かなければならない。
だから、目の前に問題が立ちふさがって、
後退を強いられているような気がしても、
それは実は、あなたをもっと大きな何かに
飛びたたせようとしている弓の弦なのだと思えばよい。

最初の年は、オーストラリアとイギリスを四回も往復しながらではあったが、ゆっくりと少しずつイギリスで顔を売り、顧客を増やしていった。そうしてヨーロッパでのビジネスを次第に形にしていった。

会議の仕事は、イエローページのA、B、Cの項目から電話をかけた保険会社と銀行（banks）とコンピューター会社（computer firms）から始まった。行く先々で誰にでも自分たちの計画を話し、応援を求めているうちに、私たちの話は山火事のような猛烈な勢いで広まっていった。

やがて、私たちのジェットコースター人生に協力してやろうかという人たちや、その行くすえを見物してやろうかという人たちが、われもわれもと集まってくるようになった。

一九八〇年代の後半、私はイギリスのテレビ番組に何度か出演したことがある。科学者が、当時新しかったＭＲＩの技術を使って、男と女の脳の違いを解説する番組だった。

なぜかというと、そのころの私はセミナーで「男と女の違い」をテーマにしていて、たとえば企画を提案するときなど、相手が男の場合と女の場合とでは、どんなふうにやり方を変えればいいかという話をしていたからだ。

聴衆からの受けはよかったが、物議をかもしかねない内容でもあった。男と女の能力には差があり、それぞれにできること、できないことがあるというのは、男女平等に配慮した「政治的に正しい《ポリティカリー・コレクト》」見解とは言いかねるからだ。

だが、バーバラは、物議をかもすからこそ、この話題は次の本にぴったりだと考えた。どんな人にも知りたいと思わせる内容であることも間違いない。

二人でさんざん話しあった結果、次の本のテーマは男と女と男女関係の科学に決めた。オーストラリアにいたときに書いた「夫婦関係救済リスト」は、まだ持っていた。それが、新しい原稿の土台になったのである。

誰にでも大きなチャンスは巡ってくるが、
いざ巡ってきたときは、それがチャンスだということに気づかず、
まるで勝ち目のない状況に投げこまれたとしか思えないものだ。

チャールズ・スウィンドル（『生命の本質』の著者）

◉ミラノで夫婦げんかをしたときに「タイトル」を思いつく

新しい本のタイトルを思いついたのは、イタリアでミラノの空港に向かって車を走らせていたときだった。

ミラノから発つ飛行機に間にあわせようと、私はレンタカーを運転し、バーバラは地図を読んでいた。いや、読んでいたとは言えない。周囲のイタリアの風景を見まわして地図の上下左右をひっくり返しながら、車をとめて誰かに道を聞きましょうよと、私をせっついていたのだ。

その結果、どこの夫婦や恋人同士でも身に覚えがある大げんかになった。

「地図をちゃんと読んでくれていれば、道に迷ったりしなかったよ」と、文句を言う私に、「文句ばかり言わずに、ちゃんと話を聞いてくれていれば――それに、車をとめて誰かに道を聞いてくれていれば――最初から道に迷ったりしなかったわよ！」と、バーバラは言い返した。

二人とも頭に血がのぼり、ついにバーバラは道の途中で車を降りて一人でタクシーを拾い、空港へ向かう始末だった。小さなフィアットのレンタカーでタクシーを追いかける私に向かって、バーバラはタクシーの後部座席の窓ごしに小さく手を振って見せたものだ。

このイタリアでの経験が、そのまま『話を聞かない男、地図が読めない女』（邦訳 主婦の友社刊）というタイトルに結びついた。

男と女の違いを書き、それを科学的な説明で裏づけて実話をたっぷり盛りこめば、すごくおもしろいものが書けるに違いない！ こんな本は誰も書いたことがないはずだ。

バーバラはイエローページのＡＢＣ順に電話をかけつづけ、私はセミナーで講演し、夜になると二人で原稿を書いては読み、読んでは書き直す作業を繰り返した。

約二年後の一九九八年、原稿が完成した。私たちは水車小屋でシャンペンのボトルを開け、未来に乾杯した。

原稿を持って、イギリスの高速道路Ｍ40号線を南へ向かった。私は興奮を抑えながらバーバラに言った。「ついにここまで来たぞ、復活だ！ 頂点にのぼりつめるぞ！」

この本は絶対に成功すると、私たちは確信していた。

◉何もせずに待っていても、呼び出しの電話はかかってこない

『話を聞かない男、地図が読めない女』は、自分たちの儲けをもっとも大きくするために、自費

出版すると決めていた。

最初にオーストラリアで出版した。オーストラリアの市場は小さいが、その分、すぐにベストセラーに入れる。そうすれば、ベストセラー入りしたという触れこみで、もっと大きな海外の市場に進出できる。

メディアも目一杯活用する必要があったから、自分で本を売りこむ記事も書いた。作家たるもの、泰然自若《たいぜんじじゃく》として作品が人の目にとまるのを待っていてはいけない。自分で広告や宣伝文を書いてメディアに送りつけるのだ。見出しをつけて本の内容やテーマを書き、それを気に入ってくれそうなジャーナリストにも送った。

私たちの本はいつも、ちょっとした騒ぎを巻きおこして、人の興味をあおりたてるようなところがあったし、政治的に正しい考え方に逆らうようなところもあった。

当時は「男女平等」の気運が最高潮に達していたころで、男も女も頭の中身は同じだというふりをしなければ時代遅れだとみなされた。そんな時期にオーストラリアへ戻って、『話を聞かない男、地図が読めない女』を売り出すために、私たちが書いた宣伝文はこうだった。

- なぜ女は、簡単なことも自分で解決できないのか
- なぜ男は、察しの悪さで恋人をいらいらさせるのか
- なぜ女は、縦列駐車ができないのか

- なぜ男は、一度に一つのことしかできないのか
- なぜ女は、しゃべりだすととまらないのか
- なぜ男は、フェミニストと結婚しないのか

あえて政治的に正しくない宣伝文を書けば、メディアの注目を集めることができるのはわかっていた。名前を売るには、そうやって世の中をわかせるのが大切だ。

作家やミュージシャン、アーティストや俳優には、大きな舞台に呼ばれる電話を座って待つだけの人が多いが、そんなものは待っていても来ない。**私たちは自分で船の舵を握りたかったし、どんな方向へ風が吹こうと、行きたいところへ行きたかった。**

先手を取れ。見つけてもらえるのを待っていてはいけない。

たちまちのうちに、バットを持ったオーストラリアのフェミニストたちが私を追いかけてきて、私がどんなことを言おうが、こてんぱんに叩きのめそうとするようになった。だが、バーバラが同じことを――**まったく**同じことを――言ったときは、彼女たちはそれを受け入れ、おおいに感心さえするのだった。

そこで、私たちは「悪人役」と「善人役」を演じることにした。私が突っこむ側、バーバラが

なだめる側。この作戦は見事に当たり、フェミニストたちの個人攻撃を利用して『話を聞かない男、地図が読めない女』を誰もが知る本にすることに成功した。

本は大変な反響を呼び、一か月と経たないうちにベストセラー第一位を獲得した。そして、その座を三か月も維持し、五万部以上もの売上げを達成した。こうして私たちは、ビジネスの世界に復帰した！

◉イギリスで本を出版するために私たちがやったこと

オーストラリアで成功した私たちは、イギリスでも本を出版しようと、あちこちの出版社に話を持ちかけたが、まるで興味を持ってもらえなかった。

よくあることだ――私たちはイギリスの出版業界では知られていなかったし、本のテーマも受け入れがたいようだった。オーストラリアでは当たったかもしれないが、イギリス人向けではないと言われた。

それなら自分たちで売ろうと考えた。イギリスの出版取次市場に入りこんで、自ら市場の主導権を握るという目標を立てた。誰に何と言われ、どう思われ、どんな扱いを受けようが、計画を貫くしかない。

しかし、すぐに、イギリスの本の取次市場は、出版市場と同じように、関係者全員がお互いをよく知る閉鎖的なところだということがわかった。またしても、誰も私たちのことを知らないという問題に突きあたった。それに、本を自費出版する作家は、ばかにされるということも思い知らされた。

バーバラは、イギリスの三大取次業者と仲よくなるという目標を立てた。毎週、電話をかけては資料や覚え書きを送り、企画を提案し、いっしょに「現場に張りつく」ということを長いあいだ続けて、彼らにとって自分はそこにいて当然の存在と思わせるための地道な努力を重ねた。

また、イギリスで注目を集めていたジャーナリストたちにもラブコールを送りつづけた結果、この国で大きな影響力を誇る『デイリー・メール』紙の記者と親しくなることができた。記者は私たちの本を気に入ってくれて、三日間の連載記事で紹介してくれることになった。

ここで忘れるわけにいかないのは、バーバラがそれまでに一八もの主要な新聞、雑誌にアプローチし、断られていたことだ。彼女は、「数のゲーム」で、デイリー・メール紙での連載を勝ちとったのである。

このほかにも、バーバラと私はイギリスの大きな書店に毎日電話をかけて、ピーズ夫妻の新刊書を置いていないかと尋ねた。もちろん置いていなかった。そんな本は聞いたこともないと言われた。私たちは、ピーズ夫妻の本を取り扱っていないかどうか、取次業者に問いあわせてほしいと書店に頼んだ。

やがて、書店から一〇冊、二〇冊と本の注文が入るようになった。五〇冊のときもあった。バーバラは本を包装し、毎日郵便局まで歩いて運んでいった。

そのうち、ついにバーバラは取次業者のジムにチャンスが欲しいと持ちかけた。そろそろ、そうしてもいいタイミングだった。

ジムはいくつかの書店から私たちの話を聞いていたし、デイリー・メール紙の連載も読んで、私たちを後押ししたいと考えてくれていた。バーバラからは、もう六か月も前からしょっちゅう電話が来ていたし、書店からは毎日のように問いあわせの電話がかかってきて、そのたびに私たちの本のばかばかしいタイトルを聞かされていた。

そこで、まず試験的に、五〇〇〇冊の委託販売を引きうけてくれることになった。だが、それが売れなければおしまいだ、書店も売れなかった本は送り返してくるという警告つきだった。バーバラは絶望した。もうすでに、それ以上の本を書店に直接売っていたからだ。

最初の五〇〇〇冊は、初日に売れた。ジムは二千冊を追加で引きうけてくれた。それも一週間以内に売れた。

三か月後、私たちはイギリスでベストセラー作家の仲間入りを果たしていた。

◉私たちが出会った「新しい家」の話

一七世紀の大邸宅の最上階が美しいマンションに改装されて売られているのを見つけたのは、この時期だった。

価格は四〇万オーストラリアドル（約三四五〇万円）。所有者はメイジーとエリックという老夫婦だった。

私たちは、内金として5パーセントを入れ（そのときは、それが精一杯だった）、残りは一二か月以内に払うから、本を売ったお金が入るまで待ってほしいと頼んでみた。

老夫婦は、私たちのことを例の不動産業者、トニーから聞いて知っていたし、新聞で私たちの記事も読んでいた。だから、一年間待ってほしいという私たちの頼みを喜んで聞き入れてくれた。

そして一二か月後、私たちはイギリスで初めて家を持つことができたのである！

ここには、それから五年間住んだ。最後のころには、この壮麗な歴史ある邸宅の最大面積を所有する区分所有者にもなっていた。

アンバースレイド・ホールと呼ばれたこの建物は、ヘンリー＝イン＝アーデンの町境のすぐ外側に建っている。**三年前、私たちが地図にピンを刺したのは、ちょうどこの場所だった。**

◉努力の「20パーセント」だけが結果を生む

先の見通しがまったく立たず、事態が思いどおりに進展しない日々が続いたことなどいくらでもある。だが、明確な目標を持ち、目の前の障害物に惑わされず、最後にはきっと結果が出ると信じつづけていれば、希望を失うことはない。

目標がない人は、途中にあらわれた障害物を取りのぞこうと闘志を燃やしたり、次に何が起こるかを期待したりしながら、前進する気力を維持しようとする。だが、確率的に言って、「次」

に起こることのほとんどは何の結果も生み出さない。

新しい目標に向かって進みはじめたとき、「80：20の原則」によれば、あなたが最初に手がけることの80パーセントは結果を生むことなく不発に終わる。

テレビやラジオの大きなショー番組に電話をかけつづけたときもそうだった。

私たちは、刺激的な企画や視聴者に喜ばれそうなアイディアをせっせと提案しつづけた。やがてその努力が実り、イギリスのテレビでレギュラーの座を勝ちとった。九つの大きなドキュメンタリー番組に取り上げられたほか、私たちの本をもとにした一〇回シリーズの番組も持たせてもらえるようになった。私たちは引っぱりだこになった。

バーバラは、イギリスの大手出版社に私たちの本を出版してほしいとかけあって、六か月後、『話を聞かない男、地図が読めない女』を一〇〇万オーストラリアドル（約八六〇〇万円）で出版するというオファーを出させることに成功した。

これには驚いたし、大喜びもした。だが、私たちは考え直した。出版する側がそれだけの価値を見込んだのなら、自分たちでもそれだけ稼げる。いや、その一〇倍でも稼げる。

私たちの最初の目標は、経済的に独立して再起を果たすということだった。この目標がなければ、出版社のオファーを受けたかもしれない。だが、私たちはイギリスで自ら出版社を立ち上げることにした。

既存の枠組みに悩まされるときは、枠組みそのものを取りはらおう。

デイリー・メール紙で私たちの話を連載してくれた記者は、私たちの大胆な計画を聞いて興奮し、それまで以上に熱心に手助けしてくれた。

六か月後、彼女は、イギリスとアメリカを結んで著作権代理業を営むドリー・シモンズに私たちを紹介してくれた。ドリーは、海外の出版社の本を私たちに売ることもできるし、私たちの本を海外にも売ってくれるという。

シモンズは私たちと提携を結び、それから一〇年間で二千万部以上の本を売ってくれた。これには、五五か国語に翻訳された本と、私たちがその後に書いた七冊のベストセラーも入っている。

その一〇年間、私たちはロックスターのように世界を回り、毎年二〇か国から三〇か国を訪問して、何千万人もの人に知られるようになった。**この生活こそ、私たちがシドニーの小さな家で世界地図の上に立ち、新しい目標を立てた日にイメージした生活だった。**

この最高潮の時期には、ヨーロッパで『なぜ男は話を聞かず、女は駐車できないのか』(二〇〇七年、ドイツ)という映画も制作されて大当たりした。映画はヨーロッパのテレビでも放映され、パリやリヨン、ローマ、プラハ、アムステルダムでは舞台や劇も上演された。

月一回、世界各地で読まれる相談コラムも執筆するようになった。これは読者がもっとも多い時期には二千万人に読まれていた。

二〇〇五年には、ヨーロッパで私たちの著書五冊が同時にベストセラー入りし、ノンフィクション部門での売上げが世界第一位の作家となった。全ジャンル総合でも、Ｊ・Ｋ・ローリングのハリー・ポッターに続く第二位の作家となった。

シドニーで破産し、小さな家でゴキブリに悩まされていたころから長いあいだかけて、ようやくここまで来たのだった。


そして、『話を聞かない男、地図が読めない女』は、一二〇〇万冊以上売れた。

その続編として書いた『なぜ男は察しが悪く、女には何足もの靴が必要なのか』も三〇〇万冊以上、『本音は顔に書いてある』は二〇〇万冊以上、『質問はそのまま答えになる』も二〇〇万冊売れた。ロシアや中国、インド、インドネシアなどの言葉で出版された海賊版を入れれば、私たちの本は六千万冊も出まわったことになるだろう。


ここにこうして、世界的に桁はずれの成功を達成したことを書いてきたが、わかってほしいのは、**成功への道を一歩進もうとするたびに、障害物に突きあたって三歩後退することも、決して珍しくなかったということだ。**

ここに書いたのは、それまでに私たちが払った努力の20パーセントの結果にすぎない。残り80

パーセントの努力は何の成果も生み出さなかった。

私たちは、目標をはっきりと決めて紙に手書きし、期限を切り、「数のゲーム」をこなしていった。絶えず自分たちが望む結果をイメージし、毎日、自己暗示をかけた。その一方で人々に助けを求め、誰に何と言われ、どう思われ、どんな扱いを受けようが決意を貫きとおした——そうして結果を手に入れたのである。

◉「ロシアに行く」という目標をかなえるまで

一九九〇年、私たちは、当時まだ足を踏み入れていなかったが、底知れない可能性をはらんでいた世界最大の市場、ロシアに乗りこむという目標を立てた。ロシアへ行って社会的地位の高い人たちとつながりを持ち、誰もが知る有名人になる。それが私たちの目標だった。

ただ、そのころはまだロシアへの入国ビザを取得できない時期だったから、まず、その目標は「Cリスト」に書き、期限は切らなかった。この目標を立てた一九九〇年と言えば、ロシアはまだソビエト社会主義共和国連邦と呼ばれる「鉄のカーテン」の向こう側の国だった。旅行はおろか、本の出版やセミナーでの講演など不可能に近かった。

だが、西洋の講演家や作家が誰も入りこんだことがないからこそ、ぜひやってみたかった。それに、ロシアにはスパイとか、諜報活動とかＫＧＢ（ソ連国家保安委員会）のイメージがある——ジェームズ・ボンドの世界である。だから、「Cリスト」にロシア行きの目標を入れた。

この目標を人に話すと、それがいかに非現実的なことか、そんなところに行こうとすること自体がどれほどエネルギーの無駄かということをさんざん言われた。冷戦や鉄のカーテンのこと、西洋人が行方不明になったという不気味な話、マフィアやKGBの逸話を聞かされたし、ものを盗まれたり、殺されたり、腎臓を抜きとられたりするという話も多くの人がしてくれた。

そういう情報には全部感謝した。そのとおりだと思ったことには同意したし、意見を言う権利はすべての人にあるのだから、きちんと耳を傾けた。だが、そのうえで、何か方法がないかを教えてくれるようにRASに念じた。

ロシア行きの目標を書くと、やがてあちこちで——新聞やテレビ、雑誌で——ロシアのことを目にするようになった。ロシア語なまりで話す人がいることにも気づくようになった。RASをプログラミングしなければ、どれも見聞きすることはなかっただろう。

やがて、一九九一年一二月二五日に、ゴルバチョフ大統領がソビエト社会主義共和国連邦を解体すると、「Cリスト」の目標がにわかに現実味を帯びるようになった。そこで、この目標を「Bリスト」に移し、二年以内にロシアで有名になるという期限を切った。

港にいる船は安全だが、船はそのためにつくられたのではない。

一九九二年一月、私たちがシドニーの商工会議所の会議に出ていたとき、バーバラは後ろのほうからロシア語なまりが聞こえてくるのに気がついた。

会議には二〇〇人ほどの人が出席していたが、そのころはすでにロシア行きの目標をリストに書いていたので、彼女の耳にそのなまりが飛びこんできた。そうでなければ、周囲の雑音に紛れて聞きのがしていただろう。RASのおかげだ。

私たちは声の主のロシア人、アレキサンドリに自己紹介をした。彼がオーストラリアに来たのは、新生ロシアに持ち帰ることができる企画を探すためだった。

バーバラと私はここぞとばかりに『ボディ・ランゲージ』をロシアで出版してくれないかと持ちかけた。本を宣伝するためにセミナーも開きたい、報道関係者にも会いたいと、やつぎばやに頼みこんだ。こんなにすらすらとセールストークができたのも、目標をリストに書いた二年前からこの日が来るのを待ちかまえ、頭のなかでイメージトレーニングを繰り返していたからだ。

二週間話しあった結果、交渉が成立した。私たちがアレキサンドリに本の出版と宣伝、イベント運営のノウハウを教え、アレキサンドリが出資者を見つけてくることになった。利益は折半。

アレキサンドリの計画に乗って私たちの「ロードショー」が幕を開けることになった。

モスクワでイベントを開いて本をPRし、最初のセミナーをサンクトペテルブルクで開き、それから列車でゴーリキー（ニジニ・ノヴゴロド）へ向かい、モスクワに戻り……。周囲の人たちからは、利益なんか一ルーブルも払ってもらえないよという忠告ももらったが、私たちはどうしても行きたかった。前進あるのみだ！

当時、ロシアの通貨は両替できず、ロシアからの送金もできなかったから、アレキサンドリに頼んで、利益はウォッカとキャビアで払ってもらうことになった。これをイギリスに送って売れば、自分たちの利益を取り戻せる。

◉モスクワでテレビ局のトークショーに出演する

オーストラリアからの飛行機で初めてモスクワまで行ったころには、KGBは解散していて、かつてKGBの工作員だった人たちは、一日一〇米ドルで雇えるガードマンに転身していた。私たちは三人雇った。彼らの仕事は私たちの身辺警護、それから、各都市のマフィアと掛けあって、私たちの身の安全と治安を保証させることだった。

私たちの一行は一一人だった――ガードマン、テレビ局の人、PRの代理人、バーバラ、アレキサンドリ、私、それから、私たちの「手伝い」と称して同行したバーバラの父親ビルである。

ロシア人は全員がタバコを吸い、ウォッカを飲み、銃を持ち歩いた。私がアレキサンドリに、銃を持っていないのは私とバーバラだけだねと冗談を言うと、アレキサンドリが恐縮して、次の町に着いたら銃を調達すると言ってくれたのにはおそれいった。

モスクワでは、アレキサンドリの手配でロシアの大きなテレビ局のトークショーに出演し、ほかの主要メディアにも紹介してもらうことができた。それから列車でサンクトペテルブルク（当時はまだ、レニングラードと呼ばれていた）に向かった。

一九九二年の三月いっぱいかけて、私たちはロシアを著名人のように旅行してまわりながら、並みいる聴衆を前にセミナーを開き、テレビに出演し、各地の報道陣に取材してもらった。セミナーは録画されて、のちにテレビのシリーズ番組として毎週土曜日に一年間放送され、ロシア語圏の七千万人もの人々に見てもらえた。ロシアで出版された『ボディ・ランゲージ』初版の一〇〇万冊は四週間で売りきれたので、アレキサンドリはすぐに一〇〇万冊を増刷した。

私たちはたちまち、ロシアでもっともよく知られた作家の一人に名を連ねることになった。

◉実現不可能そうな「Cリスト」を達成するまでの道のり

共産主義が崩壊したあと、私たちは、国際放送されるテレビ番組に登場するロシアの政治家たちの言動をつぶさに研究した。劇的な変化が起こりつつあったロシアに、メディアは興味しんしんでカメラを向けていたが、ロシアの政治家たちはメディアへの対応法をわきまえていなかったから、国外の視聴者には、威圧的であかぬけない、無骨な人たちという印象を与えることになった。

これではいけないと、私たちは思った。諸外国のリーダーに初めて会うときは、相手にいい第一印象を与えることが大事だと説得しなければ。

彼らには私たちの手助けが必要だった。そこで、最初のロシア人の生徒として、新大統領のボリス・エリツィンに会いたいと頼んだ。だが、アレキサンドリは、彼は何をやらかすかわからないし、信用できないと言った。メディアへの対応法を伝授するなら、もっと協力的で注目を集めることができる政治家がほかにもいると言う。

アレキサンドリは、ふさわしい政治家に話に乗ってもらおうとして、何人とも交渉してみたがうまくいかない。やがて、サンクトペテルブルクの新市長、アナトリー・サプチャークと知りあいの友人がいることを思い出した。

サプチャークは、ロシアで初めての民主主義的な選挙によって選ばれた政治家で、進歩的な人物だという。アレキサンドリがサプチャークに連絡を取り、私たちの企画を提案してみると、とても気に入ってくれた。最初に頼んだ人からいい返事をもらえなければ、その次の人に、それでもダメなら、また次の人に頼むのは鉄則だ。

サプチャークは三〇〇人の新政治家を集めると言ってくれた。そのセミナーは、「世界のメディアから信頼を勝ちえる」というタイトルをつけてクレムリンで開催することになった。出席するのはトップクラスの政治家と高官ばかり。そのなかには、サプチャークの下に就いたばかりの副市長である元KGBのウラジーミル・プーチンもいた。

二年前に「**Cリスト**」に書いたときは実現不可能と思われた目標を、また一つこうやって達成した。

私たちは新生ロシアでテレビに出演して著名人となり、元KGBの工作員たちと旅行し、クレムリンで待つウラジーミル・プーチンと会った。ジェームズ・ボンドの映画よりすごいぐらいだった。

クレムリンに着くと、スターリン時代をしのばせる豪華な金色の講堂に向かった。セミナーが開かれる場所である。

そこに入ってきたウラジーミル・プーチンは、思っていたような威圧的な人物ではなかった。ほっそりとして、まじめくさった顔つきをしていた。だが、そこにいるだけで部屋じゅうの注目を集めるような存在感があった。

プーチンはKBGでも古株の有力者で、仕事を成し遂げるために必要なことは何でもやるという評判だった。サンクトペテルブルクの副市長となった彼は、その後、政界へ進み、上層部へ昇りつめることになった。

その日のセミナーは大成功で、私たちはロシアの政治家に、テレビカメラに積極的に対応し、カメラの向こうで見まもる諸外国の視聴者に好印象を与える方法を伝授することができた。

そのときは理解していなかったが、私たちはロシアという国と、その国の政治家や人々が迎えた歴史的な転換点を目撃する幸運に恵まれたわけだ。

今、私たちは一年のうち三か月をロシアで過ごしている。この国は私たちにとって、セミナーをもっともよく開く世界最大の市場となった。

まとめ

RASは本当に強力なツールで、行きたいところならどこへでも連れていってくれる。あなただけのGPSだ。

これを使いこなすには、まず、何を達成したいかという目標を決め、それを紙に書くだけでいい。

「Aリスト」から「Cリスト」までのどこかに書き入れ、「Aリスト」の目標については期限を切る。身のまわりに情報が集まってきたら、達成するための計画を練ろう。

あとは誰にどう思われ、何を言われ、どんな扱いを受けようが、計画を進めるだけだ。

目標を達成しやすくするために必要なら新しい習慣を身につけ、肯定的な言葉で自己暗示をかけ、達成したときのイメージを描こう。

途中で何が起ころうが、おもしろおかしい面を見つけ出すようにしよう。

バーバラと私は、その効果を知っているから、いつもそうしてきた。あなたもやってみれば、きっと効果を実感できるだろう。

【Aリスト】

※(　　　　)年(　　　)月(　　　)日までに達成する。

【Bリスト】

【Cリスト】

第15章

おさらい

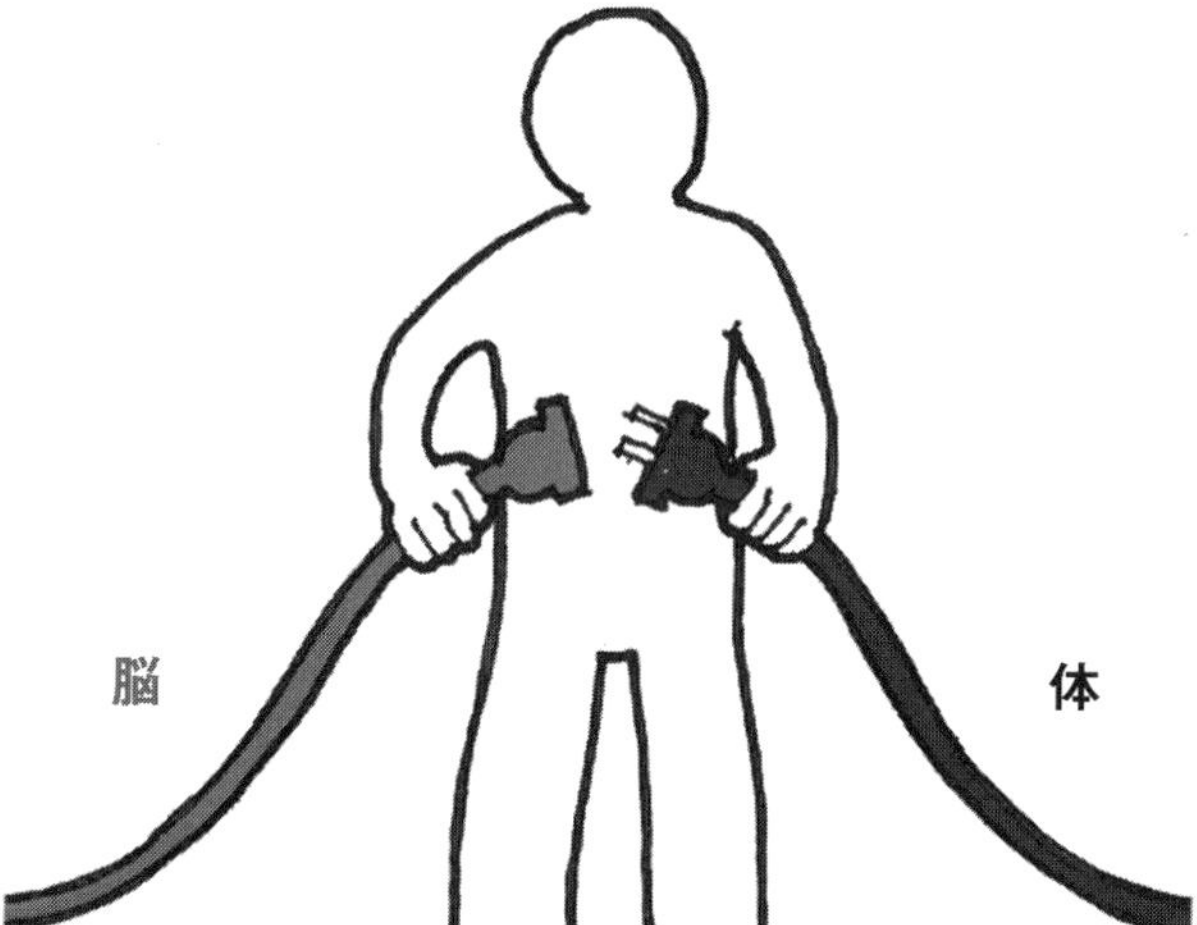

本書の要点をまとめよう。

人生で成功し、やりたいと思ったことを成し遂げられるかどうか、理想の自分になれるかどうかは、どれほどの才能に恵まれているかではなく、達成までの道のりをどのように計画し、それをどのように進めていくかによって決まる。

とても才能があるのに、これといった成果を上げられない人はどこにでもいる。逆に、それほど大きな才能があるようには見えないのに、誰も思いつかなかったような道を切りひらいて先駆者的存在となる人もいる。

やろうと思えばできるはずなのに、人生でたいしたことを達成できない人が多いのは、**どうすれば**やりたいことを達成できるのかを考えるばかりで、自分は本当のところ**何を**やりたいのかをはっきりさせていないからだ。

本書をここまで読んだ人ならわかるだろうが、何をやりたいのか、何が欲しいのかをはっきりさせるのは、成功するうえでいちばん重要なステップだ。

そして、もうおわかりのとおり、**何を**やりたいのかが決まったとたんに、**どうすれば**それを達成できるのかという答えが舞いこんでくる。その答えをもとにして行動計画を立て、達成できそうな期限を切るのだ。

本書では、視覚化やアファメーション（自己暗示）、目標設定、期限、祈り、宇宙の法則、引き寄せの法則など、あなたがすでに知っているだろう多くのことが、なぜ効果的なのかを解説した。

これらがなぜ、どのように効果を発揮するのかは、今では科学によって証明されている。すべてはＲＡＳの力だったのだ。あなたがＲＡＳに語りかけ、その力を信じてプログラミングすれば、ＲＡＳは決して期待を裏切らない。

本書でぜひ知ってもらいたいと思ったのは、ＲＡＳは正確なメッセージを選んで意識的に送りこめば、あなたの思いどおりにプログラミングできるということだ。積極的に期待をかけてプログラミングすれば、ＲＡＳは自動的に、あなたの積極的な行動を後押しする情報を拾い上げ、ネガティブな情報はふるいおとすようになる。

つまり、自分で自分自身の現実をつくり上げることができるのだ。

本書では「意志の力」のことは一言も書いていない。あくまでも脳幹を通る何本もの細い神経線維――「ＲＡＳ」の力のことだけを書いた。

紙に書く

人生で大きな成功を成し遂げた人たちは、考えたことや思いついたことを紙に書き、それに優先順位をつけている。

考えを紙に書いたとたんに「ＲＡＳ」が稼働し、その考えを実現するにはどうしたらいいかという答えを探しはじめる。興味を引かれたこと、おもしろそうだと思ったことは何でも紙に書いてリストをつくり、つねに手元で見られるようにするとよい――何でもだ。自己判断で切りすてててはいけない。

リストをつくると、あなたにとって本当に大切なことに意識が集中するようになる。そうすると「ＲＡＳ」が目覚めて、あなたのために働きはじめる。「ＲＡＳ」は必ず、求めるものを手に入れるために必要なステップを正確に指し示してくれる。

リストの内容はつねに見直して、そこに書かれた目標が、本当に追求したい目標なのかどうかを確認する。

他人があなたに期待する目標を書いてはいけない。何度も見直し、書き直しながら、自分が心から情熱を注ぎこめることは何なのかを見つけ出そう。

お金の心配などの雑念を交えずに考えられるように、金銭的なことはとりあえず除外しよう。

自分がやりたいことが何なのかがわかったら、「80パーセント」の時間をそのことに使い、それ以外のことには「20パーセント」の時間を割り当てればすむ生活に移行できるような計画を立てよう。

小さく切り分けて期限を切る

目標は一口サイズに切り分け、一度に一口分ずつ片づけよう。期限までに達成できそうにないと思ったら、せっかく決めた期限ではあっても決め直せばよい。

成功する人とそれ以外の人の違いは、行動するかしないかだ。行動を開始したばかりのころは、誰からも見向きもされないかもしれない。それでも、わが道を歩みつづける。周囲の人がやめさせようとしても決してやめない。

期限はどんなことにも決めることができる。ネガティブな考え方しかできない自分を何とかしたいと思ったら、そんな考え方をするのは「○○日まで」と期限を決めて、そのあとは「何ができるか」だけを考えるようにすればいい。

責任を取る

あなたが人生で何を手に入れるかは、すべてあなたの選択しだいだ。

もし気に入らないものや状況に取り囲まれるようになったとしても、それは両親や過去の知りあいのせいでもなければ、仕事や景気や天候のせいでもなく、あなた自身の人種や性別のせいでもない。どんな決断をし、何を選ぶかは、すべてあなたの、あなただけの責任だ。

これからは何を選ぶときも、１００パーセント自分の意志で選ぶことができる。

本書では、「こうしなければならない」と思いながら生きる方法ではなく、「望むように」生きる方法をお伝えした。

今日からはどんなことについても１００パーセントの責任を負うと決心しよう。何かに不満を言っている自分に気づいたら、すぐにやめよう。人生で何が起ころうと、それに対するあなたの反応の仕方を変えると今すぐに決意しよう。

自分は何ができるのか、何をするのかを前向きな姿勢で語っていこう。

アファメーション（自己暗示）と視覚化を活用する

アファメーションを使って自分が達成しようとする結果に心を集中させ、未来の成功を視覚化することによって目標を達成した人たちの物語は、数えきれないほどある。

目標は達成できると、**まず自分が信じないかぎり**、絶対に達成できないし、自分で限界を決めてしまえば、その限界は決して超えられない。

だから自分を否定するようなことを言ってはいけない。今日からは、何か否定的な言葉が口から出るたびに、それを「肯定的な言葉」で言い直そう。

何かをできるようになりたいと思ったときは、それができるようになった自分を視覚化しよう。そうすると、その技能に必要な神経が脳内で強化されるので、どんな目標を設定しても効果が出る。視覚化するのは自分が望むことだけにしよう。

望まないことを「視覚化」してはいけない。視覚化とアファメーションを活用すれば、成功を妨げる障壁などなくなり、自分がこれまで夢見ていた以上に自由に創造性を発揮して、思いもかけなかった可能性の扉を開くことができるようになる。熱意を失わずに努力を続けようとするときや、新しい習慣を身につけるために時間がかかるときも、視覚化とアファメーションに頼るとよい。

アスリートとして成功した人は誰もが、身体的に訓練を積み重ねると同時に、イメージトレーニングも実践している。つねに勝利する自分をイメージしよう。自分に語りかけたことは必ず現実になる。**積極的**に練習を続ければ、いつかはそれが当たり前になって「できます」と言えるようになる。

あなたの人生は、過去にあなたが自分に言い聞かせてきた言葉の集まりだ。

アファメーションを実践するようになると、「引き寄せの法則」が働きはじめる。どんな力を手に入れたいのか、どんなふうに変わりたいのかを自分に言い聞かせていると、現実の世界でも期待どおりのことが起こるようになる。第8章に登場したダリン・カシディにとっては、カンフーの後ろ回し蹴りがそうだったし、漫画家のスコット・アダムスには、彼の作品の主人公、ディルバートがそうだった。サムには、自分の短かった生涯がそうだった。「こんな人になりたい」と決心すると、あなたの行動はそういう人に近づいていく。

起こって**ほしくない**ことを考えてはいけない。どんな状況からどんな結末になっても、望むことだけを考えよう。

あなたが考えたこと、自分に言い聞かせたことこそがあなたが手に入れる現実となる。

新しい習慣を身につける

何をやってもうまくいく人の習慣を意識的に身につければ、望みどおりの成功を手にすることができる。無益な習慣をいつまでも断ちきらないのは、自分の首にロープを巻いて石臼にしばりつけ、わざと前へ進めなくするようなものだ。

どんなことに挑戦しても、成功するかしないかは、自分がどのような考え方、姿勢を身につけているかによって決まる。仕事の日記をつけることにしたのなら、つねに日記帳を手元に置いておくことだ。人の名前を覚えられないなら記憶術の本を買おう。タバコやお酒に頼っていたり、ドラッグに手を出したりしているなら、すぐにそれをやめるための手段を取ろう。

誰に何と言われ、どう思われ、どんな扱いを受けようが意志を貫く

あなたが目標を目指して進みはじめると、気のいい友人や親戚などがとめようとしてくることがある。それはあなたを愛しているからかもしれないし、嫌っているからかもしれない。あなたに対する劣等感を抱きたくないからかもしれない。

だが、目標を決め、期限つきで計画を立てたのなら、誰にどう思われ、何と言われ、どんな扱いを受けようが、最初の一歩を踏み出そう。誰からも批判がましいことを言われたくなければ、何もせず、何も言わず、何者でもない存在でありつづけるしかない。

気が滅入るような物事にかかわっているなら、そんなことからは距離を置いてもいいと考えることにしよう。誰に何を説明する必要もない。自分の心の声だけを信じることだ。

今のあなたがどんな物事や人に取りまかれていても、それを自分の人生に引き入れた責任は、あなた自身にあると認めよう。これからは、あなた自身が心から望み、あなたの人生に引き入れる価値があると思った人や物事だけを引き入れよう。

つきあいが深い友人が五人いるとして、その友人たちの生き方や行動に刺激を受けないなら、新たな友人を探そう。同じ友人とばかりつきあいつづけていれば、その友人たちの平均的存在になるしかない。そうなりたくなければ、新しい友人を見つけよう。

だが、誰に対しても突き放すような態度をとってはいけない。どんな意見を言われても穏やかに耳を傾け、むやみに相手の気分を損なわないほうがいい。そんなふうに考える気持ちはわかるよと認めて、それでもなお、自分が真実だと思うことは何度も繰り返し主張しよう。

恐怖や不安は、当たり前のこととして受け入れる

人生で起こることにストレスを感じたり、不安になったり、落ちこんだりして、暗い考え方が身についてしまったら、そんな状態から立ち直るための「期限」を決めよう。何日の何時までと決めたら、それ以後は、それまでに起こったことをネガティブにとらえないことだ。

災難は誰にでも起こる。それは人生につきものだ。しかし、打ちひしがれたところでゲームからは解放されない。倒れたままでいるなら敗北を認めるしかない。

たとえ悲劇に見舞われても必ず立ち上がると、あらかじめ決心しよう。新たな機会や思いがけないチャンスが来たときは、こわくなるかもしれないが、そこで目標の達成をあきらめてしまってはいけない。

数のゲームを楽しむ

どんな目標を立てたときも、その目標を達成できるかどうかは一定の数字や法則によって支配されることを覚えておこう。

人生で何に挑んでも、それが成功する確率というものがある。あなたが成功する確率も、あなた独自の数字によって決まる。

その数字を知るためには、自分が毎日何をしているかを記録していこう。何をやろうとして、どのくらいの時間を使ったか。何回うまくいったか、いかなかったか。そうすれば、すぐにあなた自身の数字が浮かび上がってくる。

自分の本当の人生を取り戻す

誰かが押しつけようとしてくる道を歩んではならない。たとえその人が、純粋な善意からその道を勧めているように思えても、だ。

自分の人生の責任は自分で取り、本当の自分を取り戻し、今の自分を変えて理想の自分になると決心しよう。

毎日の仕事を心から好きだと思えなければ、やめられるように計画を立てよう。ほとんどの人は、好きでもない仕事を生活のために続けている。生活費を稼ぐのに忙しすぎて、本当にしたいことができないという不満を抱えている人は実に多い。その一人になることはない。

あきらめない

どんなことを始めたときも最初は本当につらいものだ。

やめたくなったら、目標のリストを見直して、自分がどんな結果を目指して何をやりたいと思っているのかだけを考えよう。

スタート時点で見えていた場所まで来たら、そこからは、もっと先の風景まで見わたせるようになる。誰に何と言われ、どう思われ、どんな扱いを受けようが、意志を貫いて目標を達成しよう。

現代は、欲しいものは何でも手に入るし、やりたいことは何でもできるが、それにはまず、自分が何を求めているのかを考える必要がある。紙に書いて優先順位をつけるのはそのための手段だ。

自分が求めているものがはっきりしたら、あとは本書に書いた方法と手順に従って行動を開始しよう。

最後に

「ＲＡＳ」は本当に強力なツールで、あなたがどこかへ行きたいと思ったら、必ずそこへ連れていってくれる、あなただけのＧＰＳだ。

これを使いこなすには、達成しようと決めた目標を紙に書き、「**Ａリスト**」の目標については期限を切る。それだけだ。

どうすれば達成できるのかという答えは、すぐ身のまわりにあらわれる。そうしたら、達成するための計画を練ろう。あとは誰にどう思われ、何を言われ、どんな扱いを受けようが前へ進むだけだ。

目標を達成しやすくするために必要なら新しい習慣を身につけ、肯定的な言葉で自己暗示をかけ、達成したときのイメージを描こう。

途中で何が起ころうが、おもしろおかしい面を見つけ出すようにしよう。バーバラと私は、その効果を知っているから、いつもそうしてきた。あなたもそうすると決めれば、効果を実感できるはずだ。

人生で何をするべきかについては真剣に考えなければいけない。だが、あなた自身のことは笑い飛ばすぐらいでいい。何が起ころうと、おもしろおかしい面を見つけ出すという約束を自分自身と交わそう。

自分の人生は自分のものだと心に決めた日こそは、人生最良の日だ。誰にも言い訳せず、謝罪せず、寄りかからず、頼らず、誰のことも責めない。そう決めた日から、あなたの本当の人生が始まる。

本書のはじめに引用した文章を、もう一度ここに掲げる。

頭のなかで考えたことを、心から信じられるなら、人はそれがどんなことでも達成できる。

ナポレオン・ヒル（一九三七年）

謝辞

本書の構想やアイディアを練り、数々の逸話を盛りこむにあたっては、たくさんの人に陰に陽にお世話になった。ここには、ごく一部の人たちの名前しか挙げられないことをお許しいただきたい。スーザン・グリーンフィールド教授、デイヴィッド・バス博士、ダリン・カシディ、レイ&ルース・ピーズ、ビル&ビート・スーター、アンソニー・ロビンズ、ブライアン・トレーシー、ジェナディ・ポロンスキー博士、キャス・マコンネル、ヴィッキー・クック、ジム・キャスカート、ジャック・キャンフィールド、ローレン・ウィムハースト、ラエリーン・ボイル、ジョン・フェントン、トニー・アール、ヘレン・フィッシャー博士、ジョン・ヘップワース、ヘニング・クーケンレンケン博士、パッチ・アダムス医師、アラン・ガーナー教授、ジュニパー家の方々、ドリー・シモンズ、グレンダ・レオナード、ゲリー・ハットン、リタ・ハートニー、ジェリー・サインフェルド、グラント・セクストン、アナトリー・サプチャーク、ジェイムズ・モア医師、マーク・ボウマン医師、デニス・ウェイトリー博士、フィリップ・ストリッカー教授、フィオナ・ヘッジャー。

参考文献

本書の参考文献は、サンマーク出版のホームページにて公開しています。
https://www.sunmark.co.jp/book_files/pdf/brain.pdf

訳者あとがき

アラン&バーバラ・ピーズ夫妻と聞いて、すぐにピンとくる人はあまりいないかもしれません。しかし、「『話を聞かない男、地図が読めない女』を書いた人」と聞けば、誰もが「ああ！」と思い出すのではないでしょうか。二〇〇〇年に日本で刊行されるやすさまじい反響を巻きおこし、「男脳、女脳」という言葉まで定着させた大ヒット作です。

もう一七年も前（！）のことではありますが、あの本の印象は記憶に残っています。ちょっと挑発的で刺激的で、でも親しみやすい本だったな、と。ところが、この本を読み進めるうちに驚かされることになりました。あの本にこんな背景があったとは。そして、著者がこれほどの「ど根性の人」だったとは。

本書のテーマが「引き寄せの法則＝ＲＡＳの力」であることは、著者自身が明言しているとおりです。「ど根性の人」というのは、その本の著者をあらわす言葉としてはそぐわないかもしれません。

ですが、ビジネスで人にだまされて莫大な借金を抱えこみ、その借金を返すストレスに二年間苦しみ、がんにかかって治癒の確率は3パーセントと言われながら見事に生き残り、『話を聞かない男、地図が読めない女』でビジネスに復帰して、超人的な大成功まで収めているのです。さらには、あらゆる人から「無理だ」と言われる年齢になって人工授精で子どもまで授かって育て上げているそうです。

しかも、このすべてを「意志の力なんか関係ない。ＲＡＳのなせる技」「数のゲームをこなしただけ」と、すずしい顔で言ってのけるのです。相当な精神力。夫妻とも筋金入りです。その秘密を教えてほしいと思わない人はいないでしょう。

そんな読者に対する夫妻の答えは、シンプルそのもの。ある意味では大胆とさえ言えます。自分が「何を」したいのかをはっきりさせるだけでいい。それを達成するには「どうしたら」いいのかなど考える必要はないというのですから。理由は「ＲＡＳがナビゲートしてくれるから」、目標達成に必要なのは「意志の力ではなく、ＲＡＳの力だ」と言われると、ちょっと意外です。でも、身に覚えのあるたくさんのエピソードがＲＡＳの働きだと説明されれば、なるほどなあと思います。脳科学にからめた説明のうまさは、『話を聞かない男、地図が読めない女』以来、変わっていません。

自分が心から望んでいることは何だろう。あらためてそう考えたとき、即答できる人には、おそらくこの本は必要ではありません。自分が「何を」したいのかをはっきり知っている人は、実のところ多くはないと著者は言います。それは生まれたばかりの赤ん坊や、ＲＡＳへの刷りこみを受けていない小さな子どもたちだけ。大人になる過程でさまざまな「教育」を受けているうちに、ほとんどの人は自分にとって何が一番大事なのかをすっかり見失ってしまいます。

そんな私たちに、著者は「他人の望みではなく、自分の望みを目標にしろ」「『あんなこともしてみたかった』と思うよりは、『あんなことをしなければよかった』と後悔するほうがずっといい」「とにかく始めろ、今すぐに」とハッパをかけてくれます。そして、「どんなに大きな目標だと思えても、それをイメージできるのは、目標達成に必要なものが自分に備わっているから」「ネガティブな言葉を使ってはいけない。あなたの人生は、あなたが自分に言い聞かせてきた言葉の集まり」「自分に少しも不安を感じさせないような目標は、あえて挑むほどの目標ではないのだ」「恐怖は誰にでもある、当たり前」と励ましてくれます。

細かな方法論としては、ことさらに新しいことを言っているわけではありません。「目標は具体的に」「小さく切り分ける」「紙に手書きする」「期限を切る」「頂上ではなく次のステップに集中する」「視覚化」「アファメーション」「よい習慣を身につける」など、どこかで聞いたことがあるアドバイスばかりです。

それなのに、読んでいてぐっと心をつかまれるのは、「自分を信頼しよう」という著者の力強いメッセージがあるからでしょう。「自分自身を信頼し、望む結果以外のことは絶対に考えるな」「自分の限界を決めるのは、ほかならぬ自分」そう、自分しだいなのです。「どんな考え方を取り入れるか、どんな言葉を自分に語りかけるかによって、人生はどんなふうにでも形づくることができる」「だから、疑り深い人はネガティブな状況しか引き寄せられない」と言われると、納得するしかなくなります。

ここまで言い切れるのは、著者が本書で赤裸々に語っているように、数々の苦難を乗りこえてきたからでもあるのでしょう。再起を目指して身ぶるいするほど大きな目標を立て、それを達成してきた自信に裏打ちされた言葉には、心を動かされずにはいられません。また、著者だけではなく、ほかの有名無名の人々の体験談も重みを感じさせるものばかりです。

だからといって、やみくもにリスクを取れとも言っていません。「どんなことをするにも決断の前には十分に情報を集めて考えるべき」「夢を打ち明ける相手は選べ」という慎重さも、著者はちゃんと併せ持っています。また、実は常に失敗に備えて「計画B」も用意しているそうです。冷静な人です。

大人でもあります。子どものように自分の思いを主張するだけでなく、「心配してくれる人、関心を持ってくれる人には心から感謝しよう」「あくまでも穏やかに、にこやかに」という配慮も忘れていません。「すべては自分が選択してきたこと。言い訳はやめよう」という言葉は身にしみます。厳しいです。きっと自分にも厳しくしてきた人なのだと思います。

本書は、オーストラリアのアルルカン社から、二〇一六年一一月に出版されました。もちろん、これまでのベストセラーと同じく、アメリカやヨーロッパ、アジア、アラビア、南米など、すでに二七か国で出版が決まっています。ドイツでは今年の二月にいち早く翻訳出版され、この国を代表するニュース週刊誌『デア・シュピーゲル』のベストセラーリストに掲載されました。

読者からのレビューも「実践方法が具体的にわかりやすく書かれているから、初めてこの手の本を読む人にはおすすめ」「このジャンルの本を読んだことがない人なら、この一冊で十分」「ふだんは自己啓発書を読まないけど、この本はわかりやすくておもしろかった。物事に対する見方が変わった」「すぐに実行したくなる」「やることリストの項目が重荷ではなく楽しみになった」「あまり期待せずに読みはじめたけど、だんだんと引きこまれて、本当に自分の人生を変えることができるかもしれないと思うようになった。今では、リストを冷蔵庫にも、お風呂の鏡にも、仕事用の机にも貼っている」「無理だと思ってあきらめていた自分の夢に、もう一度挑戦してみようという気になった」など、好意的なものが多く寄せられています。書かれていることを素直に実践してみようという気になる人は少なくないようです。訳者自身も、本書を訳している途中で何度も、これまでの自分を振り返らずにいられませんでした。

日本でもこの本が多くの人にとって、人生をよりよいものにできるきっかけになればと願っています。

最後になりましたが、本書を訳す機会を与えて下さった株式会社サンマーク出版、そして株式会社リベルのみなさんに心からの感謝を申し上げます。

二〇一七年七月

市中芳江

[著者紹介]

アラン・ピーズ　バーバラ・ピーズ

Allan Pease　Barbara Pease

講演家、作家。ビジネスにおける人間関係を語る第一人者として、数々の著書を執筆。18冊がベストセラー入りし、そのうち10冊がベストセラー第１位を獲得。セミナーも毎年30か国にのぼる国々で開催している。日本でも『話を聞かない男、地図が読めない女』『嘘つき男と泣き虫女』などが大成功を収めた。100か国以上で出版され、55の言語に翻訳された著書の累計発行部数は2700万部を突破。各国の多数のメディアにも登場する。夫妻の著作をもとにテレビ番組９シリーズ、舞台４作、映画１作が制作されており、なかでも映画は観客動員総数が１億人を超えるヒットを記録した。

夫妻が拠点とするピーズ・インターナショナル・リミテッドでは、アラン・ピーズの講演DVDを販売しているほか、世界の企業や政府機関に向けて研修、セミナーを企画運営している。また、人間関係に関するコラムも月１回発行しており、25か国の2000万人以上が購読している。

オーストラリアの自宅で、子ども６人、孫５人に囲まれ暮らしている。

◎連絡先

Eメール：info@peaseinternational.com

ウェブサイト：www.peaseinternational.com

電話：+61 7 5445 5600

※セミナーや会議にゲストスピーカーとして
　アラン・ピーズをお招きください。

◎主な書籍

『本音は顔に書いてある』(主婦の友社、2006年)

『話を聞かない男、地図が読めない女』(主婦の友社、2000年)

『Why Men Don't Have A Clue & Women Always Need More Shoes
(なぜ男は察しが悪く、女には何足もの靴が必要なのか)』(2005年)

『セックスしたがる男、愛を求める女』(主婦の友社、2010年)

『Easy Peasey - People Skills For Life
(ピーズ式ならとっても簡単――人生が輝く人づきあいのわざ)』(2004年)

『Questions Are The Answers(質問はそのまま答えになる)』(2000年)

『Why He's So Last Minute & She's Got It All Wrapped Up
(なぜ男は土壇場であわてて、女がけりをつけてしまうのか)』(2007年)

『Why Men Can Only Do One Thing at a Time & Women Never Stop Talking
(なぜ男は一度に一つのことしかできず、女はしゃべりだすととまらないのか)』(2003年)

『How Compatible Are You? – Your Relationship Quiz Book
(あなたの人づきあいはうまくいくか?――クイズで学ぶ人間関係)』(2005年)

『Write Language(効果的な文章を書くコツ)』(1988年)

『The Body Language of Love(愛のボディ・ランゲージ)』(2012年)

『自動的に夢がかなっていくブレイン・プログラミング』(本書)

◎DVDプログラム

『Body Language(ボディ・ランゲージ)』シリーズ

『How To Be A People Magnet - It's Easy Peasey
(人を惹きつけるには――ピーズ式ならとっても簡単)』

『The Best Of Body Language(最高のボディ・ランゲージ)』

『How To Develop Powerful Communication Skills
(無敵のコミュニケーションスキルを身につける)』

◎オーディオプログラム

『The Definitive Book Of Body Language(本音は顔に書いてある)』

『Why Men Don't Listen & Women Can't Read Maps
(話を聞かない男、地図が読めない女)』

『Why Men Don't Have A Clue & Women Always Need More Shoes
(なぜ男は察しが悪く、女には何足もの靴が必要なのか)』

『Questions Are The Answers(質問はそのまま答えになる)』

『The Answer(自動的に夢がかなっていくブレイン・プログラミング)』

［訳者紹介］

市中芳江（いちなか　よしえ）

翻訳家。神戸市外国語大学を卒業後、貿易会社勤務を経て翻訳の道へ。産業翻訳を経験したのち、現在は書籍の翻訳へと活動の場を広げている。訳書に『僕はダ・ヴィンチ』（パイインターナショナル）、『米軍基地がやってきたこと』『紙　二千年の歴史』（ともに共訳、原書房）がある。

Japanese paperback rights
arranged with Pease Nominees Pty Ltd. c/o Dorie Simmonds Agency Ltd., London
through Tuttle-Mori Agency, Inc., Tokyo

装丁　　　　轡田昭彦＋坪井朋子
カバー写真　©Vladimir Godnik/fStop/amanaimages
翻訳協力　　リベル
編集協力　　鷗来堂
編集　　　　桑島暁子（サンマーク出版）
　　　　　　武田伊智朗（サンマーク出版）

自動的に夢がかなっていく
ブレイン・プログラミング

2017年8月10日　初版発行
2018年1月5日　第9刷発行

著　　者　アラン・ピーズ　バーバラ・ピーズ
訳　　者　市中芳江
発 行 人　植木宣隆
発 行 所　株式会社サンマーク出版
　　　　　東京都新宿区高田馬場2-16-11
　　　　　電話 03-5272-3166（代表）
印　　刷　株式会社暁印刷
製　　本　株式会社若林製本工場

定価はカバー、帯に表示してあります。
落丁、乱丁本はお取り替えいたします。

ISBN978-4-7631-3552-0 C0030
ホームページ　http://www.sunmark.co.jp